中外哲學典籍大全
總主編 李鐵映 王偉光
中國哲學典籍卷

宋元明清哲學類

# 李卓吾批評王龍谿先生集鈔

〔明〕王畿 原著
〔明〕李贄 評點
傅秋濤 點校

中國社会科学出版社

圖書在版編目（CIP）數據

李卓吾批評王龍谿先生集鈔／（明）王畿原著；（明）李贄評點；傅秋濤點校．—北京：中國社會科學出版社，2022.10
（中外哲學典籍大全．中國哲學典籍卷）
ISBN 978－7－5227－0332－9

Ⅰ.①李… Ⅱ.①王… ②李… ③傅… Ⅲ.①儒家—研究—中國—明代 Ⅳ.①B222.05

中國版本圖書館CIP數據核字（2022）第102820號

出 版 人　趙劍英
項目統籌　王　茵
責任編輯　宋燕鵬
責任校對　單　釗
責任印製　王　超

出　　版　中国社会科学出版社
社　　址　北京鼓樓西大街甲158號
郵　　編　100720
網　　址　http://www.csspw.cn
發 行 部　010－84083685
門 市 部　010－84029450
經　　銷　新華書店及其他書店

印　　刷　北京君昇印刷有限公司
裝　　訂　廊坊市廣陽區廣增裝訂廠
版　　次　2022年10月第1版
印　　次　2022年10月第1次印刷

開　　本　710×1000　1/16
印　　張　36.5
字　　數　425千字
定　　價　148.00元

# 中外哲學典籍大全

# 總序

中外哲學典籍大全的編纂，是一項既有時代價值又有歷史意義的重大工程。

中華民族經過了近一百八十年的艱苦奮鬥，迎來了中國近代以來最好的發展時期，迎來了奮力實現中華民族偉大復興的時期。中華民族祇有總結古今中外的一切思想成就，才能並肩世界歷史發展的大勢。爲此，我們須編纂一部匯集中外古今哲學典籍的經典集成，爲中華民族的偉大復興、爲人類命運共同體的建設、爲人類社會的進步，提供哲學思想的精粹。

哲學是思想的花朵，文明的靈魂，精神的王冠。一個國家、民族，要興旺發達，擁有光明的未來，就必須擁有精深的理論思維，擁有自己的哲學。哲學是推動社會變革和發展的理論力量，是激發人的精神砥石。哲學解放思維，淨化心靈，照亮前行的道路。偉大的時代需要精邃的哲學。

## 一　哲學是智慧之學

哲學是什麽？這既是一個古老的問題，又是哲學永恒的話題。追問哲學是什麽，本身就是「哲學」問題。從哲學成爲思維的那一天起，哲學家們就在不停追問中發展、豐富哲學的篇章，給出一個又一個答案。每個時代的哲學家對這個問題都有自己的詮釋。哲學是什麽，是懸疑在人類智慧面前的永恒之問，這正是哲學之爲哲學的基本特點。

哲學是全部世界的觀念形態，精神本質。人類面臨的共同問題，是哲學研究的根本對象。本體論、認識論、世界觀、人生觀、價值觀、實踐論、方法論等，仍是哲學的基本問題和生命力所在！哲學研究的是世界萬物的根本性、本質性問題。人們可以給哲學做出許多具體定義，但我們可以嘗試用「遮詮」的方式描述哲學的一些特點，從而使人們加深對何爲哲學的認識。

哲學不是玄虛之觀。哲學來自人類實踐，關乎人生。哲學對現實存在的一切追根究底、「打破砂鍋問到底」。它不僅是問「是什麽」（being），而且主要是追問「爲什麽」（why），特别是追問「爲什麽的爲什麽」。它關注整個宇宙，關注整個人類的命運，關注人生。它關心柴米油鹽醬醋茶和人的生命的關係，關心人工智能對人類社會的挑戰。哲學是對一切實踐經驗的理論升華，它關心具體現象背後的根據，關心人類如何會更好。

哲學是在根本層面上追問自然、社會和人本身，以徹底的態度反思已有的觀念和認識，從價值理想出發把握生活的目標和歷史的趨勢，展示了人類理性思維的高度，凝結了民族進步的智慧，寄託了人們熱愛光明、追求真善美的情懷。道不遠人，人能弘道。哲學是把握世界、洞悉未來的學問，是思想解放、自由的大門！

古希臘的哲學家們被稱爲「望天者」，亞里士多德在形而上學一书中説，「最初人們通過好奇—驚贊來做哲學」。如果説知識源於好奇的話，那麽産生哲學的好奇心，必須是大好奇心。這種「大好奇心」衹爲一件「大事因緣」而來，所謂大事，就是天地之間一切事物的「爲什麽」。哲學精神，是「家事、國事、天下事，事事要問」，是一種永遠追問的精神。

哲學不衹是思維。哲學將思維本身作爲自己的研究對象，對思想本身進行反思。哲學不是一般的知識體系，而是把知識概念作爲研究的對象，追問「什麽才是知識的真正來源和根據」。哲學的「非對象性」的思想方式，不是「純形式」的推論原則，而有其「非對象性」之對象。哲學之對象乃是不斷追求真理，是一個理論與實踐兼而有之的過程，是認識的精粹。哲學追求真理的過程本身就顯現了哲學的本質。天地之浩瀚，變化之奥妙，正是哲思的玄妙之處。

哲學不是宣示絶對性的教義教條，哲學反對一切形式的絶對。哲學解放束縛，意味著從一切思想教條中解放人類自身。哲學給了我們徹底反思過去的思想自由，給了我們深刻洞察未來的思想能力。哲學就是解放之學，是聖火和利劍。

哲學不是一般的知識。哲學追求「大智慧」。佛教講「轉識成智」，識與智相當於知識與哲學的關係。一般知識是依據於具體認識對象而來的、有所依有所待的「識」，而哲學則是超越於具體對象之上的「智」。

公元前六世紀，中國的老子說，「大方無隅，大器晚成，大音希聲，大象無形，道隱無名。夫唯道，善貸且成」。又説，「反者道之動，弱者道之用。天下萬物生於有，有生於無」。對道的追求就是對有之爲有、無形無名的探究，就是對天地何以如此的探究。這種追求，使得哲學具有了天地之大用，具有了超越有形有名之有限經驗的大智慧。這種大智慧、大用途，超越一切限制的籬笆，達到趨向無限的解放能力。

哲學不是經驗科學，但又與經驗有聯繫。哲學從其作爲學問誕生起，就包含於科學形態之中，是以科學形態出現的。哲學是以理性的方式、概念的方式、論證的方式來思考宇宙人生的根本問題。在亞里士多德那裏，凡是研究實體（ousia）的學問，都叫作「哲學」。而「第一實體」則是存在者中的「第一個」。研究第一實體的學問稱爲「神學」，也就是「形而上學」，這正是後世所謂「哲學」。一般意義上的科學正是從「哲學」最初的意義上贏得自己最原初的規定性的。哲學雖然不是經驗科學，卻爲科學劃定了意義的範圍、指明了方向。哲學最後必定指向宇宙人生的根本問題，大科學家的工作在深層意義上總是具有哲學的意味，牛頓和愛因斯坦就是這樣的典範。

哲學不是自然科學，也不是文學藝術，但在自然科學的前頭，哲學的道路展現了；在文學藝術的山頂，哲學的天梯出現了。哲學不斷地激發人的探索和創造精神，使人在認識世界的過程中，不斷達到新境界，在改造世界中從必然王國到達自由王國。

哲學不斷從最根本的問題再次出發。哲學史在一定意義上就是不斷重構新的世界觀、認識人類自身的歷史。哲學的歷史呈現，正是對哲學的創造本性的最好說明。哲學史上每一位哲學家對根本問題的思考，都在爲哲學添加新思維、新向度，猶如爲天籟山上不斷增添一隻隻黃鸝翠鳥。

如果說哲學是哲學史的連續展現中所具有的統一性特徵，那麼這種「一」是在「多」個哲學的創造中實現的。如果說每一種哲學體系都追求一種體系性的「一」的話，那麼每種「一」的體系之間都存在著千絲相聯、多方組合的關係。這正是哲學史昭示於我們的哲學多樣性的意義。多樣性與統一性的依存關係，正是哲學尋求現象與本質、具體與普遍相統一的辯證之意義。

哲學的追求是人類精神的自然趨向，是精神自由的花朵。哲學是思想的自由，是自由的思想。

中國哲學，是中華民族五千年文明傳統中，最爲内在的、最爲深刻的、最爲持久的精神追求和價值觀表達。中國哲學已經化爲中國人的思維方式、生活態度、道德準則、人生追求、精神境界。中國人的科學技術、倫理道德，小家大國、中醫藥學、詩歌文學、繪畫書法、武術拳法、鄉規民俗，乃至日常生活也都浸潤着中國哲學的精神。華夏文化雖歷經磨難而能够透魄醒神，堅韌屹立，正是來自於中國哲學深邃的思維和創造力。

先秦時代，老子、孔子、莊子、孫子、韓非子等諸子之間的百家争鳴，就是哲學精神在中國的展現，是中國人思想解放的第一次大爆發。兩漢四百多年的思想和制度，是諸子百家思想在争鳴過程中大整合的結果。魏晋之際，玄學的發生，則是儒道衝破各自藩籬，彼此互動互補的結果，形成了儒家獨尊的態勢。隋唐三百年，佛教深入中國文化，又一次帶來了思想的大融合和大解放，禪宗的形成就是這一融合和解放的結果。兩宋三百多年，中國哲學迎來了第三次大解放。儒釋道三教之間的互潤互持日趨深入，朱熹的理學和陸象山的心學，就是這一思想潮流的哲學結晶。

與古希臘哲學强調沉思和理論建構不同，中國哲學的旨趣在於實踐人文關懷，它更關注實踐的義理性意義。中國哲學當中，知與行從未分離，中國哲學有着深厚的實踐觀點和生活觀點，倫理道德觀是中國人的貢獻。馬克思説，「全部社會生活在本質上是實踐的」，實踐的觀點、生活的觀點也正是馬克思主義認識論的基本觀點。這種哲學上的契合性，正是馬克思主義能够在中國扎根並不斷中國化的哲學原因。

「實事求是」是中國的一句古話。今天已成爲深遂的哲理，成爲中國人的思維方式和行爲基準。實事求是就是解放思想，解放思想就是實事求是。實事求是是毛澤東思想的精髓，是改革開放的基石。只有解放思想才能實事求是。實事求是就是中國人始終堅持的哲學思想。實事求是就是依靠自己，走自己的道路，反對一切絶對觀念。所謂中國化就是一切從中國實際出發，一切理論必須符合中國實際。

## 二　哲學的多樣性

實踐是人的存在形式，是哲學之母。實踐是思維的動力、源泉、價值、標準。人們認識世界、探索規律的根本目的是改造世界，完善自己。哲學問題的提出和回答，都離不開實踐。馬克思有句名言：「哲學家們只是用不同的方式解釋世界，而問題在於改變世界！」理論只有成爲人的精神智慧，才能成爲改變世界的力量。

哲學關心人類命運。時代的哲學，必定關心時代的命運。對時代命運的關心就是對人類實踐和命運的關心。人在實踐中產生的一切都具有現實性。哲學的實踐性必定帶來哲學的現實性。哲學的現實性就是强調人在不斷回答實踐中各種問題時應該具有的態度。

哲學作爲一門科學是現實的。哲學是一門回答並解釋現實的學問，哲學是人們聯繫實際、面對現實的思想。可以説哲學是現實的最本質的理論，也是本質的最現實的理論。哲學始終追問現實的發展和變化。哲學存在於實踐中，也必定在現實中發展。哲學的現實性要求我們直面實踐本身。

哲學不是簡單跟在實踐後面，成爲當下實踐的「奴僕」，而是以特有的深邃方式，關注着實踐的發展，提升人的實踐水平，爲社會實踐提供理論支撑。從直接的、急功近利的要求出發來理解和從事哲學，無異於向哲學提出它本身不可能完成的任務。哲學是深沉的反思，厚重的智慧，事物的抽象，理論的把握。哲學是人類把握世界最深邃的理論思維。

哲學是立足人的學問，是人用於理解世界、把握世界、改造世界的智慧之學。「民之所好，好之；民之所惡，惡之。」哲學的目的是爲了人。用哲學理解外在的世界，理解人本身，也是爲了用哲學改造世界、改造人。哲學研究無禁區，無終無界，與宇宙同在，與人類同在。

存在是多樣的，發展是多樣的，這是客觀世界的必然。宇宙萬物本身是多樣的存在，多樣的變化。歷史表明，每一民族的文化都有其獨特的價值。文化的多樣性是自然律，是動力，是生命力。各民族文化之間的相互借鑒，補充浸染，共同推動著人類社會的發展和繁榮，這是規律。對象的多樣性、複雜性，決定了哲學的多樣性；即使對同一事物，人們也會産生不同的哲學認識，形成不同的哲學派别。哲學觀點、思潮、流派及其表現形式上的區别，來自於哲學的時代性、地域性和民族性的差异。世界哲學是不同民族的哲學的薈萃，如中國哲學、西方哲學、阿拉伯哲學等。多樣性構成了世界，百花齊放形成了花園。不同的民族會有不同風格的哲學。恰恰是哲學的民族性，使不同的哲學都可以在世界舞臺上演繹出各種「戲劇」。即使有類似的哲學觀點，在實踐中的表達和運用也會各有特色。

人類的實踐是多方面的，具有多樣性、發展性，大體可以分爲：改造自然界的實踐，改造人類社會的實踐，完善人本身的實踐，提升人的精神世界的精神活動。人是實踐中的人，實踐是人的生命的第一屬性。實踐的社會性決定了哲學的社會性，哲學不是脱離社會現實生活的某種遐想，而是社會現實生活的觀念形態，是文明進步的重要標誌，是人的發展水平的重要維度。哲學的發展狀況，反映着一個社會人的理性成熟程度，反映著這個社會的文明程度。

哲學史實質上是自然史、社會史、人的發展史和人類思維史的總結和概括。自然界是多樣的，社會是多樣的，人類思維是多樣的。所謂哲學的多樣性，就是哲學基本觀念、理論學說、方法的異同，是哲學思維方式上的多姿多彩。哲學的多樣性是哲學的常態，是哲學進步、發展和繁榮的標誌。哲學是人的哲學，哲學是人對事物的自覺，是人對外界和自我認識的學問，也是人把握世界和自我的學問。哲學的多樣性，是哲學的常態和必然，是哲學發展和繁榮的內在動力。一般是普遍性，特色也是普遍性。從單一性到多樣性，從簡單性到複雜性，是哲學思維的一大變革。用一種哲學話語和方法否定另一種哲學話語和方法，這本身就不是哲學的態度。

多樣性並不否定共同性、統一性、普遍性。物質和精神，存在和意識，一切事物都是在運動、變化中的，是哲學的基本問題，也是我們的基本哲學觀點！

當今的世界如此紛繁複雜，哲學多樣性就是世界多樣性的反映。哲學是以觀念形態表現出的現實世界。哲學的多樣性，就是文明多樣性和人類歷史發展多樣性的表達。多樣性是宇宙之道。

哲學的實踐性、多樣性，還體現在哲學的時代性上。哲學總是特定時代精神的精華，是一定歷史條件下人的反思活動的理論形態。在不同的時代，哲學具有不同的內容和形式，哲學的多樣性，也是歷史時代多樣性的表達。哲學的多樣性也會讓我們能够更科學地理解不同歷史時代，更爲内在地理解歷史發展的道理。多樣性是歷史之道。

哲學之所以能發揮解放思想的作用，在於它始終關注實踐，關注現實的發展；在於它始終關注著科學技術的進步。哲學本身没有絶對空間，没有自在的世界，只能是客觀世界的映象，觀念形態。没有了現實性，哲學就遠離人，就離開了存在。哲學的實踐性，説到底是在説明哲學本質上是人的哲學，是人的思維，是爲了人的科學！哲學的實踐性、多樣性告訴我們，哲學必須百花齊放、百家争鳴。哲學的發展首先要解放自己，解放哲學，就是實現思維、觀念及範式的變革。人類發展也必須多塗並進，交流互鑒，共同繁榮。采百花之粉，才能釀天下之蜜。

## 三　哲學與當代中國

中國自古以來就有思辨的傳統，中國思想史上的百家争鳴就是哲學繁榮的史象。哲學是歷史發展的號角。中國思想文化的每一次大躍升，都是哲學解放的結果。中國古代賢哲的思想傳承至今，他們的智慧已浸入中國人的精神境界和生命情懷。

中國共産黨人歷來重視哲學，毛澤東在一九三八年，在抗日戰爭最困難的條件下，在延安研究哲學，創作了實踐論和矛盾論，推動了中國革命的思想解放，成爲中國人民的精神力量。

中華民族的偉大復興必將迎來中國哲學的新發展。當代中國必須有自己的哲學，當代中國的哲學必須要從根本上講清楚中國道路的哲學道理。中華民族的偉大復興必須要有哲學的思維，必須要有不斷深入的反思。發展的道路，就是哲思的道路，文化的自信，就是哲學思維的自信。哲學是引領者，可謂永恒的「北斗」，哲學是時代的「火焰」，是時代最精緻最深刻的「光芒」。從社會變革的意義上説，任何一次巨大的社會變革，總是以理論思維爲先導。理論的變革，總是以思想觀念的空前解放爲前提，而「吹響」人類思想解放第一聲「號角」的，往往就是代表時代精神精華的哲學。社會實踐對於哲學的需求可謂「迫不及待」，因爲哲學總是「吹響」這個新時代的「號角」。「吹響」中國改革開放之

「號角」的，正是「解放思想」「實踐是檢驗真理的唯一標準」「不改革死路一條」等哲學觀念。「吹響」新時代「號角」的是「中國夢」，「人民對美好生活的向往，就是我們奮鬥的目標」。發展是人類社會永恒的動力，變革是社會解放的永遠的課題，思想解放，解放思想是無盡的哲思。中國正走在理論和實踐的雙重探索之路上，搞探索沒有哲學不成！

中國哲學的新發展，必須反映中國與世界最新的實踐成果，必須反映科學的最新成果，必須具有走向未來的思想力量。今天的中國人所面臨的歷史時代，是史無前例的。十三億人齊步邁向現代化，這是怎樣的一幅歷史畫卷！是何等壯麗、令人震撼！不僅中國歷史上亘古未有，在世界歷史上也從未有過。當今中國需要的哲學，是結合天道、地理、人德的哲學，是整合古今中西的哲學，只有這樣的哲學才是中華民族偉大復興的哲學。

當今中國需要的哲學，必須是適合中國的哲學。無論古今中外，再好的東西，也需要再吸收，再消化，必須要經過現代化和中國化，才能成爲今天中國自己的哲學。哲學是解放人的，哲學自身的發展也是一次思想解放，也是人的一个思維升華、羽化的過程。中國人的思想解放，總是隨著歷史不斷進行的。歷史有多長，思想解放的道路就有多長；發展進步是永恒的，思想解放也是永無止境的，思想解放就是哲學的解放。

習近平説，思想工作就是「引導人們更加全面客觀地認識當代中國、看待外部世界」。這就需要我們確立一種「知己知彼」的知識態度和理論立場，而哲學則是對文明價值核心最精練和最集中的深邃性表達，有助於我們認識中國、認識世界。立足中國、認識中國，需要我們審視我們走過的道路，立足中國、認識世界，需要我們觀察和借鑒世界歷史上的不同文化。中國「獨特的文化傳統」、中國「獨特的歷史命運」、中國「獨特的基本國情」，「決定了我們必然要走適合自己特點的發展道路」。一切現實的，存在的社會制度，其形態都是具體的，都是特色的，都必須是符合本國實際的。抽象的制度，普世的制度是不存在的。同時，我們要全面客觀地「看待外部世界」。研究古今中外的哲學，是中國認識世界、認識人類史，認識自己未來發展的必修課。今天中國的發展不僅要讀中國書，還要讀世界書。不僅要學習自然科學、社會科學的經典，更要學習哲學的經典。當前，中國正走在實現「中國夢」的「長征」路上，這也正是一條思想不斷解放的道路！要回答中國的問題，解釋中國的發展，首先需要哲學思維本身的解放。哲學的發展，就是哲學的解放，這是由哲學的實踐性、時代性所決定的。哲學無禁區、無疆界。哲學是關乎宇宙之精神，是關乎人類之思想。哲學將與宇宙、人類同在。

## 四　哲學典籍

中外哲學典籍大全的編纂，是要讓中國人能研究中外哲學經典，吸收人類精神思想的精華；是要提升我們的思維，讓中國人的思想更加理性、更加科學、更加智慧。

中國有盛世修典的傳統。中國古代有多部典籍類書（如「永樂大典」「四庫全書」等），在新時代編纂中外哲學典籍大全，是我們的歷史使命，是民族復興的重大思想工程。

只有學習和借鑒人類精神思想的成就，才能實現我們自己的發展，走向未來。中外哲學典籍大全的編纂，就是在思維層面上，在智慧境界中，繼承自己的精神文明，學習世界優秀文化。這是我們的必修課。

不同文化之間的交流、合作和友誼，必須達到哲學層面上的相互認同和借鑒。哲學之間的對話和傾聽，才是從心到心的交流。中外哲學典籍大全的編纂，就是在搭建心心相通的橋樑。

我們編纂這套哲學典籍大全，一是中國哲學，整理中國歷史上的思想典籍，濃縮中國思想史上的精華；二是外國哲學，主要是西方哲學，吸收外來，借鑒人類發展的優秀哲學成果；三是馬克思主義哲學，展示馬克思主義哲學中國化的成就；四是中國近現代以來的哲學成果，特別是馬克思主義在中國的發展。

編纂這部典籍大全，是哲學界早有的心願，也是哲學界的一份奉獻。中外哲學典籍大全總結的是書本上的思想，是先哲們的思維，是前人的足迹。我們希望把它們奉獻給後來人，使他們能够站在前人肩膀上，站在歷史岸邊看待自己。

中外哲學典籍大全的編纂，是以「知以藏往」的方式實現「神以知來」；中外哲學典籍大全的編纂，是通過對中外哲學歷史的「原始反終」，從人類共同面臨的根本大問題出發，在哲學生生不息的道路上，綵繪出人類文明進步的盛德大業！

發展的中國，既是一個政治、經濟大國，也是一個文化大國，也必將是一個哲學大國、思想王國。人類的精神文明成果是不分國界的，哲學的邊界是實踐，實踐的永恒性是哲學的永續綫性，打開胸懷擁抱人類文明成就，是一個民族和國家自强自立，始終佇立於人類文明潮頭的根本條件。

擁抱世界，擁抱未來，走向復興，構建中國人的世界觀、人生觀、價值觀、方法論，這是中國人的視野、情懷，也是中國哲學家的願望！

李鐵映

二〇一八年八月

# 「中國哲學典籍卷」

## 序

中國古無「哲學」之名，但如近代的王國維所説，「哲學爲中國固有之學」。「哲學」的譯名出自日本啓蒙學者西周，他在一八七四年出版的百一新論中説：「將論明天道人道，兼立教法的philosophy譯名爲哲學。」自「哲學」譯名的成立，「philosophy」或「哲學」就已有了東西方文化交融互鑒的性質。

「philosophy」在古希臘文化中的本義是「愛智」，而「哲學」的「哲」在中國古經書中的字義就是「智」或「大智」。孔子在臨終時慨嘆而歌：「泰山壞乎！梁柱摧乎！哲人萎乎！」（史記孔子世家）「哲人」在中國古經書中釋爲「賢智之人」，而在「哲學」譯名輸入中國後即可稱爲「哲學家」。

哲學是智慧之學，是關於宇宙和人生之根本問題的學問。對此，中西或中外哲學是共同的，因而哲學具有世界人類文化的普遍性。但是，正如世界各民族文化既有世界的普遍性，也有民族的特殊性，所以世界各民族哲學也具有不同的風格和特色。如果說「哲學」是個「共名」或「類稱」，那麼世界各民族哲學就是此類中不同的「特例」。這是哲學的普遍性與多樣性的統一。

在中國哲學中，關於宇宙的根本道理稱爲「天道」，關於人生的根本道理稱爲「人道」，中國哲學的一個貫穿始終的核心問題就是「究天人之際」。一般說來，天人關係問題是中外哲學普遍探索的問題，而中國哲學的「究天人之際」具有自身的特點。

亞里士多德曾說：「古今來人們開始哲學探索，都應起於對自然萬物的驚異……這類學術研究的開始，都在人生的必需品以及使人快樂安適的種種事物幾乎全都獲得了以後。」「這些知識最先出現於人們開始有閒暇的地方。」這是說的古希臘哲學的一個特點，是與當時古希臘的社會歷史發展階段及其貴族階層的生活方式相聯繫的。與此不同，中國哲學是產生於士人在社會大變動中的憂患意識，爲了求得社會的治理和人生的安頓，他們大多「席不暇暖」地周遊列國，宣傳自己的社會主張。這就決定了中國哲學在「究天人之際」

中首重「知人」，在先秦「百家争鳴」中的各主要流派都是「務爲治者也，直所從言之異路，有省不省耳」（史記太史公自序）。

中國哲學與其他民族哲學所不同者，還在於中國數千年文化一直生生不息而未嘗中斷，中國文化在世界歷史的「軸心時期」所實現的哲學突破也是采取了極溫和的方式。這主要表現在孔子的「祖述堯舜，憲章文武」，删述六經，對中國上古的文化既有連續性的繼承，又經編纂和詮釋而有哲學思想的突破。因此，由孔子及其後學所編纂和詮釋的上古經書就以「先王之政典」的形式不僅保存下來，而且在此後中國文化的發展中居於統率的地位。

據近期出土的文獻資料，先秦儒家在戰國時期已有對「六經」的排列，「六經」作爲一個著作群受到儒家的高度重視。至漢武帝「罷黜百家，表章六經」，遂使「六經」以及儒家的經學確立了由國家意識形態認可的統率地位。漢書藝文志著録圖書，爲首的是「六藝略」，其次是「諸子略」「詩賦略」「兵書略」「數術略」和「方技略」，這就體現了以「六經」統率諸子學和其他學術。這種圖書分類經幾次調整，到了隋書經籍志乃正式形成「經、史、子、集」的四部分類，此後保持穩定而延續至清。

中國傳統文化有「四部」的圖書分類，也有對「義理之學」「考據之學」「辭章之學」和「經世之學」等的劃分，其中「義理之學」雖然近於「哲學」但並不等同。中國傳統文化没有形成「哲學」以及近現代教育學科體制的分科，但是中國傳統文化確實固有其深邃的哲學思想，它表達了中華民族的世界觀、人生觀，體現了中華民族的思維方式、行爲準則，凝聚了中華民族最深沉、最持久的價值追求。

清代學者戴震説：「天人之道，經之大訓萃焉。」（原善卷上）經書和經學中講「天人之道」的「大訓」，就是中國傳統的哲學；不僅如此，在圖書分類的「子、史、集」中也有講「天人之道」的「大訓」，這些也是中國傳統的哲學。「究天人之際」的哲學主題是在中國文化上下幾千年的發展中，伴隨著歷史的進程而不斷深化、轉陳出新、持續探索的。

中國哲學首重「知人」，在天人關係中是以「知人」爲中心，以「安民」或「爲治」爲宗旨的。在記載中國上古文化的尚書皋陶謨中，就有了「知人則哲，能官人；安民則惠，黎民懷之」的表述。在論語中，「樊遲問仁，子曰：『愛人。』問知（智），子曰：『知人。』」（論語顏淵）「仁者愛人」是孔子思想中的最高道德範疇，其源頭可上溯到中國文化自上古以來就形成的崇尚道德的優秀傳統。孔子説：「未能事人，焉能事鬼？」「未知生，焉知死？」（論語先進）「務民之義，敬鬼神而遠之，可謂知矣。」（論語雍也）「智者知人」，在孔子的思想中雖然保留了對「天」和鬼神的敬畏，但他的主要關注點是現世的人生，是「仁者愛人」「天下有道」的價值取向，由此確立了中國哲學以「知人」爲中心的思想範式。西方現代哲學家雅斯貝爾斯在大哲學家一書中把蘇格拉底、佛陀、孔子和耶穌作爲「思想範式的創造者」，而孔子思想的特點就是「要在世間建立一種人道的秩序」，「在現世的可能性之中」，孔子「希望建立一個新世界」。

中國上古時期把「天」或「上帝」作爲最高的信仰對象，這種信仰也有其宗教的特殊性。如梁啓超所説：「各國之尊天者，常崇之於萬有之外，而中國則常納之於人事之中，此吾中華所特長也。……其尊天也，目的不在天國而在世界，受用不在未來（來世）而在現在（現世）。是故人倫亦稱天倫，人道亦稱天道。記曰：『善言天者必有驗於人。』此所以雖近於宗教，而與他國之宗教自殊科也。」由於中國上古文化所信仰的「天」不是存在於與人世生活相隔絕的「彼岸世界」，而是與地相聯繫（中庸所謂「郊社之禮，所以事上帝也」，朱熹中庸章句注：「郊，祀天；社，祭地。不言后土者，省文也。」），具有道德的、以民爲本的特點（尚書所謂「皇天無親，惟德是輔」，「天視自我民視，天聽自我民聽」，「民之所欲，天必從之」），所以這種特殊的宗教性也長期地影響著中國哲學對天人關係的認識。相傳「人更三聖，世經三古」的易經，其本爲卜筮之書，但經孔子「觀其德義而已」之後，則成爲講天人關係的哲理之書。四庫全书總目易類序說：「聖人覺世牖民，大抵因事以寓教……易則寓於卜筮。故易之爲書，推天道以明人事者也。」不僅易經是如此，而且以後中國哲學的普遍架構就是「推天道以明人事」。

春秋末期，與孔子同時而比他年長的老子，原創性地提出了「有物混成，先天地生」（老子二十五章），天地並非固有的，在天地產生之前有「道」存在，「道」是產生天地萬物的總根源和總根據。「道」內在於天地萬物之中就是「德」，「孔德之容，惟道是從」（老子二十一章），「道」與「德」是統一的。老子說：「道生之，德畜之，物形之，勢成之。是以萬物莫不尊道而貴德。道之尊，德之貴，夫莫之命而常自然。」（老子五十一章）老子的價值主張是「自然無爲」，而「自然無爲」的天道根據就是「道生之，德畜之……是以萬物莫不尊道而貴德」。老子所講的「德」實即相當於「性」，孔子所罕言的「性與天道」，在老子哲學中就是講「道」與「德」的形而上學。實際上，老子哲學確立了中國哲學「性與天道合一」的思想，而他從「道」與「德」推出「自然無爲」的價值主張，這就成爲以後中國哲學「推天道以明人事」普遍架構的一個典範。雅斯貝爾斯在大哲學家一書中把老子列入「原創性形而上學家」，他說：「從世界歷史來看，老子的偉大是同中國的精神結合在一起的。」他評價孔、老關係時說：「雖然兩位大師放眼於相反的方向，但他們實際上立足於同一基礎之上。兩者間的統一在中國的偉大人物身上則一再得到體現……」這裏所謂「中國的精神」「立足於同一基礎之上」，就是説孔子和老子的哲學都是爲了解決現實生活中的問題，都是「務爲治者也」。

在老子哲學之後，中庸説：「天命之謂性」，「思知人，不可以不知天」。孟子説：「盡其心者知其性也，知其性則知天矣。」（孟子盡心上）此後的中國哲學家雖然對天道和人性有不同的認識，但大抵都是講人性源於天道，知天是爲了知人。一直到宋明理學家講「天者理也」，「性即理也」，「性與天道合一存乎誠」。作爲宋明理學之開山著作的周敦頤太極圖説，是從「無極而太極」講起，至「形既生矣，神發知矣，五性感動而善惡分，萬事出矣」，這就是從天道講到人事，而其歸結爲「聖人定之以中正仁義而主静，立人極焉」，這就是從天道、人性推出人事應該如何，「立人極」就是要確立人事的價值準則。可以説，中國哲學的「推天道以明人事」最終指向的是人生的價值觀，這也就是要「爲天地立心，爲生民立命，爲往聖繼絶學，爲萬世開太平」。在作爲中國哲學主流的儒家哲學中，價值觀又是與道德修養的工夫論和道德境界相聯繫。因此，天人合一、真善合一、知行合一成爲中國哲學的主要特點。

中國哲學經歷了不同的歷史發展階段，從先秦時期的諸子百家争鳴，到漢代以後的儒家經學獨尊，而實際上是儒道互補，至魏晋玄學乃是儒道互補的一個結晶；在南北朝時期逐漸形成儒、釋、道三教鼎立，從印度傳來的佛教逐漸適應中國文化的生態環境，至隋唐時期完成中國化的過程而成爲中國文化的一個有機組成部分；宋明理學則是吸收了佛、道二教的思想因素，返而歸於「六經」，又創建了論語孟子大學中庸的「四書」體系，建構了以「理、氣、心、性」爲核心範疇的新儒學。因此，中國哲學不僅具有自身的特點，而且具有不同發展階段和不同學派思想内容的豐富性。

一八四〇年之後，中國面臨着「數千年未有之變局」，中國文化進入了近現代轉型的時期。在甲午戰敗之後的一八九五年，「哲學」的譯名出現在黄遵憲的日本國志和鄭觀應的盛世危言（十四卷本）中。此後，「哲學」以一個學科的形式，以哲學的「獨立之精神，自由之思想」推動了中華民族的思想解放和改革開放，中、外哲學會聚於中國，中、外哲學的交流互鑒使中國哲學的發展呈現出新的形態，馬克思主義哲學在與中國的歷史文化傳統、中國具體的革命和建設實踐相結合的過程中不斷中國化而産生新的理論成果。中華民族的偉大復興必將迎來中國哲學的新發展，在此之際，編纂中外哲學典籍大全，中國哲學典籍第一次與外國哲學典籍會聚於此大全中，這是中國盛世修典史上的一個首創，對於今後中國哲學的發展、對於中華民族的偉大復興具有重要的意義。

李存山

二〇一八年八月

# 「中國哲學典籍卷」出版前言

社會的發展需要哲學智慧的指引。在中國浩如煙海的文獻中，哲學典籍占據著重要地位，指引著中華民族在歷史的浪潮中前行。這些凝練著古聖先賢智慧的哲學典籍，在新時代仍然熠熠生輝。

收入我社「中國哲學典籍卷」的書目，是最新整理成果的首次發布，按照内容和年代分爲以下幾類：先秦子書類、兩漢魏晋隋唐哲學類、佛道教哲學類、宋元明清哲學類、近現代哲學類、經部（易類、書類、禮類、春秋類、孝經類）等，其中以經學類占多數。

本次整理皆選取各書存世的善本爲底本，制訂校勘記撰寫的基本原則以確保校勘品質。全套書采用繁體豎排加專名綫的古籍版式，嚴守古籍整理出版規範，並請相關領域專家多次審稿，整理者反復修訂完善，旨在匯集保存中國哲學典籍文獻，同時也爲古籍研究者和愛好者提供研習的文本。

文化自信是一個國家、一個民族發展中更基本、更深沉、更持久的力量。對中國哲學典籍進行整理出版，是文化創新的題中應有之義。中國社會科學出版社秉持「傳文明薪火，發時代先聲」的發展理念，歷來重視中華優秀傳統文化的研究和出版。「中國哲學典籍卷」樣稿已在二〇一八年世界哲學大會、二〇一九年北京國際書展等重要圖書會展亮相，贏得了與會學者的高度贊賞和期待。

點校者、審稿專家、編校人員等爲叢書的出版付出了大量的時間與精力，在此一併致謝。由於水準有限，書中難免有一些不當之處，敬請讀者批評指正。

趙劍英

二〇二〇年八月

# 本書點校説明

本書爲李卓吾對王龍谿語録、詩文之編選與評點，是陽明心學的代表性著作。王龍谿（一四九八—一五八三），名畿，字汝中，浙江山陰人，王陽明族人，聞良知之説，遂從受業，是陽明身後傳播王學之重鎮。李卓吾（一五二七—一六〇二），名贄，字宏甫，福建泉州人，晚明傑出的思想家。隆慶四年至萬曆五年（一五七〇—一五七七）卓吾任職南京刑部期間，曾兩次參與過龍谿在南京主持的講學聚會，深受其啓發，遂信其非常人，但兩人並無實質性交往。關於本書之作，卓吾説，萬曆二十六年（一五九八）春，他與好友焦竑由北京聯舟南下，過滄州時，何泰寧來訪，請求協助重印龍谿著作。何泰寧，名繼高，字汝登，山陰人，萬曆十一年進士，二十二年任長蘆鹽運使，在滄州建天門書院。幾人商量之後，決定先由李卓吾「圈點」龍谿著作之最「精要」者，以引起讀者的興趣。李卓吾遂依據蕭良幹萬曆十六年（一五八八）龍谿王先生全集二十卷刻本，於當年九月完成編選評點，序中預言，明年二、三月間就可以看到新書。其實，早在何泰寧來訪之前，李卓吾即有龍谿小刻之選，篇幅大約只是二十卷本的十分之一。

學術界一般把李卓吾列入泰州學派，不顧他推崇王龍谿爲「聖代儒宗，天人法眼；白玉無瑕，黄金百煉」，並自居於龍谿後學之列。在李卓吾看來，王龍谿在王門的地位，有如孔門之顔子。他説：「夫孔子開創之至人也。然顔氏没而未聞好學，孔子固一言以斷之矣。一慟幾絶，有以也。夫陽明中興之至人也。當其時，得道者如林，吾不能悉數之。……惟先生粹然一接顔氏之絶，無有痕迹可睹。」根據王陽明「顔子没而聖人之學亡」的説法，顔子之傳具有排他性。换言之，王龍谿是王陽明唯一「正宗嫡傳」。然而，當時雖然王學仍然在迅速擴大其影響，盛行的卻是王艮門下的泰州學派，即所謂「淮南兒孫」，龍谿之書已經是「人亦罕讀」了。而李卓吾選編評點王龍溪的著作，可以説是對王學發展演變所發動的正本清源的學術行動，使之重回王陽明的思想道路上來。

其實，王龍谿在王門弟子中有顔子之稱由來已久，非李卓吾的發明。黄宗羲在明儒學案中所提「江右獨能破之」之説，是没有根據的。王門在江右兩位名望最高的弟子鄒守益、歐陽德都對龍谿推崇有加。鄒守益稱龍谿爲「同志之隽，所得最深，若時相砥礪，同升中行，吾道之大慶也」；歐陽德稱龍谿「學問透徹，直是善鍛煉人，相與切磋，真是心心相契」，與龍谿聚處，「盡覺舊習之非」。稍有異議者僅爲聶豹、羅洪先等人，然其皆非王陽明入室弟子，對王學的基本精神有所隔膜。牟宗三從陸象山到劉戢山一書有關章節對此論之已詳。其他王門鉅子如潮州薛侃、泰州王艮等，都非常服膺龍谿，薛侃自歎不如龙谿「善省悟人」，王艮送自己的兒子王襞從龍谿問學，等等。龍谿在王門中的地位是相當穩固的，無人能够輕易撼動。

王龍谿在王門中地位，確立於所謂「天泉證道」中王陽明的印證；且由於陽明不久病逝，其印證之言也就成了王學的最後定論，人稱「傳衣之論」。出征廣西前夕，王陽明在天泉橋上對錢緒山、王龍谿兩人關於「師門教法」爭論進行裁判時，肯定龍谿的「四無」之説，指點上根之人「從無處立根」「皆從無生」云云。此非一时之论，而是其一貫思想的表現。在王陽明提出心學理論時，由於遭遇朱子學話語早已定於一尊的巨大的壓力，不得已「姑爲調停兩可之説」，甚至編輯爭議巨大的「朱子晚年定論」，其講學言論頗多歧義。至「四無」之論一出，其學説始爲透徹。李卓吾認爲陽明心學由「龍谿先生緝熙繼續」而妙處始見，可稱的論。

所謂陽明心學，據王陽明自稱，上承堯舜禹授受的「人心、道心之辨」的本源性命題，即以區分人心、道心爲基本任務，超越人心而達於道心，以確立道心的本體、主宰地位爲主要目標。人心，即對象性的概念理性，以及由之而産生的知識；而道心，則爲直覺，是指世界萬物在人的本心中的顯現；人的心靈與天地萬物爲一體，是内外合一、主客合一之極致。爲了迎合儒學的「口味」，與孟子接軌，王陽明後來改稱道心爲「良知」。因此，「人心、道心之辨」往往變爲「知識、良知之辨」。王陽明論「良知」本體，大意説：「良知」生天生地生萬物，乃自然生化之真機。造化也者，即天地萬物之顯現與隱藏（創造與轉化）之永恒不息的循環。而所謂「致良知」，即「致吾心良知之天理於事事物物，則事事物物皆得其理矣」。换言之，世界萬物是以其在人的本心中的顯現而成其爲自身的，致知就是回歸本心，讓萬物如其所是，成其所是。世界萬物都是在一種主、客合一的狀態成其爲自身的，這就否定了其存在的形而上學先驗依據，因而也都是相對的、有限的、隨時變化的。良知非人的主觀認知之心，而是指事物存在的規定性，以其能爲人的心靈所覺悟而稱之爲「知」。故王陽明説，心、知、意、物，只是一事。一説「心外無物」，即説「物外無心」。物，即人所面對的日用事情。心與事本渾融爲一，而有所間隔者，則在人不能自信其心，務外爲憑。不知適成其翳蔽。故王陽明提「知行合一」以掃之，使分裂狀態之心、物重新融合爲一，而人的思維不致在懸空揣摩之推測演繹中往而不返。陽明心學並非強調人的主觀意識或主體性，恰恰是對人的主觀意識作出嚴格的規定，對攙和了人的主觀「架構」的知識之有效性作出嚴格限制，以排除「事」外逸思。哲學是知識的知識、思想的思想。意大利哲學家克羅齊認爲，人類思想有也只有兩種：不是直覺的，就是邏輯的；不是關於個體的，就是關於共相的；不是意象的，就是概念的，等等。陽明心學以對兩者性質、內涵、表現方式及其相互關係的討論爲主要內容，體現了哲學（philosophy）以「愛智慧」爲基本訴求的本來意義。

「天泉證道」使陽明心學上述思想特徵更加鮮明，但同時暴露了王學與禪學的深層聯繫。王陽明此前雖也有良知即禪宗之「本來面目」之類説法，但並没有對良知的「虛無」本體的學術史地位作如此提綱挈領之明確表述。其中不僅以「上乘頓悟」這類佛學話語來標榜學術的最高旨趣，打破儒者嚴格區分正統與異端的立場；又復點出「四無」之論是「顔子、明道所不敢道」，更有把佛學置於儒學之上的嫌疑。故自來總有人試圖通過曲解、篡改「天泉證道」的記録，改變其基本精神，使之能與朱子學相容。

儘管如此，王陽明對「四無」觀點的肯定確立了龍谿在王門的穩固地位。而龍谿在此後的學術生涯，也就是在「四無」視角上，對師門思想進行更加詳盡的闡述，使之更具有學術品味，並回應各方面的質疑。同時，由於龍谿更加明確地引入佛、道二教，並對朱子學進行更加嚴厲的批評，拒絶各種「調和」論調，强硬地堅持「毫釐之處，尚須商量」，不肯輕易放一人蒙混，因此特别令人不爽，樹敵尤多。

陽明心學「雜禪」問題歷來是其備受爭議的熱點，但在王陽明本人看來，則自有其不得已的「苦衷」。在孔門，「顔子没而聖人之學亡」，子貢、子夏等人所傳的都是「多學而識」「億則屢中」的學術。後雖有周、程諸儒折衷調和，終究難挽大局。反而世儒所抨擊的「異端」，若楊、墨、老、釋等，起碼還有一種學術品格，而禪學則是其中的佼佼者，「務求自得者也」。陽明據易傳稱終極之學爲「盡性至命學」並論佛、道地位説：「即吾盡性至命中完養此身謂之仙，即吾盡性至命中不染世累謂之佛。」最精微的身、心方面的問題都被佛道講完了，儒學還能有什麽？譬如祖傳「三間屋子」，始則推一間與老，又推一間與釋，自居其中一間。最後連自己一間亦不能守，遂至流浪無歸。這樣説來，要探討聖人之學雖欲不雜禪，又豈可能？但世儒根本就没有超越具體宗教信仰的「哲學」想象，在他們眼中，全部學術只能是論證某種既定價值理念的工具，不能據以反思既定價值；陽明心學即使肯定了儒學倡導的世間價值的大部分内容，也使其變得不那麽絶對、神聖、難以接受。因此，當他們没有辯駁的勝算時，就乾脆直接指其爲禪。攻其爲「異端」，取消其哲學化傾向，如陳建在學蔀通辨中所寫。這本是朱熹處理陸九淵的舊辦法。

質實而言，陽明心學對禪學的融會只是學理上的，即在區分人心、道心，突出「（直）覺」方面取得的成就，至於在問題域上，在價值取向上，則與之明顯不同。心學學者在反駁批評者時作了自辯，批評者也未必不知，但他們不肯輕易放棄這個「清理門户」的機會，一直糾纏不休。王陽明一般被判爲「陽儒陰釋」，而重拾宋儒張商英話頭、以「學佛知儒」相號召者，則被稱爲「王學末流」。據四庫館臣所指斥，大概李贄、焦竑、楊起元、周汝登等人是末流中之「極弊」。有時甚至摒之於門牆之外，「不復以儒家論之，亦不復以儒理責之」。顯然，「四無」之論則是此種風氣的明顯開端，而龍谿「佛氏所説，本是吾儒大路」之類言論，不覺已入於「末流」之列。但純粹從學術眼光看，本流、末流，只是一流。

本書體現了陽明心學學術發展的上述特點。在本書中，李卓吾對王龍谿的評點即是從肯定「天泉傳道」開始的，並對王龍谿以此爲出發點的種種堅持作了進一步的肯定，而刪削和糾正了龍谿的一些猶豫、應酬之處，使其精神更加煥發。概要而言，主要有如下三個主要特點：

一、掃龍谿殘存的道學門户之見。在佛、儒、道互相競爭的背景下，即使陸、王心學明顯地引入了佛、道概念，但爲了標榜自身的儒學正統，亦往往對之作某種門户式攻擊。王龍谿也不例外。他雖然倡言「佛氏所説，本是吾儒大路」，亦時以攻禪自清，發表某些言過其實的批評。對此，李卓吾一一加以批駁、澄清。如龍谿辯陸象山學術非禪説：「象山之學從人情物理磨煉出來，實非禪也。」李卓吾挖苦説：「禪又如何不屙屎乎？」對於龍谿隨處可見的「闢異端」的言論，均指出其「昧心」「欺心」；對其持平之論，則肯定「方爲不昧心矣」，等等，使讀者不致迷茫。

二、指點王學最上一乘。龍谿一生緊跟師門，對師門的應變機辯，含糊處理；對同門學術的偏頗之處，不敢顯斥其非。卓吾雖然熱衷心學，但未曾爲王門「受業」弟子，對自陽明以下的王門諸位「尊宿」，頗能以普通學術對象處理之。如對於錢緒山在「天泉證道」的辯駁，王陽明、王龍谿迫於面子，稍留餘地，李卓吾直斥爲「癡人説夢」。王龍谿在與聶雙江爭論時，有曲爲之開脱之處，或被誤會爲思想上的「屈服」，李卓吾則明白揭出：「雙江全未，全未。」耿定向喜言「當下」「當念」，實未達其奥義，龍谿頗費辭説，卓吾卻直截説出：「他把當下作當時境耳。」可謂一針見血。

三、把龍谿的批評語言「棒喝化」。龍谿論學的對象多有高官顯宦老師宿儒，即使他們發表一些非常荒謬的見解，龍谿亦「一味和柔」。李卓吾的評點則顯現其「獅子吼」的狠勁。如龍谿與南京操江御史吳時來論學語意含蓄，卓吾則點出：「分明罵他鄉愿。」王龍谿對徐階的批評，李卓吾比喻爲「治療頑疾」：「頂門一針」，「頂門一針」，「頂門又一針」，「又一針」。如此重手，非一般人所肯承領，卓吾則論之無礙。

如此之類，使李卓吾的評點有一種點鐵成金的效果。袁宏道論卓吾的小説評點説：「若無卓老揭出一段精神，則作者與讀者，千古俱成夢境。」這也完全可以適用於卓吾的哲學評點。由於王龍谿受到外在環境的壓力，或至竟爲外境所轉，真意晦澀難明，而卓吾以第三者的立場，冷眼拈出，便於讀者掌握王學的真實意義。由於對陽明學脉的澄清，李卓吾亦確定了其自身在王學中的地位。概而言之，王陽明在提出心學理論時，正如其所自述，由於遭遇朱子學話語早已定於一尊的巨大壓力，不得已「姑爲兩可之説」，甚至攀附「朱子晚年定論」，使其講學言論有很多歧義，而王龍谿則作了巨大改進，使之更加明晰。而李卓吾本人又進一步凸顯了心學的獨創性精神。

因此顧炎武、王夫之等「大儒」均斷定：王守仁之學，一傳而爲王畿，再傳而爲李贄。雖非褒獎，亦説出了部分的事實。四庫館臣爲本書所寫的提要説：「是編……前有李贊序，謂之龍谿集鈔，蓋又經贊所品定也。合此二人以成此書，則書可知矣。」四庫館臣的譏諷，如今完全可以從正面來理解。當然，即使欲站回四庫館臣的立場，以明所謂「王學末流之極弊」，亦無不可。

概而言之，本書是王學哲學理論「集大成」之作，與李卓吾兩年後編的陽明先生道學鈔，共同構成卓吾眼中心學的「內、外篇」。這就是説，王陽明的講學言論雖時有令人莫衷一是的含混，但對心學理論基本精神的把握是明確透徹的，並在政治實踐中作了完美的應用；但若論學理明晰，方便一般人理解，則還在本書。

本書目前存世的版本有兩個系統，一爲萬曆二十七年（一五九九）山陰何繼高刻本。此爲原始刻本，現藏北京大學圖書館。按李卓吾序，此書應名「龍谿王先生集鈔」，不知何種原因，題爲「龍谿王先生文録鈔」。此書題爲「龍谿王先生文録鈔」，焚書所收序文名爲，「龍谿先生文録鈔序」，顧大韶編李溫陵集所收則名爲「龍谿先生鈔序」，何本之名者大概就是原名。一爲萬曆中蘇州吳可期、吳可善刻本，此本傳世數量較多，四川大學圖書館、哈佛燕京圖書館等均有收藏。吳刻本題爲「卓吾先生批評龍谿王先生語録鈔」，與當時大多數掛名「李卓吾批評」的書籍命名一致，具有商業品牌意識，利用李卓吾的名人效應推動圖書銷售，顯然是後出的版本。但按該版李卓吾序文命名，則應稱爲「龍谿王先生集鈔」，與本書的實際内容比較吻合。另有一種，標稱「萬曆二十六年」的刻本，則是故意强調自己的原始性以牟利了。

何泰寧的刻本雖爲原始版本，但吳刻本似更爲精審，此次校點以吳刻本爲底本。吳刻本分别收入四庫全書存目叢書集部第九十九册、續修四庫全書第九四三册。每卷卷首標明「新安後學吳可期、吳可善校正」，中縫則注明「秣陵楊應時書、梅仕見刻」。存目本與續修本微有不同，存目本在序後又增加了李卓吾於萬曆十二年寫的王龍谿先生告文與兩封與焦竑的書信，當是同一版本在印刷過程中的增損。

此次整理，根據下述原則進行：

（一）按李卓吾序，書名定爲「王龍谿先生集鈔」，加「李卓吾批評」於其上。吳刻本中少數明顯脱誤字，則參照蕭良榦龍溪王先生全集刻本（收入四庫全書存目叢書集部第九十八册）、及光緒八年朱昌燕翻刻萬曆四十三年丁賓龍谿王先生全集本改正，注明。

（二）李卓吾對王龍谿著作的批選，除整篇删除者以外，對所選篇章之段落、段落中之字、句亦有少量删節。如在所選章节中间，删除龍谿對漢宣帝法治政治的譏議，以及龍谿標榜其道學立場時對佛、道二教所發表的門户之見等；有些删節純粹是從文章的角度考慮，如文義重複以及個别文義不通、累贅的字句，等等，評點者注意到了文意的完整性，則不再加以標明。極個别地方影響到文意完整或語句有毛病者，則據全集本補出，注明。

（三）照顧現代人的讀書習慣，爲清潔起見，原書李卓吾所加之圈點，一概予以删除，只保留文字評論。李卓吾的評語，置於篇首者、篇尾者，皆加注爲「總評」。「眉批」移入文中，根據原書的圈點，注明評論所指的範圍。原置於文中的旁批，有些只評一句中幾個字，注明爲「旁批」。

（四）部分差别不太大的異體字合併。

（五）原刻本李卓吾序仍置於卷首，其他評論王龍谿的文字，則移到卷尾作爲附録。流行的焚書版本未收之龍谿小刻一文，據明顧大韶李溫陵集刻本鈔出，補入附録一中。

（六）另編製王龍谿與之論學的學者情況表爲附録二，便於讀者查閲其非常複雜的字號、生卒日期及學術師承之大概。

傅秋濤

戊戌初夏於長沙湖南省社會科學院

# 龍谿王先生集鈔序

溫陵李贄曰：龍谿王先生集共二十卷，無一卷不是談學之書；卷凡數十篇，無一篇不是論學之言。夫學問之道，一言可蔽，卷若積至二十，篇或累至數十，能無贅乎？然讀之忘倦，卷卷若不相襲，覽者唯恐易盡，何也？蓋先生學問融貫，溫故知新，若滄洲瀛海，根於心，發於言，自時出而不可窮，自然不厭而文且理也，而其誰能贅之歟？故予嘗謂，先生此書，前無往古，今無將來，後有學者可以無復著書矣，蓋逆料其决不能條達明顯，一過於斯也。而刻板貯于紹興官署，印行者少，人亦罕讀。又先生少壯至老，一味和柔，大同無我，無新奇可喜之行，故俗士亦不悅先生之爲人，而又肯讀先生之書乎？學無真志，皮相相矜，卒以自誤。雖先生萬語千言，亦且奈之何哉！

今春，予偕焦弱侯放舟南邁，過滄州，見何泰寧。泰寧視龍谿爲鄉先生，其平日饜飫先生之教爲深，熟讀先生之書已久矣。意欲復梓行之，以嘉惠山東、河北數十郡人士，即索先生全集于弱侯所。弱侯載兩船書，一時何處覓索？泰寧乃約是秋專人來取，而命予圈點其尤精且要者，曰：「吾先刻其精者以誘之令讀，然後梓其全以付天下後世。夫先生之書，一字不可輕擲，不刻其全，則有滄海遺珠之恨。然簡袠浩繁，將學者未覽先厭，又不免有束書不觀之嘆。必先後兩梓，不惜所費，然後先生之教大行。蓋先生之學具在此書，若苟得其意，則一言可畢，何用二十卷？苟不肯讀，則終篇亦難，又何必二十卷也？但在我後人，不得不冀其如此而讀，如此而終篇，又如此而得意於一言之下也。」泰寧之言如此，其用意如之何？

秋九月，滄州使者持泰寧手札，果來索書白下。適予與弱侯咸在館。弱侯遂付書，又命予書數語述泰寧初志，并付之。計新春二三月，予可以覽新刻矣。將見泰寧學問從此日新而不能已，斷斷乎其必有在於是，斷斷乎其必有在於是！

時萬曆戊戌歲冬孟日

# 目録

**解説**

**卷之六　書**……三一六

## 卷之七　序

## 卷之八　雜著

詩……四七〇

# 卷之一　語録

## 天泉證道紀

陽明夫子之學，以良知爲宗，每與門人論學，提四句爲教法：「無善無惡心之體，有善有惡意之動，知善知惡是良知，爲善去惡是格物。」學者循此用功，各有所得。

緒山錢子謂：「此是師門教人定本，一毫不可更易。」上句評曰：癡人説夢。

先生謂：「夫子立教隨時，謂之權法，未可執定。體用顯微，只是一機；心意知物，只是一事。若悟得心是無善無惡之心，意即是無善無惡之意，知即是無善無惡之知，物即是無善無惡之物。蓋無心之心則藏密，無意之意則應圓，無知之知則體寂，無物之物則用神。天命之性粹然至善，神感神應，其機自不容已，無善可名。惡固本無，善亦不可得而有也，是謂無善無惡。若有善有惡，則意動於物，非自然之流行，着於有矣。自性流行者，動而無動；着於有者，動而動也。意是心之所發，若是有善有惡之意，則知與物一齊皆有，心亦不可謂之無矣。」

緒山子謂：「若是，是壞師門教法，非善學也。」

先生謂：「學須自證自悟，不從人腳跟轉。若執着師門權法以爲定本，未免滯於言詮，亦非善學也。」

時夫子將有兩廣之行，錢子謂曰：「吾二人所見不同，何以同人？盍相與就正夫子？」

晚坐天泉橋上，因各以所見請質。

夫子曰：「正要二子有此一問。吾教法原有此兩種，四無之説爲上根人立教，四有之説爲中根以下人立教。上根之人，悟得無善無惡心體，便從無處立根基，意與知物，皆從無生，一了百當，即本體便是工夫，易簡直截，更無剩欠，頓悟之學也。中根以下之人，未嘗悟得本體，未免在有善有惡上立根基，心與知物，皆從有生，須用爲善去惡工夫，隨處對治，使之漸漸入悟，從有以歸於無，復還本體。及其成功，一也。上句評曰：有善惡，安得根基？隨處對治，安得入悟？真權法，非實究竟也！世間上根人不易得，只得就中根以下人立教，通此一路。汝中所見，是接上根人教法；德洪所見，是接中根以下人教法。汝中所見，我久欲發，恐人信不及，徒增躐等之病，故含蓄到今。此是傳心秘藏，顔子、明道所不敢言者。今既已説破，亦是天機該發泄時，豈容復秘？然此中不可執着。若執四無之見，不通得衆人之意，只好接上根人，中根以下人無從接授。上句評曰：中根人到底是中根人也，安用接之？蓋爲善去惡，非人所能強。雖朝廷用黜陟勸戒之，而善者自善，不善者自不善故也。若執四有之見，認定意是有善有惡的，只好接中根以下人，上根人亦無從接授。但吾人凡心未了，雖已得悟，不妨隨時用漸修工夫。不如此不足以超凡入聖，所謂上乘兼修中下也。汝中此意，正好保任，不宜輕以示人。概而言之，反成漏泄。德洪却須進此一格，始爲玄通。德洪資性沉毅，汝中資性明朗，故其所得亦各因其所近。若能互相取益，使吾教法上下皆通，始爲善學耳。」

自此海内相傳「天泉證悟」之論，道脉始歸于一云。

## 沖元會紀

先生曰：自先師提出本體、工夫，人人皆能説本體，説工夫，其實本體、工夫須有辨。自聖人分上説，只此知便是本體，便是工夫，便是致；自學者分上説，須用致知的工夫以復其本體，博學，審問，慎思，明辨，篤行，五者廢其一，非致也。世之議者，或以致良知爲落空，其亦未之思耳。

先師嘗謂人曰：「戒慎恐懼是本體，不睹不聞是工夫。」戒慎恐懼若非本體，於本體上便生障礙；不睹不聞若非工夫，於一切處盡成支離。蓋工夫不離本體，本體即是工夫，非有二也。

今人講學，以神理爲極精，開口便説性説命；以日用飲食、聲色、財貨爲極粗，人面前便不肯出口。不知講解得性命到入微處，一種意見終日盤桓其中，只是口説，縱令婉轉歸己，亦只是比擬卜度，與本來性命生機了無相干，終成俗學。若能於日用貨色上料理經綸，時時以天則應之，超脱得淨，如明珠混泥沙而不污，乃見定力。上句評曰：此句切。極精的是極粗的學問，極粗的是極精的學問。精精粗粗，其機甚微，非真實用工之人，不易辨也。

吾人今日講學，未免説話太多，亦是不得已。只因吾人許多習聞舊見纏繞，只得與剖析分疏。譬諸樹木被藤蔓牽纏，若非剪截解脱，本根生意終不條達。但恐吾人又在言語上承接過去，翻滋見解，爲病更甚。須知默成而信，孔門惟顔子爲善學。吾人既要學顔子，須識病痛，斬除得淨。不然，只是騰口説，與本根生意原無交涉也。朋友中有守一念靈明處，認爲戒懼工夫，纔涉言語應接，所守工夫便覺散緩，此是分了内外。一念靈明無内外，無方所；戒慎恐懼亦無内外，無方所。識得本體原是變動不居，不可以爲典要，雖終日變化云爲，莫非本體之周流，自無此病矣。上句評曰：切。

吾人學問，自己從入處，便是感動人樣子。從言語入者，感動人處至言語而止；從意想入者，感動人處至意想而止；從解悟入者，感動人處至解悟而止。若能離此數者，默默從生機而入，感動人處方是日新。以機觸機，默相授受，方無止法。此顔子所以如愚，而未見其止也。

吾人今日講學，先要一切世情淡得下。此是吾人立定腳跟第一義。中庸結末開口説個「淡」字，正是對病藥方。淡原是心之本體，有何可厭？知心體是淡，便無許多醲釅勞擾，便自明白，便能知幾，可與入德。直入至無喜無怒、無聲無臭，只是淡到極處。立心爲己，便是達天德根基。若起頭清脱不出，到底夾帶包藏，只在世情上揀得一件好題目做，與孔門闇然日章家法，奚翅千里！

## 與梅純甫問答

純甫梅子問狂狷、鄉愿之辨。先生曰：「古今人品之不同，如九牛毛。孔子不得中行而思及于狂，又思及于狷。若鄉愿則惡絶之，甚則以爲德之賊。何啻九牛毛而已乎！狂者之意，説他便是聖人了，攷〔二〕其行有不掩，雖是受病處，然其心事光明超脱，不作些子

〔二〕此處與蕭良幹刻本微有不同，「説他便是聖人了，攷」爲「只是要做聖人」。

蓋藏廻護，亦便是得力處。若能克念，時時嚴密得來，即爲中行矣。狷者雖能謹守，未辦得必做聖人之志，以其知耻不苟，可使激發開展，以入于道，故聖人思之。若夫鄉愿，不狂不狷，初間亦是要學聖人，只管學成殼套：居之行之，象了聖人忠信廉潔；同流合污，不與世間立異，象了聖人混俗包荒。聖人則善者好之，不善者惡之，尚有可非可刺；鄉愿之善既足以媚君子，好合同處，又足以媚小人，比之聖人，更覺完全無破綻。譬如紫色之奪朱，鄭聲之亂雅，更覺光彩豔麗。苟非心靈開霽、天聰明之盡者，無以發其神奸之所由伏也。夫聖人所以爲聖，精神命脉全體内用，不求知于人，故常常自見己過，不自滿假，日進于無疆。鄉愿惟以媚世爲心，全體精神盡從外面照管，故自以爲是，而不可與入堯舜之道。學術邪正路頭，分決在此。自聖學不明，世鮮中行，不狂不狷之習，淪浹人之心髓。吾人學聖人者，不從精神命脉尋討根究，只管學取皮毛支節，趨避形迹，免於非刺，以求媚于世。方且傲然自以爲是，陷于鄉愿之似而不知，其亦可哀也已！所幸吾人學取聖人殼套尚有未全，未至做成真鄉愿，猶有可救可變之機。苟能自反，一念知耻，即可以入于狷；一念知克，即可以入于狂；一念隨時，即可以入于中行。入者主之，出者奴之，勢使然也。顧乃不知決擇，而安於其所惡者，不安于其所思者，亦獨何心哉！」

## 維揚晤語

荆川唐子開府維揚，邀先生往會。時已有病，遇春汛，日坐治堂，命將遣師，爲海防之計。一日退食，笑謂先生曰：「公看我與老師之學有相契否？」

先生曰：「子之力量固自不同，若説良知，還未致得在。」

荆川曰：「我平生佩服陽明之教，滿口所説，滿紙所寫，那些不是良知？公豈欺我耶！」

先生笑曰：「難道不是良知？只未致得真良知，未免攙和。」

荆川憤然不服云：「試舉看？」

先生曰：「適在堂遣將時，諸將校有所禀呈，辭意未盡，即與攔截，發揮自己方略，令其依從，此是攙入意見，心便不虚，非真良知也。將官將地方事體請問，某處該如何設備，某事却如何追攝，便引證古人做過勾當，某處如此處，某事如此處，自家一點圓明反覺凝滯，此是攙入典要，機便不神，非真良知也。及至議論未合，定着眼睛，沉思一回，又與説起，此等處認作沉幾研慮，不知此已攙入擬議安排，非真良知也。有時奮掉鼓激，厲聲抗言，使若無所容，自以爲威嚴不可犯，不知此是攙入氣魄，非真良知也。有時發人隱過，有時揚人隱行，有時行不測之賞，加非法之罰，自以爲得好惡之正，不知自己靈根已爲摇動，不免有所作，非真良知也。他如製木城，造銅面，畜獵犬，不論勢之所便、地之所宜，一一令其如法措置，此是攙入格套，非真良知也。嘗曰：『我一一經營，已得勝筭，猛將如雲，不如着一病都堂在陣。』此是攙入能所，旁批：佛。非真良知也。若是真致良知，只宜虛心應物，使人人各得盡其情，能剛能柔，觸機而應，迎刃而解，更無些子攙入，譬之明鏡當臺，妍媸自辨，方是經綸手段。纔有些子才智伎倆與之相形，自己光明反爲所蔽。口中説得十分明白，紙上寫得十分詳盡，只成播弄精魂，非真實受用也。」

荆川憮然曰：「吾過矣！友道以直諒爲益，非虛言也。」

## 復陽堂會語

或曰：「『君子以文會友，以友輔仁』，何謂也？」先生曰：「文者道之顯。言語威儀，典詞藝術，一切可循之業皆所謂文也。仁者與物同體，炯然油然，生生不容已之機，所謂仁也。孔門之學，惟務求仁。辨志敬業，親師取友，無非保合充養，以復其生生之機。言語所以立誠，威儀所以定命，稽訓所以畜德，游藝所以博趣，無往而非學，則亦無往而非仁也。會友以文，而不本於輔仁，則亦徒會而已，君子弗貴也。」

或曰：「仁、道，夫子所罕言。學貴有漸，水進木升，始無淩節之患。其在今日，莫先于開發耻心，有耻始能懲往事而興善端，所謂『知耻近乎勇』。力行以求之，近仁之方也。」先生曰：「然哉，耻之於人大矣！有所不爲不欲者，良知也；無爲無欲者，致知也。是能充其羞惡之心，而義不可勝用。故曰：『如此而已矣。』知此則人心可正，風俗可變，而治化可成，今日之會始不爲虚。會友輔仁之要，莫切於此；辨志敬業，取諸此而已。此尤吾人對病之至藥也。」

## 三山麗澤録

遵巖王子曰：「仲尼終歲周流，隨地講習，上則見其邦君，中則交其公卿大夫，下則進其凡民，如丈人、漁父之屬，皆有意焉。故光輝所及，在鄉滿鄉，在國滿國。先生之出遊，亦似之。」先生曰：「『鳥獸不可與同群，非斯人而誰與！』此原是孔門家法。吾人不論出處潛見，取友求益，原是吾人分内事。予豈敢望古人之光輝，傲然以教人傳道爲事？取友求益，竊有志焉。若夫人之信否，與此學之明與不明，則存乎所遇，非人所能強也。至於閉門踰垣，踽踽然潔身獨行，自以爲高，則又非予之初心。」

遵巖子曰：「學不厭，誨不倦，教學相長也。」先生曰：「然。吾人之學原與物同體，誨人倦時，即學有厭處。成己即所以成物，只是一事，非但相長而已也。孔子有云：『默而識之。』此是千古學脉，虞廷謂之道心之微。學而非默，則涉於聲臭；誨人非默，則墮於言詮。故曰：『何有於我哉？』非自謙之辭，乃真語也。若于此悟得及，始可與言聖學。」

遵巖子曰：「千古聖賢之學，只一知字盡之。大學誠正修身以齊家治國平天下，只在致知。中庸誠身以悦親信友，獲上治民，只在明善，明善即致知也。雙江云格物無功夫，吾有取焉。」先生曰：「此正毫釐之辨。若謂格物有功夫，何以曰盡于致知？若謂格物無功夫，何以曰在于格物？物是天下國家之實事，由良知感應而始有。致知在格物，猶云欲致良知在天下國家實事上致之云爾。知外無物，物外無知。如離了悦親、信友、獲上、治民，更無明善用力處。亦非外了明善，另有獲上、治民、悦親、信友之功也。以意逆之，可不言而喻矣！」

遵巖子問曰：「荆川謂吾人終日擾擾，嗜欲相混，精神不得歸根，須閉關靜坐一二年，養成無欲之體，方爲聖學。此意何如？」先生曰：「吾人未嘗廢靜坐，若必藉此爲了手，未免等待，非究竟法。聖人之學，主于經世，原與世界不相離。古者教人，只言藏修游息，未嘗專説閉關靜坐。若日日應感，時時收攝，精神和暢充周，不動于欲，便與靜坐一般。況欲根潛藏，非對境則不易發。如金體被銅鉛混雜，非遇烈火，則不易銷。若以見在感應不得力，必待閉關静坐，養成無欲之體，始爲了手，不惟蹉却見在功夫，未免喜静厭動，與世間已無交涉，如何復經得世？獨修獨行，如方外人則可。大修行人，於塵勞煩惱中作道場。旁批：佛。吾人若欲承接堯、舜、姬、孔學脉，不得如此討便宜也。」

遵巖子曰：「孔子六十而耳順，此六經中未嘗道之語。不曰目與口鼻，惟曰耳順，何謂也？」先生曰：「目以精用，口鼻以氣用，惟耳以神用。目有開闔，口有吐納，鼻有呼吸，惟耳無出入，佛家謂之『圓通觀』，順逆相對。上句評曰：自佛經來。孔子五十而知天命，能與太虚同體，方能以虚應世，隨聲所入，不聽之以耳，而聽之以神，更無好醜簡擇，故謂之耳順。此等處更無巧法，惟是終始一志，消盡渣滓，無有前塵，自能神用無方，自能忘順逆。」

遵巖子居鄉遇拂逆事，時有悄然不豫之色，甚至有怫然不平之氣，方信以爲同好惡、公是非，以問于先生。先生徐應之曰：「子甚麼聰明，何未之早達也？吾人處世，豈能事事平滿，無不足之嘆？所貴于隨緣順應，處之有道耳。禪家謂之缺陷世界，違順好醜，皆作意安，只見在不平滿處，便是了心之法，方是當地洒然，超脱受用。纔有悄然怫然之意，等待平滿時方稱心，吾之所自失者多矣。况人無皆非之理，惟在反己自修，一毫不起怨尤之心，方是孔門家法。故曰：下學上達，知我其天。此便是古人自信之學。忘好惡，方能同好惡；忘是非，方能公是非。蓋好惡是非，原是本心自然之用。惟作好惡，任是非，始失其本心。所謂忘者，非是無記頑空，率其明覺之自然，隨物順應，一毫無所作，無所任。是謂忘無可忘，在知道者默而識之。」

遠齋子曰：「諸公每日相集講學，固好，予却謂不在講學，只身體力行，實落做將去便是。」先生曰：「然。若是真行路人，遇三叉路口，便有疑；有疑不得不問，不得不講。惟坐謀所適，始無所疑，始不消講。若徒務口講，而不務力行，則有所不可耳。」

蒙泉祁子請聞過。先生曰：「此是不自滿之心。安節自守，每事從簡，月計不足，歲計有餘，士民日受和平之福，只此便是寡過之道。要人説過，不如自己見過之明。苟有無心之失，不妨隨時省改。今人憚于改過，非但畏難，亦是體面放不下。勘破此關，終日應酔，可以洒然無累矣。」

遵巖子曰：「荆川隨處費盡精神，可謂潑撒。然自跳上蒲團，便如木偶相似，收攝保聚，可無滲漏。予則不能及。」先生曰：「此事非可強爲，須得其機要。有制煉魂魄之功，始得伏藏，始無滲漏。荆川自謂得其機要，能煉虚空，亦曾死心入定，固是小得手處。然於致良知功夫，終隔一塵。蓋吾儒致知以神爲主，養生家以氣爲主。戒慎恐懼是存神功夫，神住則氣自住，當下還虚，便是無爲作用。以氣爲主，是從氣機動處理會。氣結神凝，神氣含育，終是有作之法。」上兩句評曰：好。

楓潭萬子問曰：「古人『通晝夜之道而知』，何謂也？」先生曰：「千古聖學，只一知字盡之。知是貫徹天地萬物之靈氣。上句評曰：仙家。吾人日間欲念慌惚，或至牿亡，夜間雜氣紛擾，或至昏沉，便是不能通乎晝夜，便與天地不相似，便與萬物不相涉。時時致良知，朝乾夕惕，不爲欲念所擾、昏氣所乘，貞明不息，方是通乎晝夜之道而知。通乎晝夜，自能通乎天地萬物，自能範圍曲成。存此謂之存神，見此謂之見易，故『神無方而易無體』。是謂彌綸天地之道，是謂窮理盡性以至於命。」楓潭子喟然曰：「如此方是通乎晝夜之實學，非徒談説理道而已也。」

遵巖子問，先師在軍中四十日未嘗睡，有諸？先生曰：「然。此原是聖學。古人有息無睡，故曰『向晦入燕息』。世人終日擾擾，全賴後天渣滓厚味培養，方彀一日之用。夜間全賴一覺熟睡，方能休息。不知此一覺熟睡，陽光盡爲陰濁所陷，如死人一般。若知燕息之法，當向晦時，耳無聞，目無見，口無吐納，鼻無呼吸，手足無動静，心無私累，一點元神與先天清氣相依相息，如爐中種火相似，比之後天昏氣所養，奚啻什百！」上段總評：仙家。

遵巖子曰：「區區於道實未有見，向因先生將幾句精語藴習在心，隨處引觸，得箇入處，只成見解，實未有得。」先生曰：「此是不可及處。他人便把此作實際受用，到底只成弄精魂。從言而入，非自己證悟。須打破自己無盡寶藏，方能獨往獨來。左右逢源，不傍人門户，不落知解，只從良知上[二]樸實致將去，不以意識攙和其間，久久自當有得，不在欲速強探也。」

[二]「上」據蕭出補。

遵巖子問曰：「學術不出于孔氏之宗，宗失其統而爲學者，其端有二：曰俗與禪。若夫老氏之學，則固吾儒之宗派，或失於矯則有之，非可以異端論也。」先生曰：「異端之説，見於孔氏之書，當時佛氏未入中國，其於老氏尚往問禮，而有『猶龍』之嘆。莊子宗老而任狂，非可以異端名也。吾儒之學，自有異端。至於佛氏之家，遺棄物理，究心虚寂，始失於誕。然今日所病，却不在此，惟在俗耳。世之儒者，不此之病，顧切切焉惟彼之憂，亦見其過計也已。良知者，千聖之絶學，道德性命之靈樞也。致知之學，原本虚寂，而未嘗離於倫物之感應。外者有節，而内者不誘，則固聖學之宗也。何偏之足病？故曰「致知在格物」，言格物所以致吾之知也。吾儒與二氏毫釐之辨，正在於此。上句評曰：昧心。惟其狥於物感之迹，揣摸假借，不本於良知以求自得，始不免于俗學之支離，不可不察也。」

友人問：「佛氏雖不免有偏，然論心性甚精妙，乃是形而上一截理。吾人叙正人倫，未免連形而下發揮。然心性之學沉埋既久，一時難爲超脱，借路悟入，未必非此學之助。」先生曰：「此説似是而實非，本無上、下兩截之分。吾儒未嘗不説虚，不説寂，不説微，不説密。此是千聖相傳之秘藏。從此悟入，乃是範圍三教之宗。自聖學不明，後儒反將千聖精義讓與佛氏，纔涉空寂，便以爲異學，不肯承當。不知佛氏所説，本是吾儒大路。反欲借路而入，亦可哀也！夫僊、佛二氏皆是出世之學，佛氏雖後世始入中國，唐虞之時所謂巢、許之流，即其宗派。唐虞之時聖學明，巢、許在山中如木石一般，任其自生自化，乃是堯、舜一體中所養之物。蓋世間自有一種清虚恬淡不耐事之人，雖堯、舜亦不以相強。上句評曰：只説巢、由則可。只因聖學不明，漢之儒者強説道理，泥於刑名格式，執爲典要，失其變動周流之性體，反被二氏點檢訾議，敢於主張做大。吾儒不悟本來自有家當，反甘心讓之，尤可哀也已！先師嘗有「屋舍三間」之喻，唐虞之時，此三間屋舍原是本有家當，巢、許輩皆其守舍之人。及至後世，聖學做主不起，僅守其中一間，將左右兩間甘心讓與二氏。及吾儒之學日衰，二氏之學日熾，甘心自謂不如，反欲假借存活。洎其後來，連其中一間岌岌乎有不能自存之勢，反將從而歸依之，漸至失其家業而不自覺。吾儒今日之事何以異此！間有豪傑之士不忍甘心於自失，欲行主張正學，以排斥二氏爲己任。不能探本入微，務於内修，徒欲號召名義，以氣魄勝之，祇足以增二氏檢議耳。先師良知之學，乃三教之靈樞，于此悟入，不以一毫知識參乎其間，彼將帖然歸化。所謂經正而邪慝自無，非可以口舌爭也。」

## 撫州擬峴臺會語

壬戌仲冬，先生自洪都趨撫州，元山曾子、石井傅子、偕所陳子率南華諸同志，扳莅擬峴臺之會。諸生執簡以請曰：「撫爲吾象山先生首善之地，自信本心，以先立其大爲宗。逮朱、陸同異之議起，晦且數百年。及陽明先師爲之表章，陸學始顯于世。兹遺言具在，請發師門未竟之意，以示大同而顯宗説，俾吾黨知所歸向，惠孰大焉？」先生曰：「諾。」遂條次其語答之。

象山先生曰：「顔子問仁之後，夫子許多事業皆分付顔子了。顔子没，夫子哭之曰『天喪予』，蓋夫子事業無傳矣。曾子雖能傳其脉，然『參也魯』，豈能望顔子之精蘊？幸曾子傳之子思，子思傳之孟子，夫子之道至孟子而一光。然夫子所分付顔子事

業，亦竟不復傳也。」[一]

先生曰：「師云：『顔子没而聖人之學亡。』此是險語。畢竟曾子、孟子所傳是何學，此須心悟，非言詮所能究也。略舉其似：曾子、孟子尚有門可入，有途可循，有繩約可守。顔子則是由乎不啓之扃，達乎無轍之境，固乎無藤之緘。曾子、孟子猶爲有一之可守，顔子則已忘矣。喟然一嘆，蓋悟後語：無高堅可着，無前後可據，欲罷而不能，欲從而無由。非天下之至神，何足以語此！」

此道與溺於利欲之人言猶易，與溺於意見之人言却難。道在心傳，是謂先天之學，纔涉意見，即屬後天。道不屬見，見不能及，著見即非道。

利欲溺人，如腐索纏縛，易於解脱。意見如五色線，方以爲寶，解之甚難。非志於道，

---

〔一〕本篇所引均出於陸九淵語録。

一毫無所藉於外者，未易以語此也。

或問：「先生之學當來自何處入？」象山曰：「不過切己自反，改過遷善。」

象山之學自信本心，平生功夫嚴密如此，世人槩以禪學目之，非惟不知象山，亦不知禪矣！

元晦欲去兩短，合兩長，吾以爲不可。既不知尊德性，焉有所謂道問學？

評：好。

「建安亦無朱元晦，青田亦無陸子靜。」此是象山見得大處。千古聖學只有箇尊德性，問學正是尊之之功。外德性別有問學，即是泛問，即是異學。

世有議象山者：「除了『先立乎其大者』一句，全無伎倆。」象山聞之曰：「誠然。」

世有議先師者：除了「致良知」一句，更無伎倆。先師嘆曰：「我原只有這些伎倆。」

復齋問象山曰：「吾弟在何處做工夫？」象山答曰：「在人情、事勢、物理上做工夫。」

事勢物理只在人情中。

後世言學者須要立箇門户，此理所在，安有門户可立？又要各護門户，此尤鄙陋。

學原爲了自己性命，默默自修自證。纔有立門户、護門户之見，便是格套起念，便非爲己之實學。

二程見周茂叔後，吟風弄月而歸，有「吾與點也」之意。後來明道此意却存，伊川已失了。

學者須識得「與點」之意，方是孔門學脉，方爲有悟，不然只成擔死版。旁批：佛。

伊川平生剛毅，力扶世教，以師道爲己任，明道自以爲有所不及。不知明道乃是巽言以教之，惜乎伊川未之悟也。學問到執己自是處，雖以明道爲兄，亦無如之何，況朋友乎？

秦不曾壞了道脉，至漢而大壞。評：好。

祖龍焚書，道脉未嘗壞。至漢，將聖門道學著爲典要，變動周流之旨遂不復見于世，是謂迹似情非，所以大壞。

吾於人情研究得到，或曰察見淵中魚，不祥。然吾非苛察之謂，研究得到，有扶持之力耳。

識人病痛極難。譬之秦越人治病，洞見五臟，量人元氣虚實、病情標本，以爲攻補先後、淺深，方爲妙手。此所謂扶持之力也。

今世人淺之爲聲色臭味，進之爲富貴利達，進之爲文章技藝。又有一般人，都不理會，却談學問。吾總以一言斷之曰：勝心。

纔有勝心，即非謙受之益。縱使博學多聞，進退古今，表裏人物，徒增勝心耳。

或問：「先生談道，恐人將意見來會，不及釋子談禪，使人無所措其意見。」先生云：「吾雖如此談道，凡有虛見虛説皆來這裏使不得。所謂德行恆易以知險，恆簡以知阻也。談禪者雖爲艱難之説，其實反可寄托意見。吾於百衆人前，開口見膽。」上句評曰：此未知禪。

學者須自不落意見，方能勘破人意見。不然，只成泥裏洗土塊，彼此皆無清脱處。

或有説先生之教人，專欲管歸一路者，先生曰：「吾亦只有此一路。」

爲學貴於專一，人之根器不同，聖賢立教，淺深輕重，豈能一律齊得？然其要，使之歸於一路而已。纔有别路可走，即是支離之學。

世人只管理會利害，皆自謂惺惺，曾知道名利如錦覆陷穽，使人貪而墮其中，到頭赢〔二〕得大不惺惺去。

知利名如錦覆陷穽，此猶是利害上起對筭。學者須務實勝義以爲質，自無所貪著，方是惺惺漢。

韓退之倒做了，蓋欲因文而見道。原性論却將氣質做性説了。

孟子論性亦不能離氣質，蓋性是心之生理。離了氣質，即無性可名。天地之性乃氣質之精華，豈可與氣質之性相對而言？韓子因文見道，出于料想，實未嘗知性也。

子夏之學，傳之後世猶有害。

〔二〕「赢」原作「嬴」，據陸九淵語録改。

孔子告子夏曰：「女爲君子儒，無爲小人儒。」謂之儒者，不是爲人爲利。篤信謹守，依彷末節細行以自律，必信必果，硜硜然是箇小家伎倆，所以謂之小人儒。上兩句評：切。孔門專務求仁，仁者與物同體。小人儒即非同體之學，所以傳之後世猶有害，不可不察也。

伊川解「頻復，厲」：「過在失，不在復。」極是。

有失斯有復，聖人無復，以未嘗有失也。「復」爲卦名，六爻皆是求復之義。初爻「不遠而復」，復之善者也。二比於初以下仁，故爲「休復」。三不能仁守，故爲「頻復」。四應於初，不泥於陰，故爲「獨復」。五當位得中，故爲「敦復」。上六本欲求復，而失其所主，是爲「迷復」。故曰：「反，君道也。」若曰迷而不復，則非名卦之義矣。

束書不觀，游談無根。

吾人時時能對越上帝，無閒漫之時，然後可以無藉於書。書雖是糟粕，然千古聖賢心事賴之以傳，何病於觀？但泥於書而不得於心，是爲法華所轉，與游談無根之病，其間不能以寸，不可不察也。

古人統體純是道義，後世賢者處心處事，亦非盡無禮義，特其心先主乎利害，而以禮義行之耳。

禮義、利害原非兩事，趨吉避凶、趨利避害，聖賢未嘗有異於人。但古人所論利害，與後世不同。後世殺身捨生，成仁取義，順而行之，亦以爲利也。〔一〕故曰：古人理會利害，便是禮義；後世理會禮義，却只是利害。

夫子没，老氏之説出。至漢，其術益行。曹參避堂舍，蓋公言治道，貴清淨，而

〔一〕上句原删，但語意似不完整，據蕭本恢復。

民自定。及入相，一遵何之約束。漢家之治，血脉在此。

文帝亦因黄老之術，見賈誼論治體，欲興禮樂，便以爲多事。

象山掌庫三年，所學大進，曰：「這方是執事敬。」

象山之學從人情物理磨煉出來，實非禪也。旁批：禪又如何不屙屎乎？

有學者請問：「如何是『窮理盡性以至於命』？」象山曰：「吾友是泛然問，老夫不是泛然答。」

學者貴切問。若不以見在所見所疑請問，皆非爲己求益之道，只成閒圖度耳。

觀春秋、易、詩、書經聖人手，則知編論語者亦有病。上句評曰：好。

論語一書，多出于有子、曾子門人之手，微言隱義，間有存者。至如鄉黨一篇，只記得孔子皮膚影象。若是傳神手筆，絕塵而奔，非步步趨趨所能及也。上句評曰：好。

天下若無着實師友，不是各執己見，便是恣情縱欲。道義由師友有之。執己見是無師承，恣情欲是無嚴憚。

讀介甫書，見其凡事歸之法度，此是介甫敗壞天下處。堯舜三代雖有法度，何嘗專恃此？上句評曰：至言。當時闢介甫者，無一人就法度中言其失，但云「喜人同己」、「祖宗之法不可變」。介甫才高，如何便服？或問：介甫比商鞅何如？答云：商鞅是腳踏實地，亦不問王、伯，立定規模，只要事成。介甫慕堯舜三代之名，不曾踏得實地。故所成就者，王不成，伯不就。」

介甫人品清高，一切勢利撼他不動，只是不知學，所以執己愈堅，害天下尤大。總評：介甫自謂知學，莫枉他。

存養是主人，點檢是奴僕。

學問得主，百體自然聽命。如主人在堂，奴僕自然不敢放縱。若只以點檢爲事，到底只成東滅西生，非存養本然之功也。總評：存養是主人，點檢亦是主人。若識主，點檢是奴僕，存養亦是奴僕。主人從來不出門，不見聲色也。

這裏是刀鋸鼎鑊的學問。

須舍得性命，無些子可湊泊處，方是刀鋸鼎鑊的學問。總評：佛也。

學者要知所好。此道甚淡，人多不知好之，只愛事骨董。朋友相資，須助其知所好者。

道如玄酒，天下之至味存焉。有滋味便是欲。人不好淡，却只好鬧熱，一切逐外。有精神可逞，皆鬧熱心也。

人心有消殺不得處，便是私意，便去引文牽義，爲證爲靠。只是咽喉下不肯着此一刀，捨不得性命，所以牽引文義，容他出路。上句評曰：切。若當下捨得，不爲姑容，便是入微功夫。評：全是佛。

筭穩底人好，然又無病生病；勇往底人好，然又一概去了。然欲勇往底人較好，筭穩底人有難救者。

筭穩底少過，自謂可以安頓此身，未嘗有必爲聖之志，須激勵他，始肯發心。不然，只成鄉黨自好者而已，所以難救。勇往底雖多過，却有爲聖之志，若肯克念慎終，便可幾也。評：好甚。

獅子捉兔捉象，皆用全力。評：佛。

聖賢遇事，無大小皆以全體精神應之。不然，便是執事不敬。善射者，雖十步之近，亦必引滿而發，方是彀率。康節云：「唐虞揖讓三盃酒，湯武征誅一局棋。」須知三盃酒亦却用揖讓精神，一局棋亦却用征誅精神。

一友方侍坐，象山遽起，亦起。象山曰：「還用安排否？」

此即是良知，無思無爲，自然之神應。

皋陶謨、洪範、吕刑，乃傳道書也。

皋陶兢業萬幾，以代天工；洪範敬用五事，以建皇極；吕刑敬忌，以作元命，皆傳道之書。

象山曰：「吾講學，問者無不感發。獨朱益伯鶻突來問，答曰：『益伯過求，以利心聽，故所求在新奇玄妙。』」所求在新奇玄妙，於平安本色近裏之言，便不耐聽，此利心也。近來學者，其病多坐在此。

人情物理之變，何可勝窮？稷之不能審於八音，夔之不能詳于五種，可以理揆。伏羲之時未有堯之文章，唐虞之時未有成周之禮樂，非伏羲之智不如堯，而堯、舜之智不如周公。古之聖賢更續緝熙之際，尚可考也。物有本末，事有終始。堯、舜之智而不遍物。若其標末，雖古之聖人不能盡知也。王澤既竭，利欲日熾，先覺不作，民心橫奔，浮文異端，轉相熒惑，而爲機變之巧者，又爲魑魅魍魎其間。後世耻一物之不知，亦耻非其耻，而耻心亡矣。

古先聖賢無不由學。伏羲尚矣，猶以天地萬物爲師，俯仰遠近，觀取備矣，於是始作八卦。孔子自謂：「我非生而知之者，好古敏以求之者也。」人生而不學，學而不求師，其可乎哉？

秦漢以來，學絶道喪，世不復有師，至宋始復有師。學道者不求師，與求而不能虛心以聽，是乃學者之罪。學者知求師矣，能虛心矣，所以導之者非其道，則師之罪也。先師首揭良知之教以覺天下，學者靡然宗之，此道似大明於世。凡在同門，得於見聞之所及者，雖良知宗説不敢有違，未免各以其性之所近，擬議攙和，紛成異見。有謂良知非覺照，須本於歸寂而始得。如鏡之照物，明體寂然，而妍媸自辨。滯於照，則明反眩矣。有謂良知無見成，由於修證而始全。如金之在鑛，非火符煅煉，則金不可得而成也。有謂良知是從已發立教，非未發無知之本旨。有謂良知本來無欲，直心以動，無不是道，不待復加銷欲之功。有謂學有主宰，有流行。主宰所以立性，流行所以立命，而以良知分體、用。有謂學貴循序，求之有本末，得之無内外，而以致知别始終。此皆論學同異之見。差若毫釐，而其繆乃至千里，不容以不辨者也。寂者，心之本體，寂以照爲用。守其空知而遺照，是乖其用也。見入井之孺子而惻隱，見嘑蹴之食而羞惡，仁義之心本來完具，感觸神應，不學而能也。若謂良知由修而後全，撓其體也。良知原是未發之中，無知無不知。若良知之前復求未發，即爲沉空之見矣。古人立教，原爲有欲設，銷欲正所以復還無欲之體，非有所加也。主宰即流行之體，流行即主宰之用，體用一原，不可得而分，分則離矣。所求即得之之因，所得即求之之證，始終一貫，不可得而别，别則支矣。

書曰：「思曰睿，睿作聖。」孟子曰：「思則得之。」爲道切近而優游。切近則不失己，優游則不滯物。

爲學但當實致其良知。此心於日用間，戕賊日少，光潤日著。聖賢垂訓，向以爲盤根錯節、未可遽解者，不過先得我心之同然，將渙然冰釋，怡然理順，有不加思而得者矣。若固滯於言語之間，欲以失己滯物之智，強探而力索之，方寸自亂。自蹶其本，非徒無益，而反害之，不可不慎也。

或問象山學從何受，象山曰：「因讀孟子而自得之。」

象山自信本心，終身受用在「先立乎其大者」一句公案。雖因言而入，所自得者多矣。其論格物，知在先，行在後，未離舊見。以爲人要有大志，常人汩没於聲色富貴間，良心善性都蒙蔽了，如何便解有志？須先有知識始得。先師所謂議論開闔，時有異者，是最上一機，所謂無翼而飛，無足而至，不由積累而成者也。非深悟無極之旨，未足以語此。

師曰：「此只説得象山自家所見，須知涓流即是滄海，拳石即是泰山。」上句評曰：切。此

皆此類也。蓋象山之學得力處全在積累。因誦「涓流積至滄溟水，拳石崇成太華岑」，先

## 斗山會語

慨惟離索之久，思求助于四方。乃者千里遠涉，歷釣臺，登齊雲，涉紫陽，止于斗山之精廬，得與新安諸同志爲數日之會，其意固不在於山水間也。諸君各以用力之疏密、受病之淺深，次第質言，以求歸于一是之地。予不肖，何足以知之？

夫學，一而已矣，而莫先於立志。惟其立志不真，故用功未免間斷；用功不密，故所受之病未免於牽纏，是未可以他求也。諸君果欲此志之真，亦未可以虚見襲之，及以勝心求之，須從本原上徹底理會。將無始以來種種嗜好、種種貪着、種種奇特技能、種種凡心

習態，全體斬斷，令乾乾淨淨從混沌中立根基。自此生天生地生大業，方爲本來生生真命脉耳。此志既真，然後工夫方有商量處。譬之真陽受胎，而收攝保任之力自不容緩也；真種投地，而培灌芟鋤之功自不容廢也。昔顔子之好學，惟在于不遷怒，不貳過，此與後世守書册，資見聞，全無交涉。惟其此志常定，故能不遷；此志常一，故能不二。是從混沌中直下承當。上二句評：佛語。先師所謂有未發之中始能者，是也。顔子之學既明，則曾子、子思之説，可類推而得矣。

夫顔子殁而聖學亡。諸君欲學顔子，須知顔子所學者何事。若舍身心性情，而以勝心虚見求之，甚至以技能嗜好滑之，未見其善也。昔者秦越人，醫之神者也。值藥童子服勤既久，頗能傳其方。間以語諸人，人服頗有效。而此童子者，則固未之能也。予不肖，何以異於是？諸君深信其方，務加修服，以去其病，而不以重不肖未能之疑，吾道幸矣！上句評曰：甚麼心腸，天日可監也！

## 水西會約題詞

嘉靖己酉夏，予既赴水西之會，浹旬，相告歸，復量諸友地理遠近，月訂小會，圖有終也。乞予一言，以識心期。

夫道有本原，學有要領，而功有次第。真假毫釐之機，不可以不辨也。予與諸君旬日相會，此等處言之亦已詳矣，未審諸君果能信得及否？水漸木升，積累之次第固非一蹴所能至，然由萌蘖之生以達於千尋，由源泉混混以放于四海，其本末源委、長養流行之機，實非有二物也。今日良知之説，人孰不聞，然能實致其知者有幾？此中無玄紗可説，無奇特可尚，須將種種向外精神打併歸一，從一念獨知處樸實理會，自省自訟，時時見得有過可改，徹底掃蕩，以收廓清之效，方是入微工夫。若從氣魄上支持，知解上湊泊，格套上倚傍，傲然以爲道在於是，雖與世之營營役役、紛華勢利者稍有不同，其爲未得本原，無補于性命，則一而已。

所望諸君，不以予之去來爲聚散，每會如所訂期，必須破冗一來，相摩相盪，相勸相規。爲性命之心重一分，爲世情之心自然輕一分。譬如魚之於水，相濡以沫，相呴以吻，終不若相忘于江湖之爲愈也。且今日之會，非有法制可以防閑，惟藉區區道義以爲之聯屬。二三百人之内，豈能人人盡發真志，盡有信心？亦藉中間十數諸友舊有所聞者，虚心樂取，招拣翕聚，以爲之倡耳。一人倡之，十人從而和之，已而和之者益衆，雖欲此會之不興，不可得也。苟爲性命之心不切，不能包荒隱惡，涵育成就，以全吾同體之愛，徒欲以勝心相高，甚至忿爭訐戾，動氣奮顔，而猶傲然以爲知學，圮族敗群，莫此爲甚。雖欲會之不廢，不可得也。

吾人立身行己，自有法度。既爲此學，一切凡情俗態，良知有未安處，便須破除斬截，不可假借通融，放令出路。石翁有云：「名節者，衛道之藩籬。藩籬不固，其中鮮有存者。」語若分析。自今視之，未必非對症之藥，亦圖終之一助也。

# 道山亭會語

嘉靖辛亥秋，太平周子順之訪予山中，因偕之西遊，將歷觀東南諸勝。遇同志之區，則隨緣結會，以盡切劘之益。過蘇，值近沙方大夫開府吳中，聞予與順之至，集同志數十輩，會於道山亭下，延予二人往莅之。夫吳中多豪傑，聲華禮樂之盛，甲於東南。況雙江、緒山、沃洲、及齋諸公有事茲土，貞教闡化，後先相聞，流風有存者。登壇說法，則予豈敢當？若曰群處質言，相與訂舊學而覓新功，以就正有道，則固不肖之本心也。既如會，諸生懼其既別而或離也，乃圖爲月會之約，而屬予言以導其所志。

夫古今之言志者，大略有三，曰富貴、功名、道德。是雖老生之恆談，然約古今人品高下而論之，要無出於此者。古之所謂道德者，若孔、顏、思、孟是也。所謂功名者，若僑、向、奚、蠡是也。所謂富貴者，若儀、秦、衍、澤之徒是也。上段評曰：分得是。三者所志不同，而其所趨亦遠矣。道德者，至誠經綸而無所倚，達乎天矣；功名則務爲建立，以其實心取必於期會，而爵禄無以入其中；富貴則察知利害之形，役使天下之諸侯，有徒步而陟相位者，意氣赫然，震掉一世，方且以大丈夫目之，要皆非苟然者也。

世降學絶，士鮮克以豪傑自命，聖賢不世出，道德之風蓋亦邈矣。下此而功名，而富貴，果能實心建立而忘爵禄否乎？果能明於利害而赫然震掉否乎？是未可知也。所趨既卑，故所見益陋，依傍假借，大抵名高而實下。今之所謂道德者，古之功名也；今之所謂功名者，古之富貴也；今之所謂富貴而已者，庸鄙攘竊，自比於乞墦穿窬之類，有儀、秦所不屑爲者而甘爲之，所趨益已下矣。若此者，其來有由。功利之毒淪浹於人之心髓，本原潛伏，循習流注，以密制其命，雖豪傑有所不免，非一朝一夕之故矣。於此時而倡爲道德之説，何異奏雅樂於鄭、衛之墟，亦見其難也已。上段評曰：刺心。妙論！所幸靈知之在人心，亘千百年而未嘗亡，故利欲沸騰之中，而炯然不容昧者，未嘗不存乎其間。譬諸寶鼎之淪於重淵，赤日之蔽於層雲，而精華光耀，初未嘗有所損污也。

孟氏有曰，所欲有甚於生，所惡有甚於死。死生亦重矣，而所欲所惡有甚焉者，寧舍彼而取此。信乎！靈知之果未嘗亡也。死生且然，況身外之功名富貴乎？然而世之以燕安失之者亦多矣！善學者明於内外之故，察於輕重之機，識取夫炯然不容昧者而固守之，以進於道德之歸。譬諸探重淵而列鼎象，披層雲而睹日光，而功利之神奸魑魅，自無所遯其形。此端本澄源之功，君子之辨志，辨諸此而已矣。此志苟立，自能相應，自樂於親師取友，所以博習而論學者自專且久，而無有異物之遷。是猶爭名者之樂趨於朝，爭利者之樂趨於市，勢使然也。不然，則日講時習，適以增其假竊之資而已矣，於身心竟奚益哉？

孔子曰：「先進於禮樂，野人也；後進於禮樂，君子也。如用之，則吾從先進。」説者謂周末文勝，孔子欲損文以還於質，故林放之問、致辨於奢儉易戚之間，皆從先進之志也。夫吳聲華禮樂之盛，似矣，苟概以從先進之説，得無在所損乎否耶？千葉之花無實，九層之臺易圮，此無他，崇飾太高而發榮太繁故也。予聞之，淡薄所以明志。紛麗技巧易失其本心，世未有浮華不黜而能完養其精實者也。上句評曰：好。

昔者餒夫偶食穀而甘，即欲與衆嘗之，以共免於饑困之患，而其腹尚枵然未嘗飽也。今者則何以異此？吾人不以其偶食而遂忽其欲共嘗之心，不以其未嘗飽而並疑穀之不足以飽，則知所以養生矣。夫穀之味，沖腴而淡，異於肥甘，竊恐吾人厭飫之餘，溺於所養，而於此或有所不察耳。

## 滁陽會語

予赴南譙，取道滁陽，拜瞻先師新祠於紫微泉上。太僕巾石吕子以滁爲先師講學名區，相期同志與其雋士數十人，大會祠下。諸君謬不予鄙，謂晚有所聞，各以所得相質，以求印正。余德不類，何足以辱諸君之教？而先師平生所學之次第，則嘗聞之矣，請爲諸君誦之，而自取正焉。

先師之學，凡三變而始入於悟，再變而所得始化而純。其少稟英毅淩邁，超俠不羈，於學無所不窺。嘗泛濫於詞章，馳騁於孫、吴，雖其志在經世，亦才有所縱也。及爲晦翁格物窮理之學，幾至於殞。時苦其煩且難，自嘆以爲若於聖學無緣，乃始究心於老、佛之學。築洞天精廬，日夕勤修，煉習伏藏，洞悉機要。其於彼家所謂「見性抱一」之旨，非惟通其義，蓋已得其髓矣。自謂嘗於静中内照形軀如水晶宫，忘己忘物，忘天忘地，與空虛同體。光耀神奇，恍惚變幻，似欲言而忘其所以言，乃真境象也。

及至居夷處困，動忍之餘，恍然神悟。不離倫物感應，而是是非非，天則自見。徵諸四子、六經，殊言而同旨。始嘆聖人之學坦如大路，而後之儒者妄開逕竇，紆曲外馳，反出二氏之下，宜乎高明之士厭此而趨彼也。自此之後，盡去枝葉，一意本原，以默坐澄心爲學的，亦復以此立教。於傳習録中所謂「如雞覆卵，如龍養珠，如女子懷胎，精神意思凝聚融結，不復知有其他」、「顏子不遷怒、貳過」、「有未發之中，始能有發而中節之和」、「道德言動，大率以收斂爲主，發散是不得已」，種種論説，皆其統體耳。一時學者聞之翕然，多有所興起。然卑者或苦於未悟，高明者樂其頓便而忘積累，漸有喜靜厭動、玩弄疎脱之弊。先師亦稍覺其教之有偏，故自滁、留以後，乃爲「動靜合一」、「工夫本體」之説以救之。而入者爲主，未免加減廻護，亦時使然也。

自江右以後，則專提「致良知」三字。默不假坐，心不待澄，不習不慮，盎然出之，自有天則，乃是孔門易簡直截根原。蓋良知即是未發之中，此知之前更無未發；良知即是中節之和，此知之後更無已發。此知自能收斂，不須更主於收斂；此知自能發散，不須更期於發散。收斂者，感之體，靜而動也；發散者，寂之用，動而靜也。知之真切篤實處即是行，真切是本體，篤實是工夫，知之外更無行；行之明覺精察處即是知，明覺是本體，精察是工夫，行之外更無知。故曰「致知存乎心悟」、「致知焉，盡矣」。

逮居越以後，所操益熟，所得益化，信而從者益衆。時時知是知非，時時無是無非。開口即得本心，更無假借湊泊。如赤日麗空，而萬象自照；如元氣運於四時，而萬化自行，亦莫知其所以然也。晚年造履益就融釋，即一爲萬，即萬爲一，無一無萬，而一亦忘矣。

先師平生經世事業震耀天地，世以爲不可及。要之，學成而才自廣，機忘而用自神，亦非兩事也。先師自謂：「『良知』二字，自吾從萬死一生中體悟出來。」多少積累在！但恐學者見太容易，不肯實致其良知，反把黄金作頑鐵用耳。先師在留都時，曾有人傳謗書，見之不覺心動，移時始化。因謂：「終是名根消煞未盡，譬之濁水澄清，終有濁在。」余嘗請問平藩事，先師云：「在當時只合如此做，覺來尚有微動於氣所在。使今日處之，更自不同。」

夫良知之學，先師所自悟，而其煎銷習心習氣、積累保任工夫，又如此其密。吾黨今日未免傍人門户，從言説知解承接過來，而其煎銷積累保任工夫又復如此其疏，徒欲以區區虚見影響緣飾，以望此學之明，譬如不務覆卵而望其時夜，不務養珠而即望其飛躍，不務煦育胎元而即望其脱胎神化，益見其難也已。

慨自哲人既遠，大義漸乖，而微言日湮，吾人得於所見所聞，未免各以性之所近爲學，又無先師許大罏冶，陶鑄銷鎔，以歸於一，雖於良知宗旨不敢有違，而擬議卜度，攙和補湊，不免紛成異説。而其最近似者，不知良知本來易簡，徒泥其所晦之迹，而未究其所悟之真，鬨然指以爲禪。同異毫釐之間，自有真血脉路，明者當自得之，非可以口舌爭也。諸君今日所悟之虚實與所得之淺深，質諸先師終身經歷次第，其合與否？所謂如人飲水，冷煖自知。以此求之，沛然有餘師矣！

## 水西同志會籍

寧國水西之有會，聞於四方久矣。予惟君子之學，莫先於辨志，莫要於求端。志者，心之所之也。之燕而燕，之越而越，跬步毫釐，南北千里，不可不慎也。夫志有二，有道誼之志，有功利之志。道誼者，純乎天則，無所爲而爲；功利則雜以世情，有所爲而爲也。蓋自聖學不傳，道誼之風日衰，功利之毒漸入於人之心髓，千百年于兹。世之豪傑，慨然自命，以爲有志於道誼，而終未免於功利之雜者，無他，醞習既久，則袚除爲難；淆緇既深，則澄濾不易，勢使然也。君子欲爲正本清源之學，亦求諸其端而已。

端者，人心之知，志之所由以辨也。夫志有二，知亦有二，有德性之知，有聞見之知。德性之知求諸己，所謂良知也；聞見之知緣於外，所謂知識也。毫釐千里，辨諸此而已。在昔孔門，固已有二者之辨矣。孔子曰：「蓋有不知而作之者，我無是也。」言良知無所不知也。若多聞多見上擇識，未免從聞見而入，非其本來之知，知之次也。以多聞多見爲知之次，知之上者，非良知而何？其稱顔子曰：「有不善未嘗不知，知之未嘗復行」，以爲庶幾。夫庶幾者，幾於道也。顔子心如止水，纔動即覺，纔覺即化，不待遠而後復。純乎道誼，一毫功利之私無所攖於其中，所謂知之上也。子貢、子張之徒，雖同學於聖人，然不能自信其心，未免從多聞多學而入。觀其貨殖干禄，已不免於功利之萌，所謂知之次也。

顔子没而聖學亡。子貢、子張之學，相沿相習，淪浹于人之心髓，亦千百年于兹矣。吾人生于千百年之後，欲一洗千百年之陷習，以上窺絶學之傳，亦見其難也已。夫道誼、功利，非爲絶然二物。爲道誼者未嘗無功，未嘗無利，但由良知而發，則無所爲而爲；由知識而發，則不能忘計謀之心，未免有所爲而爲。本源既殊，支流自别，道誼、功利所由以判。君子於其有所爲、無所爲之義辨之，學斯過半矣！

吾人今日之所講，固自以爲道誼。若猶未免於爲功利之私，是餒夫説食，凡民擬聖。水西之會聞于四方，將反爲貽笑之資，可惧也已！雖然，良知之與知識，其端甚微，其辨甚精，非夫豪傑之士超然于二見之外，能轉識爲知者，何足以與此？是在不肖與諸君終始共圖之可也。

## 書休寧會約

吾人爲學，所大患者在於包裹心深，擔當力弱。若夫此學之脉路，本來易簡，有志者一言可以立決，正不必以爲患也。

昔吾陽明先師講學山中，時一人資性警敏，與之語，易於領略，因其請，引以入見。先師漫然視之，屢問而多不答，吾惑焉。一人平時作事過當，不顧人非毀，見惡於鄉黨，因其悔請，亦引以入見。先師與之語，竟日忘倦，若有意於斯人者。吾惑焉，間以請問。先師曰：「某也資雖警捷，世情機心不肯放舍，使不聞學，猶有敗露悔改之時。若又使之有聞，見解愈多，趨避愈巧，覆藏愈密，一切圓融智慮，適足增其包藏而益其機變，爲惡將不可復悛矣。某也作事能不顧人非毀，原是有力量之人，特其狂心偶熾，一時銷歇不下，所患不能悔耳。今既知悔而來，得其轉頭，移此力量爲善，何事不辦？予所以與其進也。」後二人皆如所料，乃知先師教法，如秦越人視疾，洞見五臟，真神醫也。

不肖千里遠來，求助于四方，承諸君不鄙，相會數日。中間豪傑之士能不包裹、能擔當世界者，不敢謂盡無人。試平心各各自反，如前之說，亦或有一二似之否乎？不可不深以爲戒也。予之爲此言，心亦良苦。追憶曩相會時，復八九年矣，今所進益復何如？若不及時發憤以圖遠業，竊恐後之視今猶夫昔也。若夫此學之易簡，本心之靈不容自昧，一念自反，未有不自得者。惟諸君立真志，修實行，本諸一念之微，各安分限，以漸而入。譬之源泉之赴海，終有到時。在諸君勉之而已矣！

## 書婺源同志會約

或者曰：婺源爲紫陽闕里，今日之論，不免於有異同，盍諱諸？予曰：噫，鄙哉！是何待晦翁之薄，而視吾道之不廣也？夫道，天下之公道；學，天下之公學，公言之而已。今日之論，不能免於異同者，乃其入門下手之稍殊，至於此志之必爲聖人，則固未嘗有異也。蓋非同異不足以盡其變，非析異以歸於同，則無以會其全。道固如是，學固如是也。使千聖同堂而坐，其言論風旨亦不能以盡合。譬之五味相濟，各適其宜而止。若以水濟水，孰從而和之哉？

今所論不同之大者，莫過於大學之先知後行，中庸之存養省察。晦翁以格致誠正分知行爲先後，先師則以大學之要惟在誠意，致知格物者誠意之功，知行一也。既分知行爲先後，故須用敬以成其始終。先師則以誠即是敬，既誠矣，而復敬以成之，不幾於綴已乎？孔門括大學一書爲中庸首章，戒懼慎獨者，是格致以誠意之功也。未發之中與發而中節之和，是正心修身之事。中和位育，則齊家治國平天下之事也。若分知行爲先後，中庸首言慎獨，是有行而無知也。後分尊德性、道問學爲存心致知，是有知而無行也。一人之言，自相矛盾，其可乎哉？晦翁既分存養省察，故以不睹不聞爲己所不知，獨爲人所不知，而以中和分位育。夫既己所不知矣，戒慎恐懼孰從而知之？既分中和位育矣，天地萬物孰從而二之？此不待知者而辨也。先師則以不睹不聞爲道體，戒慎恐懼爲修道之功。不睹不聞即是隱微，即所謂獨。存省一事，中和一道，位育一原，皆非有二也。晦翁隨處分而爲二，先師隨處合而爲一，此其大較也。

至於大學致知、中庸未發之中，此古今學術尤有關系，不容不辨者也。夫良知之與知識，爭若毫釐，究實千里。同一知也，良知者不由學慮而得，德性之知求諸己也；知識者由學慮而得，聞見之知資諸外也。未發之中，是千古聖學之的，中爲性體。戒懼者，修道復性之功也。故曰：戒慎恐懼而中和出焉。良知即是未發之中，譬如北辰之奠垣，七政由之以效靈，四時由之以成歲，運乎周天，無一息之停，而實未嘗一息離乎本垣，故謂之未發也。千聖舍此更無脉路可循，古今學術之同異，尤不容不辨者也。

然此特晦翁早年未定之見耳。逮其晚年，超然有得，深悔平時所學虛内逐外，至謂「誑己誑人」。謂：「延平先生嘗令體認未發已前氣象，此是本領功夫。當時貪着訓詁，未暇究察，辜負此翁耳。」其語象山有云：「所喜邇來工夫頗覺省力，無復向來支離之病。」其語門人有云：「向來全體精神用在故册子上，究竟一無實處。只管談王説霸，別作一項伎倆商量。」諸凡類此者，所謂「晚年定論」，載在全書，可考見也。學者蔽於舉業，無暇討求全書，徒泥早年未定之見，揣摸依仿，瑕瑜互相掩覆，使不得爲完璧，其薄待晦翁亦甚矣！

夫晦翁平生之志在必爲聖人，而其制行之高，如太山喬嶽，一毫世情功利不足以動乎其中，故其學之足以信今而傳後，亦以此也。吾人未有必爲之志，未免雜於故習，行不足以孚於人，而曉曉然於分合異同之迹。譬之隋、和之寶不幸綴於窶人垢衣之内，人孰從而信之？雖然，此猶泥於迹也。今日之學惟以發明聖修爲事，不必問其出於晦翁、出於先師，求諸其心之安而信焉可也。學者不因其人之寠而并疑其實之非真，斯善學也已。

## 松原晤語

予不類，辱交於念菴子三十餘年。兄與荆川子、齊雲别後，不出户者三年于兹矣。海内同志欲窺見顔色而不可得，皆疑其或偏于枯静。予念之不能忘，因兄屢書期會，壬戌冬仲往赴松原新廬，共訂所學。至則見其身任均役之事，日與閭役之人執册布筭，交涉紛紛，其門如市，耐煩忘倦，略無一毫厭動之意。夜則與予聯床趺坐，往復證悟，意超如也。自謂終日紛紛，未嘗敢憎厭，未嘗敢執着，未嘗敢放縱，未嘗敢褻侮。自朝至暮，惟恐一人不得其所。是心康濟天下可也，尚何枯静之足慮乎？

因舉乍見孺子入井怵惕、未嘗有三念之雜，乃不動于欲之真心，所謂良知也，與堯、舜未嘗有異者也。若于此不能自信，亦幾於自誣矣。苟不用致知之功，不能時時保任此心，時時無雜念，徒認現成虚見附和欲根，而謂即與堯、舜相對未嘗不同者，亦幾于自欺矣。

蓋兄自謂終日應酬，終日收斂安靜，無少奔放馳逐，不涉二境，不使習氣乘機潛發，難道工夫不得力？然終是有收有制之功，非究竟無爲之旨也。至謂世間無有現成良知，非萬死工夫斷不能生，以此較勘世間虛見附和之輩，未必非對病之藥；若必以現在良知與堯、舜不同，必待工夫修整而後可得，則未免於矯枉之過。曾謂昭昭之天與廣大之天有差別否？此區區每欲就正之苦心也。

夫聖賢之學，致知雖一，而所入不同。從頓入者，即本體爲工夫，天機常運，終日兢業保任，不離性體；雖有欲念，一覺便化，不致爲累，所謂性之也。從漸入者，用工夫以復本體，終日掃蕩欲根，袪除雜念，以順其天機，不使爲累，所謂反之也。若其必以去欲爲主，求復其性，則頓與漸未嘗異也。稽之孔門顔子，竭才不遠而復，便是性之樣子。仲雍居敬強恕，邦家無怨，便是反之樣子。吾人將何所法守耶？

世間薰天塞地，無非欲海；學者舉心動念，無非欲根，而往往假託現成良知，騰播無動無靜之説，以成其放逸無忌憚之私。所謂行盡如馳，莫之能止。此兄憂世耿耿苦心，殆有甚焉，吾輩所當時時服食者也。

嘗憶荆川子與兄書有云：「偶會方外一二人，其用心甚專，用力甚苦，以求脱離欲海，祛除欲根，益有慨于吾道之衰。蓋禪宗期于作佛，不坐化超脱則無功；道人期于成仙，不留形住世則無功。此二人者，皆不可以僞爲。聖賢與人同而異，皆可假托混帳，誤己誑人。以其世間功利之習心，而高談性命，傲然自以爲知學，不亦遠乎？」甚矣！荆川子之苦心有類于兄也。

## 宛陵會語

近溪羅侯之守宣也，既施化于六邑之人，復裒六邑之彦聚于宛陵，給之以館餼，陶之以禮樂，六邑之風蹶然震動。甲子春暮，予以常期赴會宛陵。侯大集六邑之士友長幼千餘人，聚于至善堂中，先命歌童舉樂合歌，以興衆志。侯離席率衆，作而言曰：「昔象山訪晦菴于南康，開講白鹿，發明義利之辨，聞之至有感悟流涕者。今幸先生辱臨于兹，大衆雲集，宛陵之勝不減於白鹿。先生之學淵源有自，幸蘄一言，以詔多士，焉知不有聞而流涕者乎？」予避席，愧不敢當。侯請之再三，且曰：「孟軻氏有云『萬物皆備于我』，與孔門一體之義，何所當也？」予辭不得命，請以「一體」之説與諸士共籌之。

夫一體之謂仁，萬物皆備于我，非意之也。吾之目，遇色自能辨青黄，是萬物之色備于目也。吾之耳，遇聲自能辨清濁，是萬物之聲備于耳也；吾心之良知，遇父母自能知孝，遇兄自能知弟，遇君上自能知敬，遇孺子入井自能知怵惕，遇堂下之牛自能知觳觫，推之爲五常，擴之爲百行萬物之變，不可勝窮，無不有以應之，是萬物之變備于吾之良知也。夫目之能備五色，耳之能備五聲，良知之能備萬物之變，以其虚也。致虚則自無物欲之間，吾之良知自與萬物相爲流通而無所凝滯。故曰：「反身而誠，樂莫大焉。」强恕而行者，不能無物欲之間，强以推之，知周乎萬物以達一體之良。故曰：「求仁莫近焉。」是其學雖有仁恕之分、安勉之異，其求復吾之虚體以應萬物之變，則一而已。此千聖之學脉也。

後之儒者不明一體之義，不能自信其心，反疑良知涉虚，不足以備萬物。先取古人孝弟愛敬、五常百行之迹，指爲典要，揣摩依彷，執之以爲應物之則，而不復知有變動周流之義。是疑目之不能辨五色而先塗之以丹艧，耳之不能辨五聲而先聒之以宫羽，豈惟失却視聽之用，而且汩其聰明之體，其不至于聾且瞶者幾希。今世學術之弊，亦居然可見矣！陽明先師生於絶學之後，首發良知之旨以覺天下。學者苟能不泥于舊聞，務實致其良知，去物欲之間，以求復其虚體，其于萬物之感，當體具足，虚中而善應，不屑屑于典要，而自不過其則。如目遇色而明，無不見也；如耳遇聲而聰，無不聞也。是故，致良知之外無學矣。幾希云者，良知之微也。

## 白鹿洞續講義

予赴吊念菴，回舟過彭蠡，入白鹿展謁先生之祠。歷露臺，陟虚亭，周覽風泉、雲壑之勝。時霖雨初霽，四山飛瀑，勢如游龍。餘靄浮空，長林滴翠。夜集諸生，縱談玄理，灝氣滋生。卧聽流溪淲淲，沁徹心脾。達旦，泠然若有神以啓之者。明發出洞，諸生復集城隅别館，信宿證悟，興意超然。臨别，諸生請于予曰：「昔晦翁奉延象山開講白鹿，發明君子小人義利之辨，數百年傳以爲美談。今者則何以異此？其言所喻由于所習，所習由于所志，蓋因學者亟于進取，舉是以捄其弊。其於求端用力之方，未之詳及也。敢蘄一言，究竟斯旨，用示嘉惠，亦古今並美也。」顧予不肖，方期取法未能，敢云上下其論以抵弗類？無已，請述所聞，與諸賢共籌之。

先師云：「心之良知謂之聖。」良知者，性之靈也。至虚而神，至無而化，不學不慮，天則自然。揆其端，夫婦之愚可以與知；要其至，聖人有所不能盡。譬之日月麗天，貞明之體終古不息，要在致之而已。致之之功，篤志時習，不失其初心而已。苟不失其初心，藴之而爲神明之德，發之而爲光輝之業，可以配天地，横四海，而垂萬世。真修實悟，使自得之，非有假于外也，而其機存乎一念之微。

義利之辨，辨諸此而已矣。是故怵惕于入井之孺子而惻隱形焉，所謂義也；從而納交、要譽、惡其聲而然，則失其初心而爲利矣。不屑不受于嘑蹴之食而羞惡形焉，所謂義也；從而妻妾、宫室、窮乏者得我而爲之，則失其初心而爲利矣。義也者，天下之公也；

利也者，人心之私也。公、私之間，君子、小人之所由分也。志有所向而習隨之，習有所專而喻因之，機之不可以不辨也如此。

夫人之情，亦非甘于爲小人而不樂于爲君子，特狃于其習而不自覺耳。有人於此，毀以爲小人則拂然怒，是小人之不可爲，夫人而知之也；譽以爲君子則忻然喜，是君子之不可不爲，夫人而知之也。知小人之不可爲矣，而吾所習與喻乃在于利，將欲逃小人之名不可得，是猶惡濕而居下也；知君子之不可不爲矣，而吾所習與喻乃不在于義，將欲成君子之名不可得，是猶羨喬而入谷也。象山以義利爲君子小人之辨，予顧切切然原其情之喜怒而諭之者，蓋欲學者實致其知，即夫情之所安而不溺於習之所勝，盡以君子望于人人，而不忍以小人薄待之也。

夫心性虛無，千聖之學脉也。譬之日月之照臨，萬變紛紜而實虛也，萬象呈露而實無也。不虛則無以周流而適變，不無則無以致寂而通感，不虛不無則無以入微而成德業。此所謂求端用力之地也。學者不能實致其知，究夫義利毫釐之辨，以決其君子小人之趣，則所謂志者或未免泥于典要，所謂習者或未免涉于思爲，而所謂喻者或未免狥于識解億測，皆非所以爲自得也，終亦滯於形器而已矣。求其神化自然，與貞明同體而不息，不可得也。

不肖感諸賢祈懇之誠，聊述所聞以爲交修之益。若曰以是並美前修而侈究竟之説，則予豈敢哉！

## 書進修會籍

蓮峰葉君嘗作見一堂銘，蓋取見道於一之意。君素抱經世之志，而化始於家。嘗欲示法和親，以敦睦爲己任，限於年，未就。公既歿，二子茂芝、獻芝乃作見一堂於雲莊之麓，謀於父兄子姪，倡爲進修會，以會一族之人，相與考德而問業，以興敦睦之化，承先志也。歲丁巳夏，予赴新安福田之會，二子既從予遊，復邀入雲莊，集其會中長幼若干人，肅於堂下而聽教焉。舉族興義好禮，顒顒若是，可謂盛矣。二子因出會籍，乞予申飭一言，用示將來。

予惟「進修」之義，蓋取於乾九三之文言，而所以爲進修之的，更無待於他求，取諸庭訓而足矣！夫道一而已，學一而已。乾之爲德，剛健中正，純粹以精，天之德也。惟有欲以間之，始雜而二。忠信也者，無欲之本心也，惟無欲則可以達天德，故曰「忠信所以進德也」。進必有業，始能有所持循。持循之則，惟在言行，而言又行之顯也，故修省言辭所以立己之誠意。誠即忠信也，是進德之業次也，非有二也。此即大學正心誠意之旨也。然欲誠意，必本於致知。知至者，良知也；至之者，致知也。致知則其幾常審，故曰「可與幾也」。知終者，良知之不息也；終之者，不息其致之之功也。乾乾不息於誠，則其幾常審而安，故曰「可與存義也」。此即格致之旨也，一也。自後儒分内分外，分始分終，而學始二而雜也。

予誦君之言曰：「蔽于多岐，非所謂道；溺于支離，非所謂學。」又曰：「心之精一，學有緝熙。知行並進，罔蔽與離。」可謂契聖學之宗，而得我心之同然者也。二子欲圖進修之會，舍庭訓更何求哉？人心本一，有欲始二。古人云：「所欲不必聲利富貴，只心有所向便是欲。」苟審於所向而窒之，以禁于未發之豫，是謂復其心之本體以達天德，斯爲不悖於見一之訓耳。

## 建初山房會籍申約

新安舊有六邑同志之會，予與緒山錢子更年莅會，以致交修之益。初會斗山，後因衆不能容，改會於福田。今年秋仲，予復赴會，屬休寧邵生汝任輩爲會主，馳報讓溪、覺山、周潭諸公及六邑之友，相期十月九日會於建初山房。予以趨歸之亟，不能待諸友。因出會籍，祈予申致一言，用助警策。予念甲子與諸君相會，復七年於兹矣。七年之中，反覆進退，得喪好醜，萬有不齊。諸君用力此學，精神念慮果能打併歸一，不從境上分攖漏泄否乎？講論規切，果能遜志敏求，無勝心浮氣之雜否乎？所行所習，果能日著日察，無意見臆説之溷否乎？先師提出「良知」兩字，不學不慮，天則昭然，千古入聖之學脉也。夫學貴精，亦貴虛，尤貴正。倘精神或有所紛，念慮或有所攖，則爲不精；纔有勝心，則爲不虛；纔着意見，則爲不正。千里毫釐，不可不辨也。易云：「七日來復，朋來無咎。」相違七年，今始復來，正得朋無咎之時也，請以「復」之時義，與諸君籌之。

夫有失而後有復，聖人無復，以其無失也。今者之失，既或不免於分擾溷雜之爲病，則求復一言，正所謂對病之藥，不可以不講也。易爲君子謀，復其見天地之心。良知者，造化之靈機，天地之心也。復之六爻，皆發此義。初復者，復之始，纔動即覺，纔覺即化，一念初機，不待遠而後復，顔子之所以修身也。學貴近仁，二比於初，謂之「休復」。學務于恆，三失於中正，謂之「頻復」。四處群陰之中，志應於初，謂之「獨復」。「敦復」者，服膺勿失，篤於復也，故曰「敦復無悔」，中以自考也。「迷復」者，非迷而不復，欲求復而失其所主，至於十年不克征，故曰「迷復之凶」。反，君道也。資有純駁，故復有遠邇。功有難易，學之等也。造者，自無而顯於有；化者，自有而藏於無。有、無之間，靈機默運，故曰顯諸仁，藏諸用，造化之全功也。立此謂之真志，證此謂之真修，了此謂之真悟。此致知格物之實學。吾人外此，亦無復有求端用力之地矣。初復則吉，迷復則凶。吉、凶之機，可以立辨。若復頭出頭没，悠悠卒歲，不思挽回造化以收泰定之功，生死到來，何處度脱？帝批：佛。此吾人終身之憂，可爲痛哭流涕者也。

## 新安福田山房六邑會籍

嘉靖丁丑春暮，予赴新安福田之會，至則覺山洪子偕六邑諸子已顒顒然候予久矣。舊在城隅斗山精舍，改卜於此，蓋四月十八日也。晝則大會于堂，夜則聯鋪會宿閣上，各以所見所疑相與質問酧答，顯證默悟，頗盡交修之益。諸生渢渢然有所興起，可謂一時之盛矣。凡餘十日而會解，臨别，諸友相與執簡乞言，申飭將來，以爲身心行實之助，且使知此學之有益，不可以一日不講也。

嗟乎！世之人所以病乎此學者，以爲迂闊臭腐，縱言空論，無補于身心也。甚或以爲立門户，崇黨與，而侈囂譁，無關於行實也。審若是，則此學如懸疣附贅，假途借寇，謂之不講也固宜。而其實若有未盡然者。蓋吾人在世，不能爲枯木，爲濕灰，必有性情之發，耳目之施，以濟日用；不能逃諸虚空，必有人倫庶物感應之迹。有性情而不知節，則將和蕩而淫矣；有耳目而不知檢，則將物交而引矣；有人倫庶物之交而不知防慎，則將紊秩而棼類矣。此近取諸身，不容一日而離，則此學固不容以一日不講也。且吾人之講學誠有迂闊而假借者也，然此特習染之未除，未可因此而并以此學爲可鄙也。世間豪傑之士，亦有不待講學禔身而鮮失者矣，然此特天資之偶合，未可恃此而并以此學爲可廢也。

學之不講，孔子以爲憂，况吾儕乎？由前之説，是懲哽噎之傷而欲廢其食；由後之説，是恃捷馳之足而欲棄其棰策也，烏乎可哉？然吾人今日之學，亦無庸于他求者：其用力不出於性情、耳目、倫物感應之迹，其所慎之幾不出於一念獨知之微。是故一念戒懼，則中和得而性情理矣；一念攝持，則聰明悉而耳目官矣；一念明察，則仁義行而倫物審矣。慎於獨知，所謂致知也；用力於感應之迹，所謂格物也。千古聖賢，舍此更無脉路可入。而世間豪傑之士，欲有志于聖賢，亦或不能外此而别有所事事也。

竊念斗山相别以來，於今復八九年，立志用功之説，千古豪傑相期之説，謀于諸君者屢矣。八九年之間，所作何事？古人之學，九年雖離師友而不返。今諸君自謀，果能離師友而不返否乎？不肖與諸君視此，果能無愧于心否乎？年與時馳，意同歲邁，迄今不知早計，復爾悠悠，豈惟有負諸君規勸之意，切恐聰明不逮，初心謂何？此身且無着落處，其自負亦多矣！

## 桐川會約

桐川有會舊矣。自吾同門友東廓鄒公判廣德時，肇建復初書院，爲聚友講學之所，予嘗三過桐川，與諸友相會。其後興廢不常，人情嚮往亦不一。兹予赴水西斗山之期，寓徑桐川，州守中淮吳君篤於向學，多方挽留，傳檄遠近諸友凡百餘人，大會於復初書院。既畢會，使君惧其久而復廢，因圖爲月會之期，乞言於予，以爲盟約，且爲諸生叩初學入門工夫。

予惟「良知」兩字，是千聖從入之門。自初學至於成德，只此一路，惟有生熟不同，更無别路可走。良知人人所同具，無間於聖愚。只緣動於意，蔽於欲，包裹蓋藏，不肯自悔自改，始或失之。齊宣王自謂好勇、好貨、好色，良知未嘗不自知，肯將自己所受之病，一一向大賢面前陳説，不作一毫包藏態度，所以孟子惓惓屬意於王，以爲足用爲善，庶幾改之。予日望之。譬之病人不自諱忌，明醫猶有可用藥處。

古云：「玉不琢，不成器；人不學，不知道。」今日之會，諸友習染已久，豈敢便謂人人發有必爲聖人之志？但人生世間，却須了結此身，尋箇做人道路。連日與諸友所論説，無非提醒良知、保護性命之事。不起於意，不動於欲，不作蓋藏。一念靈明，便是入聖真種子，便是做人真面目。時時保守此一念，便是熙緝真脉路，無待於外求也。

此學於朋友，如魚之於水，一日相離，便成枯渴。每月定爲月會，縱有俗務相妨，亦須破冗一會。虚心相受，共成遠業。若牽於習染，或至動氣求勝，非所望於吾黨也。

# 卷之二　語録

## 宛陵觀復樓晤言

先生至宛陵，會於觀復樓中，諸生請問「孳孳爲善、爲利」之義。先生曰：「孳孳之義，昉於堯典。鳥獸孳尾，是生身受命之根，絪緼孕化，嗜欲迴旋，機不容已，但視其所主以爲聖、凡之分。善者，虚明湛然之恆躰也；利者，晦濁黯然之客形也。主於善，爲陽，爲公；主於利，爲陰，爲私。故爲善而不孳孳，則善不積；爲利而不孳孳，則利不崇。一以出神明，一以興機變。善、利之間，所爭毫髮，舜、蹠之所由分也。吾人今日之學，果能立定命根，孳孳爲善，自雞鳴而起，以至於旦晝所爲，常虛常明而無所汩乎？抑或未免入於利而有所牿亡也？自一日以至于歲月之久，果能孳孳，機不容已，常如平旦之時乎？抑或未免反復牿亡，而失其初也？自古善學舜者莫如顔子。『舜何人也，予何人也？有爲者亦若是。』此顔子大勇。顔子欲罷不能而竭其才，所謂孳孳也。吾人今日之學，時起時倒，至於悠悠，不能如顔子之勇，是未得爲善學也。」

問「觀復」之説。先生曰：「道有原，而學有要。復根於坤，虚以胎之，静以育之。虚極静篤，窮上而反下，故能一陽爲主於内。萬物作而觀其復，復則天地之心見矣。孔子稱顔子曰：『回也庶乎，屢空。』空者，道之原也。齋心坐忘，不爲意見所牿，故能屢空。不遠而復，蓋得其要也。子貢不能忘見，故不受命；不能忘意，故億而後中。學術之弊，漸染積習，蓋千百年於此矣。故吾人今日之病，莫大於意見。著於意則不能静以貞動，著於見則不能虚以適變，不虚不静則不能空。意見者，道之賊也。後儒尚以爲好意見不可無，將終身從事焉，反以空爲異學，真所謂認賊爲子，溺於弊而不自知也。諸友今日之會專寂若此，此正一陽來復、超凡入聖之機。若不能保任，舊習乘之，頻失頻復，且將復入於凡矣。可不慎乎！」

## 九龍紀誨

先生赴水西，杜生質聞之，攜諸友亟赴會所，聚處數日，頗盡相證之意。九龍舊有會，廼先生昔年所訂者，請先生復莅之，弗果往。爰録晨夕誨語，貽之同志，以永〔一〕佩服云。

或叩時習之功。先生曰：「一部論語，開首只説箇學字。學者，覺也，時習便是常覺。覺與夢對，夢中顛倒呻吟，苦境萬變；苦與悦對，學而常覺，則苦境自忘而悦，所謂理義之悦我心也。悦者，入樂之機。人心本樂，本與萬物同體，朋來則遂其一體之心，故樂。然此樂無加損，根於所性，雖遯世而無悶。惟聖者能之，學之大全也。」

或問：「明道見人靜坐，便嘆其善學，然則靜坐足以盡學乎？」先生曰：「學非專於靜坐。靜坐亦甚難。方坐時，念頭作何安頓？有所守即落方所，無所着則墮頑空。不守之守，無着之着，此中須有活潑之機。存乎心悟，非言思之所及也。」

〔一〕「永」原作「求」，據蕭本改。

先生曰：「昔者周順之爲司業時，予往白下，信宿聚處。順之請於予曰：『怡受吾師之教多年，一切行持不敢自恕，但此心尚未得安頓處。』予笑曰：『吾子直聲喧宇宙，至誠格上下，些子處未得安頓，可謂切問。昔者溫公大名播於夷狄，獨此些子未有歸着，常念一「中」字，以爲得術，乃復爲「中」所繫縛，將奈何？』順之恍然若有所悟，謂予曰：『若非吾師指破，幾被虛名誤了一生，於自己性命有何關涉？』順之可謂實修實證，所不爲世套浮囂所籠罩者矣！此鄉邦之羽儀，家庭之楷式，凡同鄉後輩與一家之子姓，所當仰思企及，益勉於學，弗令昔人專美於前可也。」

或叩顏子「屢空」之旨。先生曰：「此是減擔法。人心無一物，原是空空之體。形生以後，被種種世情牽引填塞，始不能空。吾人欲復此空空之體，更無巧法，只在一念知處用力。一切世情念頭上有牽扯、放不下，皆謂之妄，皆是不善之動。顏子之學，只是有不善未嘗不知，知之未嘗復行，謂之不遠復。復者，復其不善之動而已。先師云：『吾人只求日減，不求日增，減得盡便是聖人。吾人護心如護眼，好念頭、不好念頭俱着不得。譬之泥沙與金玉之屑，皆足以障眼。』諸友欲窺見此意，端居之暇，試將念頭不斷一着理會。

果能全體放下無一物否？一切知解，不離世情，皆是增擔子。擔子愈重，愈超脱不出矣。」

## 周潭汪子晤言

周潭子別予若干年，兹予來赴水西之會，始得相會于敬亭山中。見周潭子之學津津日進矣，尚以氣弱爲患，時有所滯。扣予所聞，以證交修。

予惟君子之學，在得其幾。此幾無内外，無寂感，無起無不起，乃性命之原，經綸之本，常體不易，而應變無窮。譬之天樞居所，而四時自運，七政自齊，未嘗有所動也。此幾之前，更無收斂；此幾之後更無發散。蓋常體不易，即所以爲收斂，寂而感也；應變無窮，即所以爲發散，感而寂也。恒寂恒感，造化之所以恒久而不已。若此幾之前更加收斂，即滯，謂之沉空；此幾之後，更加發散，即流，謂之溺境。沉與溺，雖所趨不同，其爲未得生機，則一而已。

浩然之氣由集義所生，即是致良知，即是獨知。獨知者，本來不息之生機也。時時致其良知，時時能握其幾，所行時時慊于心，而浩然之氣自然盛大流行，充塞無間。告子之不動心，内境不出，外境不入，亦其定力所致。惟不致其良知，所以有不得于心、不求于氣之病，反將盛大之體壅閼桎梏，窒其時出之用，是謂義襲而取，謂之暴氣。此學術毫釐之辨，不可以不慎也。上段評曰：冤枉了告子。

周潭子學道二十餘年，爲性命之心無時不切，而尚以氣弱爲患，得無于生幾之説或有所未盡悉與？夫沉空者，二乘之學也；溺境者，世俗之學也。周潭子之不爲世俗之學，斷然信之，但恐二乘之學其辨尤微，高明者或有所滯而未之覺耳。若能于動而未形、有無之間察之，以究其毫釐之辨，則生幾常在我而氣自充。千古經綸之術，盡于此矣！

## 水西精舍會語

嘉靖丁巳春，先生赴水西之會，周潭汪子偕諸友晨夕周旋，浹旬而解。汪子因次集所與答問之詞，執簡以請曰：「寧執侍先生久矣！先是，癸丑會於郡城，辱先生示以『研幾』之旨，乃者溫繹舊聞，幸賜新知，筆録記存。夫泥辭失意，況不得其詞乎？請賜覽教，珎收之以淑餘生。惟懼體認未真，有虛言詮，是在小子。」先生乃於逐條更加轉語，以副所請云。

生生之謂易。生生即天機，一念萬年。無一息非念，寂感皆念也。

天機無安排。有寂有感，即是安排。

千古學術，只在一念之微上求。生死不違，不違此也；日月至，至此也。

一念之微，故曰千古聖學只在慎獨。

古人理會心性只家常事，故開口便說「學而時習之」，不必說如何是學。後世學術多端，始提出心性之學來說破。

君子處世，貴於有容，不可太生揀擇。天有晝夜，地有險易，人有君子小人，物有麒麟鳳凰、虎狼蛇蠍，不如是，無以成並生之功。只如一身清濁並藴，若洗腸滌胃，盡去濁穢，只留清虛，便非生理。

虎狼蛇蠍，天豈盡殄滅他？只處置有道，驅之山林，置之巖穴，使不爲害而已。此便是包荒之學。

陽明先師云：「凡看古人書，只提掇『良知』二字，略爲轉語，便自分曉。」且如精義入神，以致良知之用也；利用安身，以崇良知之德也。過此以往，良知之外更無知也。窮神知化，只是良知到熟處，德之盛也。何等明明白白！如好仁不好學，學箇甚麽？蓋好仁而不在良知上學，其蔽爲愚。六者皆然，可不費詞説而自明矣！

良知是貫串六經之樞紐，故曰「六經皆我注腳」。若以知識爲良，何啻千里！

纏繞的要脱洒，放肆的要收斂，方是善學。

信得良知及，時時是脱洒，時時是收斂，方不落對治。

聖人生知安行，却用困勉工夫。今以困勉之資，乃合下要討生知安行受用，豈可得乎？

論工夫，聖人亦須困勉，方是小心緝熙；論本體，衆人亦是生知安行，方是真機直達。

君子思不出其位，出其位便是閒思妄想。

心之官則思，出其位便是廢心職。學者須信得位之所在，始有用力處。

作意矜持，如仰箭射空，力盡而墮，豈能長久？天機盎然出之，方不落矜持。

顔子欲罷不能，非是不肯罷，直是無歇手處。

古人説箇凝命凝道，「凝」字極可玩味。此是真切積累工夫。如此行持，而真機不透露者，未之有也。

真機透露即是凝。若真機透露前有箇凝的工夫，便是沉空守寂。

先師自云：「吾居夷以前，稱之者十九；鴻臚以前，稱之者十之五，議者十之五；鴻臚以後，議者十之九矣。學愈真切，則人愈見其有過。前之稱者乃其包藏掩飾，人故不得而見也。」

不務掩飾包裹，心事光明，是狂者得力處。顏子不遠復，常立於無過之地，方是正本澄源之功。若以失自解，則過愈甚矣。

人生而靜，是從混沌立根基，後天而奉天時也。

先天之學不容說。評曰：混沌立根，則先天而天不違矣。

或問閒思雜慮如何克去。曰：「須是戒慎不睹，恐懼不聞，從真機上用功。」

戒懼如臨深履薄，纔轉眼失腳，便會喪身失命，焉得有閒思雜慮來？上句評曰：好。

問：「處家責善，而義不行於族人，奈何？」曰：「家庭之間，恩常掩義，難以直遂，會須寬裕調和，使之默化。」

父子兄弟不責善，全得恩義行其中。如此，方是曲成之學。

舜爲君，禹爲將，出師以征有苗，豈有不是處？伯益猶以滿損謙益爲戒，可謂自反之至矣！

蓋天下無皆非之理，纔見人不是，便是滿。

躬自厚而薄責於人。檢點自己嚴密，則責人自輕；不至歸怨於人，故遠怨。

正己而不求諸人，不怨不尤，原是孔門家法。

一友用功恐助長，落第二義。荅云：「真實用功，落第二義亦不妨。」

助長自是告子之病。吾人只是意見上轉换，何曾助得來？

問：「張子『太和所謂道』，似爲有見之言？」曰：「是尚未免認氣爲道。若以清虚一大爲道，則濁者、實者、散殊者獨非道乎？」

道無清濁，無虚實，無大小，不滯於氣，惟體道者能知之。

有生於無，故曰「有之以爲利，無之以爲用」。

無聲無臭，原是萬有之基。

一友問：「應物了，即一返照，何如？」曰：「是多一照也。當其應時，真機之發即照，何更索照？照而不隨，何待於返？」

日月有明，容光必照。良知應物亦然。此無内外之學。

## 金波晤言

瀫陽趙子將之京，候先生于武林之金波園，請曰：「陽明夫子嘗以好名、好貨、好色爲三大欲。反之於心，覺得貨、色之欲猶易勘破，名之爲欲，其幾甚微，其爲害更大。一切假借包藏，種種欺妄，未有不從名根而生者也。」先生曰：「昔上蔡公數年去得一矜字，伊川嘆其善學。今以名爲大欲，思有以去之，譬之捕賊得其贓證，會有廓清之期矣。然此只是從知識點檢得來。若信得良知及時，時時從良知上照察，有如太陽一出，魑魅魍魎自無所遁其形，尚何諸欲之爲患乎？此便是端本澄源之學。」

趙子請問良知、知識之異。先生曰：「知一也，根於良則爲本來之真，依於識則爲死生之本，不可以不察也。知無起滅，識有能所；知無方體，識有區別。譬之明鏡之照物，鏡體本虛，妍媸黑白自往來於虛體之中，無加減也。若妍媸黑白之迹滯而不化，鏡體反爲所蔽矣。鏡體之虛無加減則無生死，所謂良知也。變識爲知，識乃知之用；認識爲知，識乃知之賊。回、賜之學所由以分也。」上段總評：通是禪語，極是要緊。

趙子復問：「孔子語子夏，儒有君子、小人之異。」先生曰：「孔門學者立心皆是爲己，皆是爲義。若有爲利、爲人之心，何足以爲儒？子夏處文學之科，篤信聖人，規模狹隘，步步趨趨，未嘗敢有一毫激昂開展。言必信，行必果，是箇硜硜小人局段。故孔子進之，使爲君子。君子便是不器，便能坦蕩自由。顏子之絶塵而奔，曾子之自反而縮，皆自出手眼，何嘗有樣子學得來？此方是古人自信之學。」

## 答南明汪子問

問：書曰作聖，詩云無邪，貴思尚矣。而易繫亟稱「無思無爲」、「何思何慮」，孟子揭「良知」以明仁義，亦曰「不慮而知」。夫知以不慮爲良，則思爲無益矣。禪家六行，其一思惟，似亦未嘗廢思也。顧其上乘不可思議，即一念起，不啻千里失之。此與孔孟之指同歸，而詩、書鑿矣！吾道一而已矣，即佛氏亦以「不二」爲法門，第折其衷，如之何其致一也？

孟軻氏曰：「心之官則思。」以思爲職，而得失係之。故曰：「思者，聖功之本。」書曰：「思作聖。」言思之本於睿也。詩言：「思無邪。」言思之本於正也。思顧可少哉？然而易之繫曰「何思何慮」，又曰「易無思也」，若與詩、書、孟氏之言相背而馳，此千古不決之疑案，學者將何所取衷哉？

昔上蔡問於伊川曰：「天下何思何慮！」伊川曰：「有此理，却説得太早。」繼而曰：「却好用功。」則已覺其説之有未盡矣。堯夫曰：「思慮未起，鬼神莫知，纔被鬼神覷破，便砦以爲修行無力。」然則未起之思慮將何如也？夫何思何慮，非不思不慮也。所思所慮一出於自然，而我何容心焉？譬之日月之明，自然往來，而萬物畢照，日月何容心焉？既曰何思何慮，又曰百慮而一致，此即伊川所謂却好用功之意，非以效言也。無思者，非不思也，無思而無不通，寂而感也。不思則不能通微，不通微則不能無不通，感而寂也。此即康節所謂未起之思慮，起即憧憧也。

自師門提出良知宗旨而義益明。良知之思自然明白簡易，睿之謂也。良知之思自然明通公溥，無邪之謂也。惠能曰「不思善，不思惡」，却又不斷百思想，此上乘之學，不二法門也。上句評曰：引佛祖。若臥輪則爲聲聞之斷見矣。夫良知不學而知，即一念起，千里失之。此孔孟同歸之指，而未嘗盭於詩書者也。會須大徹大悟，始足以破千古之疑而折毫釐之辨也。

問：兢兢業業，翌翌乾乾，堯、舜、文、周由此其選。後之戒慎恐懼，宛然祖述憲章。孔氏蔬水忘憂，顔子簞瓢不改，即曾點[一]春風沂水，獨當聖心，蓋其樂也！濂溪相傳，不離主敬，及其尋孔、顔之樂，雖曾點猶然以見大與之。近世宗儒亦往往務自得而求真樂。夫惧與樂，皆情之一也。未發而有所，中之謂何？説者謂未得則惧，得則樂之，淺之乎窺聖人矣！豈堯、舜、文王、周公之聖一無所得，而孔、顔顧自滿假邪？乃今專事戒慎恐惧，涉矜持，語樂而至于手舞足蹈而不自知，或失則蕩。要之，無兩可者也。願聞其方。

樂是心之本體，本是活潑，本是脱洒，本無罣礙繫縛。堯、舜、文、周之兢兢業業，翌翌乾乾，只是保任得此體，不失此活潑脱洒之機，非有加也。戒慎恐惧是祖述憲章之心法。孔之蔬飲，顔之簞瓢，點之春風沂詠，有當聖心，皆此樂也。夫戒慎恐懼非是矜持，即堯、舜之兢業，不睹不聞，非以時言也，即吾心之本體，所謂修道也。戒慎恐惧乎其所

〔一〕原作「曾子」，據丁賓本改。

不睹不聞，是合本體功夫。有所恐懼則便不得其正，懼與樂是二也。活潑脱洒由于本體之常存，本體常存由于戒慎恐懼之無間。樂至于手舞足蹈而不自知，是樂到忘處，非蕩也。樂至于忘，始爲真樂，故曰至樂無樂。濂溪「每令尋孔、顔樂處，所樂何事」，必有所指。明道云：「鳶飛魚躍與必有事，同一活潑潑地。不悟只成弄精魂。」其旨微矣。

問：夫子賢于堯、舜，釋之者則以爲聖不異，而異于事功。竊意門人稱頌于當時，非事功已也。堯、舜執中，夫子時中，執之與時，猶守之於化也。堯、舜性之也，非守之也，固不敢以文害辭。要之，夫子之所以爲時中，無意無必，無固無我。是以堯、舜之德大哉至矣！借曰絶四，未之前聞故自生民以來，未有盛於孔子者也。顔氏得之而爲約禮，曾氏得之而爲格物，並得其宗。夫約而復之，守之謂也，猶難語時，格物則皆中節矣乎？當其未發，良知具在，是之謂中。孟子名孔子爲聖之時，原其始，必歸重于智，皆是物也。顧夫子之時中，不涉將迎，不立能所，不容擬議，所謂從心所欲不踰矩是已。即物格知致而止至善，果即得時中乎，其未邪？

昔者門人稱夫子曰賢于堯、舜，堯、舜未易賢也。釋者指事功而言，殆非本旨。夫人之情，得於親炙者，其情密而屬意深；得於傳聞者，其情疎而用意渺。況門人受夫子之教，耳目所濡染，精神所鎔鑄，中心誠服，同於罔極之恩，比之邈焉疎渺之迹，似若有間，故不覺稱誦至於如此，門人亦不得而自知也。其曰「不至阿其所好」，亦若有概於其中者矣。此亦人之常情，不必更生別議。孟子歷叙聖賢之傳，自堯、舜至於孔子，則曰「聞而知之」。夫子自謂信而好古，堯、舜固其所祖述者也。若論事功，唐虞之際，蕩蕩巍巍，精一執中，開萬世心學之源，區區欲以删述憲章蓋之，淺之乎其言之也！

良知二字，入聖微機，執事謂其未發，良知具在，是之謂中。孟子稱聖之時，必歸重于智，其所尊信可知矣。良知絶四，不涉將迎，不存能所，不容擬議。所謂從心所欲不踰矩，即良知也。顔之約禮，約此而已；曾之格物，格此而已。纔有意必，纔屬擬議，即非時中，即非致良知也。紫陽云：「非全放下，終難湊泊。」執事既信得良知如此之深，從前種種特其見解。一切功業文章，世人嘆羡以爲不可及者，會須盡情抛捨，等如昨夢，只今惟求一醒。一念靈明，直超堯、舜，上繼千百年道脉之傳，始不負大丈夫出世一番也！

上二句評：總皆是夢，不用抛舍。

## 答中淮吴子問

問：聖人之學，惟在致良知，是矣。然人見食則知食，見色則知好，有痛痒則知捫摩，皆出天性，不可不謂良知也。若即是爲良知，與「食色性也」、「生之謂性」何異？若曰别是一知，與良知不同，是二知也。人無二心，則宜無二知，敢請所以？

人生而静，天命之性也。性無不善，故知無不良。感物而動，動即爲欲，非生理之本然矣。見食知食，見色知好，可謂之知，不得謂之良知。良知自有天則，隨時酌損，不可得而過也。孟子云：「口之於味，目之於色，性也，然有命焉。」立命正所以盡性，故曰「天命之謂性」。若徒知食色爲生之性，而不知性之出于天，將流於欲而無節，君子不謂之性也。此章正是闢告子之斷案。告子自謂性無善無不善，故以湍水爲喻，可以決之東、西而流。若知性之本善，一念靈明，自見天則，如水之就下，不可決之而流也。知一也，不動于欲，則爲天性之知；動于欲，則非良矣。告子之學，亦是聖門别派，但非見性之學，所以有不得於言、不得於心之時。上句評曰：欺心！若知致良知功夫，性無内外，良知亦徹内外，心即是寂然之體，意即是感通之用，常寂常感，常感常寂，更無有不得時也。告子一生留心性學，要學聖人，故孟子七篇惟與告子論學最精。以爲冥然無覺，悍然不顧，不惟不知聖學，亦不知告子甚矣！上兩句評：不欺心矣，先生之爲後學苦心何如乎！

問：繼善成性，易言之。後世之論性紛紛矣，豈非見下愚不移者多而言然耶？見孺子而惻隱，見委壑而有泚，則性善之説，不辯自明。而陽明先生又謂無善無惡者性，此與性無善無不善何異？豈以纔言善便有不善，未免滯于一偏，故混言爲是？而孟子性善之説亦有所不得已，而姑爲救弊之言耶？若是，則無善無惡者性，與性無善無不善，辭同而意實殊也。然否？

孟子道性善，本於大易繼善成性之言。人性本善，非專爲下愚立法。先師無善無惡之旨，善與惡對，性本無惡，善亦不可得而名。無善無惡是爲至善，非慮其滯於一偏而混言之也。孟子論性，莫詳於公都子之問。世之言性者紛紛不同：性無善無不善，似指本體而言；性可以爲善，爲不善，似指作用而言；有性善，有性不善，似指流末而言。斯三者，各因其所指而立言，不爲無所見。但執見不忘，如群盲摸象，各得一端，不能觀其會通，同於日用之不知，故君子之道鮮矣。孔子「性相近」「習相遠」「上智、下愚不移」三言，又孟軻氏論性之本也。至于直指本原，徵于蒸民之詩、孔子説詩之義，斷然指爲性善，説者謂發前聖所未發，亦非姑爲救弊之言也。而諸子之議乃謂性本無善無不善，既可以言善，亦可以言惡；有善有惡，亦可以言善惡混，而性善之論若有時而窮。大都認情爲性，不得孟子立言之本旨。先師性無善無惡之説，正所以破諸子之執見而歸於大同，不得已之苦心也。

問：先儒謂，靜固靜也，動亦靜也。吾人日用，百爲萬感，紛紛擾擾，此心未免逐物，安得常靜？豈非大公順應，不與己私，雖紛紛擾擾而心固未嘗勞與？此聖人地位也，初學下手，宜何如爲功？

靜者，心之本體。濂溪主靜，以無欲爲要。「一者，無欲也。無欲，則靜虚動直。」主靜之靜，實兼動靜之義。動靜，所遇之時也。人心未免逐物，以其有欲也。無欲，則雖萬感紛擾而未嘗動也；從欲，則雖一念枯寂而未嘗靜也。大公順應非是見成享用聖人地位，正是初學下手處。以其自私，須學個大公；用智，須學個順應。濂溪傳諸明道，則爲「定性」。「性無内外，無將迎，所謂動亦定，靜亦定。」此千聖學脉也。

## 書累語簡端録

吾友石居陸子老而好學，每讀書有得，累而笔之，就正于余，蕲得一言印可，庶不謬於所從。因爲漫書簡端，以答其意。在石居不爲無見，時有未融，不妨隨時證悟。若其篤信謹守，恥爲綺語以滋論説，宗黨後進信其爲敦行君子，可以爲難矣！

子曰：「吾十有五而志于學，三十而立，四十而不惑，五十而知天命，六十而耳順，七十而從心所欲不踰矩。」

學莫先於辨志。夫子自謂十五而志于學，其志定矣。志定而學半，遲之十年而後能立。立者，立志也。遲之十年而後能不惑。不惑者，志無疑也。又遲之十年而後能知天命，志與天通也。又遲之十年而後能耳順，志忘順逆也。順與逆對，耳順，猶所謂無逆耳也。耳順加于知命之上，一層深于一層。天命渾然，了無分別。未知天命，世間逆順諸境猶有分別心在。夫子曰：「自吾得子路，惡聲不入于耳。」此猶未能耳順時事。至於知命，則分別不生，而順逆始忘。其聞於人之聲，虚己以應，將天下譽之而不加喜，天下非之而不加戚，又何惡聲之足云？此夫子獨覺其進，有不可躐等而窺者矣！從心者，縱心也。雖至于從心所欲不踰矩，亦只是志到熟處，非能有加也。是所謂經歷之次第也。

子曰：「君子不器。」

器是泥於居方，是爲典要。不器便是變動不居之學。器爲方圓，不器是爲無方圓之規矩。主敬行恕，正是不器功夫，非可以器言也。

子曰：「朝聞道，夕死可矣。」

道無生死，聞道則能通晝夜，一死生。虚静光明，超然而逝，無生死可説，故曰「夕死可矣」。猶云未嘗生，未嘗死也。

子貢曰：「夫子之文章可得而聞也，夫子之言性與天道，不可得而聞也。」

道、器合一，文章即性與天道不可見者，非有二也。性與天道，夫子未嘗不言，但聞之有得與不得之異耳。

子曰：「孰謂微生高直？或乞醯焉，乞諸其鄰而與之。」

人皆謂高率直少禮，觀諸乞醯，儘是委曲，蓋美之也。朱子以爲掠美市恩，非旨。若謂物我兩忘，不止於直，亦是過美。

子曰：「十室之邑，必有忠信如丘者焉，不如丘之好學也。」

孔門之學，惟在忠信，好學是主忠信。若忠信之外更有所謂窮理之學，是二之也。

子曰：「雍也可使南面。」

南面有君道，非是專指天子。凡諸侯卿大夫臨民，皆南面，概言之也。

顏淵喟然嘆曰：「仰之彌高，鑽之彌堅；瞻之在前，忽焉在後。夫子循循然善誘人，博我以文，約我以禮，欲罷不能。既竭吾才，如有所立卓爾。雖欲從之，末由也已。」

道無窮盡，無方體。顏子合下發心在道，思欲跳身而入，嘗仰鑽瞻忽以求之，而道愈遠。及領夫子循循博約之教，使之反身而求，不求之道而求之我。道之可見謂之文，文散於萬故曰博。博文，我博之也。其不可見謂之禮，禮原於一故曰約。約禮，我約之也。機不容已，力不容息，只從身上印證，見得道理隱然呈露，非有非無，卓然如立于前，然後知道之本無窮盡，而不可以窮盡求也；本無方體，而不可以方體求也。故曰：「雖欲從之，末由也已。」向之仰鑽瞻忽，是猶欲從之也。顏子至此始有真實之見矣，是即「望道未見」之意，非未達一間也。喟然一嘆，千聖絕學，顏子沒而學遂亡矣。故曰：「未聞好學者也。」石居以博文約禮爲孔門第二義，以卓爾爲效〔一〕，雖欲從之爲與道未相渾一，似非本旨。

「在邦無怨，在家無怨。」

惟知自反，無怨于家邦，是爲仁之功，孔門不怨天、不尤人之家法。若求家邦無怨于我，使之自考，是以效言也。總評：若求家邦無怨，成鄉愿矣！

「愛之欲其生，惡之欲其死。既欲其生，又欲其死，是惑也。」

石居引心齋之言曰：「愛之欲其生，惡之欲其死，性情之正，非惑也。既欲其生，又欲其死，中無定主，抱不決之疑，方是惑。」是也。

〔一〕「效」原作「教」，據蕭本改。

「下學而上達，知我其天乎！」

上達只在下學中。口之可言，力之可致，心思之可及，雖至極精極微，皆下學事。口之所不能言，力之所不能致，心思之所不能及，謂之上達。石居引「天德王道、陰陽迭運、莫知其神」爲證，似不切。

子曰：「君子疾没世而名不稱焉。」

先師云：「稱是名稱其實之稱。没世而名不稱，生猶可補，死則無及也，故以爲疾。」

子夏曰：「大德不踰閑，小德出入可也。」

石居引心齋之言曰：「大德不踰閑，守經之謂也；小德出入，行權以正其經也。」意亦好。然經、權無定位，大德亦有行權時，小德亦有守經時，未可執一。吾人但得大段主腦是當，小小節目或出或入，不必盡同，同歸一是而已。子夏之學謹守節目，未透大德機關，此或悟後語。若以小德出入爲疵，似過求。

孟子曰：「大人者，不失其赤子之心者也。」

赤子之心，純一無僞。無智巧，無技能，神氣日足，智慧自生，才能自長，非有所加也。大人通達萬變，惟不失此而已。若不待神氣之足，而助之生長，強開其知識，益其技能，是鑿竅於混沌，非徒無益，而反害之也。收其放心，是失後功夫；不失，是未嘗放也。

過豐城答問

先生過豐城，訪見羅李子，適入省，不遇。先期遣人之堯峰，約敬吾魏子，出市汊，其兄勵齋與胡可平謁先生，宿於舟中，各陳所見。

勵齋謂：「靜中覺有怡然和適之意，及至動應，便覺有礙，不能通適。」可平謂：「時常應感，行雲流水，若無礙相。及至靜時，便覺茫蕩無主，不見有寂然氣象。」先生曰：「二子用功動、靜二境，受病煞不同，正好相資爲益。靜中怡然順適，只是氣機偶定，非是寂然之體。須見得寂體是未發之中，方能立大本，方能感而遂通天下之故。學須有主，方能順應。可平原從見上承領過來，未曾理會得寂體真機。行雲流水亦只是見上打發過去，不曾立得大本，所以不免茫蕩，應用處終是浮淺。古人溥博淵泉篤恭氣象，原是吾人本領功夫。此處得個悟入，方爲有本之學。不然，只成弄精魂。」二子皆有省。

及晨，敬吾至，請曰：「亮傾慕多年，今始得會。徐成身、徐邦中諸友每傳至教，私淑久矣！亮最初從事養生之術，後聞同志講致良知之説，始有志於聖學。平生頗守道義，畏名節，未免依傍而行，不能放手。纔不照管，便落茫蕩；時時照管，意思未免沉滯，無有超脱之期。」先生曰：「此總是致良知功夫未得下落。有諸己謂信。良知是天然之靈竅，時時從天機運轉，變化云爲，自見天則。不須防檢，不須窮索，何嘗照管得，又何嘗不照管得？吾人不守道義，不畏名節，便是無忌憚之小人。若於此不得轉身法，纔爲道義名節所拘管，又豈是超脱之學？嘗謂學而有所忌憚，做不得真小人；爲善而近名，做不得真君子。若真信得良知過時，自生道義，自存名節，獨往獨來，如珠之走盤，不待拘管，而自不過其則也。養生家不超脱，則不能成丹；吾儒之學不超脱，則不能入聖。子勉之而已！」

是夕，見羅自省趣歸，聞先生已入省，復亟趨南浦相會，因自陳日來用功請正。先生曰：「吾子氣魄大，擔負世界心切，與衆人瑣瑣伎倆自不同。但未免爲氣魄所勝，功夫未能時時入微。相别逾年，意思儘沉寂，功夫亦漸細膩。既得魏子諸同志相觀相處，互相鞭策，一日千里當有望也。若覺相未忘，到底不忘照管，永無超脱之期。懸崖撒手，直下承當。若撒不得手，捨不得性命，終是承當未得在。試相與密參之，他日再見，有以復我。」

## 東遊會語

甲子暮春，先生赴水西之會，道出陽羡。時楚侗耿子校文宜興，晨啓，堂吏入報，夓然離座曰：「異哉！」亟出訪，握手相視，懽若平生。笑謂先生曰：「晚著得訟之繇曰，『利見大人，不利涉大川』，此何兆也？心擬徵之，忽報先生至。平生心事通於神明，天假之緣，非偶然也。」先生曰：「道共百年，彼此傾注。今日之兆於不肖誠不敢當，於公信道之篤、好善之誠，神之聽之亦已久矣！不利涉大川者何也？以剛乘險，恐傷于所恃。吾人終日不可忘戒懼之心，天之示人深矣！」相與參互究繹，闡揚宗教，爰次其問答之語如左云。

上段評曰：果然，果然！此夢非偶也。

楚侗子曰：「陽明先師拈出『良知』二字，固是千古學脉，亦是時節因緣。春秋之時，功利習熾，天下四分五裂，人心大壞，不復知有一體之義。故孔子提出箇「仁」字喚醒人心，求仁便是孔氏學脉。到孟子時，楊、墨之道塞天下，人心戕賊，爲害尤甚，不得不嚴爲之防。故孟子提出箇「義」字，非義，則仁之道無由而達。集義便是孟氏學脉。梁、晉而下，老、佛之教淫于中國，禮法蕩然。故濂溪欲追復古禮，橫渠汲汲以禮爲教，執禮便是宋儒學脉。禮非外飾，人心之條理也。流傳既久，漸入支離，至分心、理爲兩事。陽明先生提出「良知」以覺天下，使知物理不外于吾心。致知便是今日學脉。皆是因時立法，隨緣設教，言若人殊，其主持世界，扶植人心，未嘗異也。」

先生曰：「仁統四端，知亦統四端。良知是人身靈氣。醫家以手足痿痹爲不仁，蓋言靈氣有所不貫也。故知之充滿處即是仁，知之斷制處即是義，知之節文處即是禮。説箇「仁」字，沿習既久，一時未易覺悟；説箇「良知」，一念自反，當下便有歸着，喚醒人心，尤爲簡易。所謂時節因緣也。」

楚侗子問：「老、佛虚無之旨與吾儒之學，同異何如？」

先生曰：「先師有言：『老氏説到虚，聖人豈能于虚上加得一毫實？佛氏説到無，聖人豈能于無上加得一毫有？』上句評曰：本體可加，則非本體矣。聖人微言見于大易，學者多從陰陽造化上抹過，未之深究。『夫乾，其靜也專，其動也直，是以大生焉；夫坤，其靜也翕，其動也闢，是以廣生焉。』便是吾儒説虚的精髓。『無思也，無爲也，寂然不動，感而遂通天下之故。』便是吾儒説無的精髓。自今言之，乾屬心，坤屬身。心是神，身是氣。身、心兩事，即火即藥。元神、元氣，謂之藥物；神氣往來，謂之火候。神專一，則自能直遂，性宗也；氣翕聚，則自能發散，命宗也。真息者，動靜之機，性命合一之宗也。一切藥物老嫩浮沉，火候文武進退，皆于真息中求之。大生云者，神之馭氣也；廣生云者，氣之攝神也。天地、四時、日月，有所不能違焉。不求養生，而所養在其中，是之謂至德。盡萬卷丹經，有能出此者乎？無思無爲，非是不思不爲。念慮酬酢，變化云爲，如鑒之照物，我無容心焉。是故終日思而未嘗有所思也，終日爲而未嘗有所爲也。無思無爲，故其心常寂，常寂故常感。無動無靜，無前無後，而常自然。不求脱離，而自無生死可出，是之謂『大易』。盡三藏釋典，有能外此者乎？上段評曰：妙，妙！先師提出『良知』兩字，範圍三教之宗。即性即命，即寂即感，至虛而實，至無而有。千聖至此，騁不得一些精采；活佛、活老子至此，弄不得一些伎倆。同此即是同德，異此即是異端。如開拳見掌，是一是二，曉然自無所遁也。不務究明本宗，而徒言詮意見之測，泥執名象，纏繞葛藤，祇益紛紛射覆耳。」

楚侗子問：「造化、有無相生之旨，何如？」

先生曰：「良知是造化之精靈，吾人當以造化爲學。造者，自無而顯于有；化者，自有而歸于無。不造，則化之源息；不化，則造之機滯。吾之精靈，生天生地生萬物，而天地萬物復歸于無。無時不造，無時不化，未嘗有一息之停。自元會運世以至于食息微眇，莫不皆然。知此則知造化在吾手，而吾致知之功，自不容已矣。」

楚侗子曰：「僕于一切交承應感，一毫不敢放過，不是學箇小廉曲謹，惟求盡此心而已，固非以此爲高也。」

先生曰：「古人克勤小物，與世間小廉曲謹名似而實不同。克勤小物，是吾盡精微功夫。蓋一些放過，吾之心便有不盡，人己感應之間便成疏略。精微愈盡，則廣大愈致，原未嘗有一毫外飾、要人道好之心。此是古人致曲之學，從一根生意達之枝葉，自然平滿者也。世間小廉曲謹却是不從一根上充去，未免在枝葉上打點周旋，有箇要人道好之心，到底落在鄉愿窠臼裏。此學術真假毫釐之辨，不可不察也。」總評：盡精微，即虞廷之惟精與道心之微也。

楚侗子曰：「程門以靜坐爲善學，與孔門之教不同。豈以時有古今，教法亦從而異耶？」

先生曰：「孔門教人之法見于禮經。其言曰：『辨志樂群，親師取友，謂之小成；

強立而不反，謂之大成。」未嘗有靜坐之説。靜坐之説起于二氏，學者殆相沿而不自覺耳。古人自幼便有學，使之收心養性，立定基本。及至成人，隨時隨地從事于學，各有所成。後世學絶教衰，自幼不知所養，薰染于功利之習，全體精神奔放在外，不知心性爲何物。所謂欲反其性情而無從入，可哀也已！程門見人靜坐，便嘆以爲善學。蓋使之收攝精神，向裏尋求，亦是方便法門。先師所謂「因以補小學一段功夫也」。若見得致知工夫下落，各各隨分做去，在靜處體玩也好，在事上磨察也好。譬諸草木之生，但得根株着土，遇著和風暖日，固是長養他的；遇着嚴霜烈日，亦是堅凝他的。蓋良知本體原是無動無靜，原是變動周流。此便是學問頭腦，便是孔門教法。若不見得良知本體，只在動、靜二境上揀擇取舍，不是妄動，便是着靜，均之爲不得所養。欲望其有成也，難矣哉！」

楚侗子曰：「易云：『蒙以養正，聖功也。』養正之義何如？」

先生曰：「『蒙亨』，蒙有亨道，蒙不是不好的。蒙之時，混沌未分，只是一團純氣，無知識技能攙次其中。默然充養，純氣日足，混沌日開，日長日化而聖功生焉。故曰：『童蒙，吉。』後世不知養蒙之法，憂其蒙昧無聞，強之以知識，益之以技能，鑿開混沌之竅。外誘日滋，純氣日漓，而去聖逾遠。所謂非徒無益，而反害之也。吾人欲覓聖功，會須復還蒙體。種種知識、技能、外誘，盡行屏絶。從混沌立根，不爲七竅之所鑿，充養純氣，待其自化，方是入聖真脉路，蒙之所由以亨也。」

楚侗子曰：「吾人工夫，日間應酬，良知時時照察，覺做得主。臨睡時，應酬已往，神倦思沉，不覺瞑目，一些做主不得。此時如何用力，方可以通晝夜而知？」

先生曰：「吾人日間做得主，未免氣魄承當。臨睡時神思恍惚，氣魄全靠不着，故無可用力處。古人云，德修罔覺，樂則生矣，不知手舞足蹈。此是不犯手入微公案。罔覺之覺，始爲真覺；不知之知，始爲真知。是豈氣魄所能支撑？上句評曰：至切，至切。此中須得箇悟入處，始能通乎晝夜。日間神思清明，夜間夢亦安靜；日間神思昏倦，夜間夢亦勞擾。知晝則知夜矣。易云：『君子以向晦入宴息。』古之至人，有息無睡。凡有所夢，即是先兆，非睡魔也。」

楚侗子曰：「海内如公與念菴，雖身處山林，頂天立地，關係世教不小。舊讀念菴冬遊記，句句寫出肝肺，針針刺入骨髓，並無些子文義湊泊，見解纏繞；其心甚虛，其信受甚篤，乃是我公真精神相逼迫，當機不放空箭，時時中的，能使之然。繼讀二夏遊記，反覺意思周羅，未免牽于文義，泥于見解，殊少灑然超脱之興；心亦不甚虚，信受處亦覺少緩。或是公之精神放鬆些子，時有不中的所在？感應之機甚神。衛武公年九十猶不忘箴警。此區區數年血誠，信公之心無他，故直以相聞，欲公做箇真聖人，令吾黨永有所歸依耳。」

先生曰：「不肖修行無力，放鬆之病生於托大。初若以爲無傷，不知漸成墮落，誠爲辜負相知。然此生固已舍身在此件事上討結果，更無別事可做，亦自信其心而已。上句評曰：可憐，可憐！世間人不肯成人之美，往往面諛而背訾者多，非公愛我信我望我之至，肯以此血誠之言相聞耶！不肖深懲托大之病只起於一念因循，後來光景已無多，反覆創艾，會有收攝之期。今聞警戒，益若有省。此學不能光顯于世，皆是吾人自己精神漏泄所至，一毫不敢歸咎于人也。」

## 留都會紀

嘉靖乙丑春，先生之留都，抵白下門。司馬克齋李子出邀於路，遂入城，偕諸同志大會於新泉之爲仁堂。上下古今，參伍答問，默觀顯證，各有所發。爰述而紀之。

楚侗耿子曰：「吾人講學，雖所見不同，約而言之，不出二端：論本體者有二，論工夫者有二。有云學須當下認識本體，有云百倍尋求研究始能認識本體。工夫亦然：有當下工夫直達、不犯纖毫力者，有百倍工夫研究始能達者。」

先生曰：「此可兩言而決：頓與漸而已。本體有頓悟，有漸悟；工夫有頓修，有漸修。萬握絲頭，一齊斬斷，此頓法也。芽苗增長，馴至秀實，此漸法也。或悟中有修，或修中有悟，或頓中有漸，或漸中有頓，存乎根器之有利鈍。及其成功，一也。吾人之學，悟須實悟，修須真修。凡見解上揣摩，知識上輳泊，皆是從門而入，非實悟也；凡氣魄上承當，格套上模擬，皆是泥象而求，非真修也。實悟者，識自本心，如啞子得夢，意中了了，無舉似處。真修者，體自本性，如病人求醫，念中切切，無等待處。悟而不修，玩弄精魂；修而不悟，增益虛妄。二者名號種種，究而言之，「致良知」三字盡之。良知是本體，於此能日著日察，即是悟；致知是工夫，於此能勿助勿忘，即是修。但恐吾人聽得良知慣熟，説得致知容易，把作尋常話頭抹過耳。」

楚侗子問：「先生當下亦有未認處否？」上句評曰：他把「當下」作當時境耳。先生曰：「當下亦難識，非上根不能。吾人只是挨門就臼，挨來挨去，忽然得箇着落，便是小歇腳。從此脱化，自有觸處逢源時在，不但當下認識而已。若夫無緣起悟，無法證修，非上上根不能也。」

楚侗子曰：「今日所謂良知之學，是箇真正藥方，但少一箇引子，所謂『欲明明德於天下』是也。有這箇引子，致知工夫方不落小家相。」先生曰：「這一箇引子，是良知藥物中原有的，不從外得。良知是性之靈，原是以萬物爲一體。明明德於天下，原是一體不容已之生機，非以虛意見承當得來。上句評曰：至妙，至妙！古之欲明明德於天下，不是使天下之人各誠意正心以修身、各親親長長以齊家之謂也，是將此靈性發揮昭揭於天下，欲使物物皆在我光明普照之中，無些子昏昧間隔，即仁覆天下之謂也。是舉全體一句道盡。纔有一毫昏昧間隔，便是痿痹，便是吾人有未盡處，一體故也。」上段總評：不言明明德於天下，只言明吾之明德處，爲己、爲人之分可以觀矣，亦可以明吾之明德矣。

楚侗子送先生至新安江舟中，更求一言之要爲别。先生曰：「子常教人須識當下本體，更無要於此者。雖然，這些子如空中鳥迹，如水中月影，若有若無，若沉若浮，擬議即乖，趨向轉背，神機妙應，當體本空，從何處去識他？於此得箇悟入，方是無形象中真面目，不着纖毫力中大着力處也。」

先生謂白石蔡子曰：「此番見兄氣魄儘收斂，精神儘沉寂，與從前衍溢浮散大不同。亦因近年在京師鬧場中經歷鍛煉一番，念中有得有失，境上有逆有順，人情有向有背，覺得世緣陪奉，苦無意味，欲尋箇歸根路頭，所以有此一番操持。此正吾兄入悟之機，敢以究竟一言與兄酧之：天之生人，精神氣魄，如兄有幾？從前世法好事，皆是障道因緣，願兄將從前種種談説、種種文辭，盡情抛向無事甲裏，只當從前不曾會的一般。只將自己一點靈明默默參究，無晝無夜，無閒無忙，行立坐臥，不論大衆應酧與棲心獨處，時時理會照察。念中有得有失，此一點靈明不爲念轉；境上有逆有順，此一點靈明不爲境奪；人情有向有背，此一點靈明不爲情遷。緣此一點靈明，窮天，窮地，窮四海，窮萬古，本無加損，本無得喪，是自己性命之根。盡此謂之盡性，立此謂之立命。生本無生，死本無死；生死往來，猶如晝夜。應緣而生，無生之樂；緣盡而死，無死之悲，方爲任生死，超生死，方能不被生死魔所忙亂。生死且然，況身外種種世法好事，又烏足爲吾之加損哉？兄於此果得箇悟入之路，此一點靈明做得主，方是歸根真消息。這一點靈明，體雖常寂，用則隨緣。譬如太虛無相，不拒諸相發揮。全體放得下，方全體提得起。予奪縱横，種種無礙。才爲達才，不爲才使；識爲真識，不爲識轉。談說理道，不滯於詮；撰述文詞，不溺於藝。向來抛在無事甲中，到此種種見在。化臭腐爲神奇，皆此一點靈明。隨緣變見，而精神氣魄自然百倍於前。一日亦可，百年亦可，獨來獨往，動與天游。所謂靈丹一粒，點鐵成金。愈收斂愈暢達，愈沉寂愈光輝。此是吾人究竟法。到此方是大豪傑作用，方不負爲此一大事因緣出世一番也。」

濾濱張子曰：「今日諸公皆說致良知，天下古今事物之變無窮，若謂單單只致良知便了當得聖學，實是信不及。

先生曰：「此非一朝夕之故，不但後世信此不及，雖在孔門，子貢、子張諸賢便已信不及，未免外求，未免在多學多聞多見上湊補助發。當時惟顔子信得此及，只在心性上用工。孔子稱其好學，只在自己怒與過上不遷不貳，此與多學多聞多見有何干涉？孔子明明説破，以多學而識爲非，以聞見擇識爲知之次。所謂一，所謂知之上，何所指也？孟子願學孔子，提出良知示人，又以夜氣虚明發明宗要。只此一點虚明，便是入聖之機，時時保任此一點虚明，不爲旦晝牿亡，便是致知。只此便是聖學，原是無中生有。顔子從裏面無處做出來，子貢、子張從外面有處做進去。無者難尋，有者易見，故子貢、子張一派學術流傳後世，而顔子之學遂亡。後之學者，沿習多學多聞多見之説，乃謂初須多學，到後方能一貫；初須多聞多見，到後方能不藉聞見而知，此相沿之弊也。初學與聖人之學，只有生熟不同，前後更無兩路。若有兩路，孔子何故非之以誤初學之人，而以聞見爲第二義？在善學者默而識之。齊王見堂下之牛而觳觫，凡人見入井之孺子而怵惕，行道乞人見呼蹴之食而不屑不受，真機神應，人力不得而與，豈待平時多學而始能？充觳觫一念便可以王天下，充怵惕一念便可以保四海，充不屑不受一念，義便不可勝用。此可以窺孔孟宗傳之旨矣！」

敬庵許子曰：「語云：『知之爲知之，不知爲不知。』説者謂孔子因子路強不知以爲知，故誨以知之之道，此義何如？」滤濱子謂：「知之爲知之固是致良知；不知爲不知，不強以爲知，亦是致良知。於此求之，又有可知之理；到功夫熟後，自有箇無所不知時在。非謂只致良知便可了得古今事變，便可了得聖學。」

先生曰：「子路忠信素孚於人，心事光明，一毫不肯自欺。信未過處，連孔子也要直指，無所隱避。強不知以爲知，原不是子路所犯之病。『知之爲知之，不知爲不知』，原是兩條判開路頭：見在知得的，要須行著習察，還他知之，當下分曉，一些不可含糊將就過去。若[一]見在知不得的，要須滌玄去智，還他不知，當下斬截，一些不可尋討兜攬過來。只此兩言，便盡了知之之道，故曰『是知也』。或以問禮問官之類爲不知，知得該問，便是知之，問過便是知了，皆屬知之條下。不知的，畢竟不可知，畢竟不能知，或畢竟不必知。如六合之外聖人存而不議，六合之内聖人議而不論，此便是不可知。天地何以高深，

[一]「若」原作「非」，據蕭良榦本改。

鬼神何以幽顯，耳目何以能視聽，口鼻何以能嘗能臭，此便是不能知。稼圃之事，大人所不學；淫鄙譎詐之習，賢者所不道，甚至堯、舜之知不務遍物，夔、契之事不求兼能，此便是不必知。若曰於此求之，又有可知之理，是言外不了語，非『誨由』本旨也。學者惑于『一物不知，儒者所耻』之説，略於其所不可不知，詳於其所不必盡知，終歲營營，費了多少閒浪蕩精神，幹了多少没爬鼻勾當，埋没了多少忒聰明豪傑！一毫無補于身心，方且傲然自以爲知學，可哀也已！」

一友問顏子「欲罷不能」工夫。

先生曰：「此是真性流行，無可歇手處。譬之真陽發於重泉之下，不達不已。惟其欲罷不能，所以能竭才。才就是性之能。吾人不能竭才，固是不肯拚捨性命，忍此一刀，亦是未曾見性，所以歇得手。顏子至健以致其決，是性體天然之勇。氣魄上支撑，作爲上湊泊，非竭才也。」

先生謂白野殷子一向好禪，嘗有喜靜厭動、懶接朋友之病，近覺何如？殷子曰：「近覺獨學悠悠無益，要接朋友之心常切。但因病體羸弱，不奈支持，雖知同志會集，未敢出頭酧應。」

先生曰：「終有這箇意思在。吾人出來與四方朋友交接，乃是求益，不是專去教人。吾人若是要救取自家性命，自不容不親朋友，相勸相規，晏安非僻之習自無所容；翌翌昭事，攝養保愛，自不容已。機緣相觸，因而興起。非分我所有以與人，而人自受益，教學相長之義也。苟欲躲避世界，躭于靜養，悠悠暇豫，漸致墮落，非徒無益，而反害之。若嘵嘵然急於行教而忘取益，求人者重而自治輕，則固有所不可耳。」

一友問致良知工夫如何用。

先生曰：「良知是天然靈竅，變動周流，不爲典要。覿面相呈，語默難該，聲色不到。雖曰事事上明，物物上顯，爭奈取舍些子不得。然此不是玄思極想推測得來，須辨箇必爲聖人之志，從一點靈竅實落致將去。隨事隨物，不要蔽昧此一點靈竅，久久純熟，自有覿面相呈時在，不求其悟而自悟也。」

一友問：「『學是學於己，問是問於人，内外交養』，此意何如？」

先生曰：「學、問是不可離的吃緊話頭，纔學便有問——纔説學以聚之，便説問以辨之。曰學問之道，曰道問學，皆不可離。譬之行路，學行路的出門便有歧路，須問，問了又行。若只在家坐講歧路，恰似説夢。後世講學正如此。無歧路可問便是不曾學，因學而始有問。學者學此也，問者問此也。只是一事，不是内外交養。學問之道只爲求放心，道問學只爲尊德性。外心，外德性，另有學問，即是支離。」

一友問：「伊川『存中應外，制外養中』之學，以爲内外交養，何如？」

先生曰：「古人之學，一頭一路，只從一處養。譬之種樹，只養其根。根得其養，枝葉自然暢茂。枝葉不暢不茂，便是根不得其養在。種種培壅灌溉、修枝剔葉、刪去繁冗，皆只是養根之法。若既養其根，又從枝葉養將來，便是二本支離之學。」

一友謂：「涵養功夫當如雞之抱卵，全體精神都只在這上含覆煦育，無些子間斷，到得精神完足後，自成變化，非可以襲取而得也。」

先生曰：「涵養工夫貴在精專接續，如雞抱卵，先正嘗有是言。然必卵中原有一點真陽種子，方抱得成。若是無陽之卵，抱之雖勤，終成假卵。學者須識得真種子，方不枉費工夫。明道云：『學者須先識仁。』吾人心中一點靈明，便是真種子，原是生生不息之機。

種子全在卵上，全體精神只是保護得，非能以其精神助益之也。」

## 答楚侗耿子問

楚侗耿子曰：「學未見性，則無入手處。見矣，尤患執見。執見不學，虛見也，見且爲祟。世之談學者，類能微入於要渺，大涉于無垠。其見若精深矣，反諸其躬，證諸其應用，與道若背而馳者，何哉？憑藉虛見而未嘗實志於學也。」

先生曰：「虛見不可執，真見亦無可執。仁者見之謂之仁，智者見之謂之智。仁、智之見豈不是真？比于百姓日用而不知，故曰『君子之道鮮矣』。文王望道而未之見，乃真見也。顔子有見于卓爾，從之末由，見而未嘗見也。」

楚侗子曰：「天根月窟之説曰：一念之動，無思無爲，機不容已，是曰天根；一念之了，無聲無臭，退藏於密，是曰月窟。猶龍氏曰：『常無欲，以觀其妙；常有欲，以觀其竅。』亦是此意。今人乍見孺子入井，怵惕惻隱之心動處即是天根，歸原處即是月窟。

纔參和納交要譽惡聲意思，便人根非天根、鬼窟非月窟矣。吾人應用云爲，動作食息，孰非此根此窟用事？俗人懵懵，日用不知，真是虛枉，與禽獸無異。而賢智者又添一番意識見解，或蔽於見聞，或滯於名義，或牽於情感，起爐作竈，千條萬緒，頓令此根不得生，此窟不得淨。胸中齷齪，幽暗吃苦，一生更無些子受用。所以，賢智之過與愚不肖等也。若於一日十二時中，息却妄緣，減除雜慮，并合精神，收視反觀，尋識此根此窟，真有領會，可自一噱。白沙與李大涯書中所云『出入往來之機，生生化化之妙』，欲大涯自思得之，蓋謂此耳。識得此意，徹首徹尾，只是此箇用事。無將無迎，無意無必，便是『天根月窟閒來往』也。『閒』之二字，煞有至味，前所云見聞、名義、情感，種種業障，能令人腳忙手亂，只因不識此根此窟，終身勞擾，無安泊處故也。」

先生曰：「天根月窟是康節一生受用本旨。學貴得之於初。一陽初起，陽之動也，是良知覺悟處，謂之天根。一陰初遇，陰之姤也，是良知翕聚處，謂之月窟。復而非姤，則陽逸而藏不密；姤而非復，則陰滯而應不神。一姤一復，如環無端，此造化闔闢之玄機也，謂之弄丸。公之論於原旨雖若未切，然于此學煞有發明，所謂殊途而同歸也。」

楚侗子曰：「昔有問羅子『守中』之訣者。羅子曰：『否否。吾人自咽喉以下，是爲鬼窟。天與吾此心神，如此廣大，如此高明，塞兩間，彌六合，奈何作此業障，拘囚於鬼窟中乎？』『然則調息之術如何？』羅子曰：『否否。心和則氣和，氣和則形和，息安用調？』『吾人寓形宇內，萬感紛交，何修而得心和？』羅子曰：『和妻子，宜兄弟，順父母，心斯和矣。』向聞之不任嘆賞：此玄宗正訣也！不獨伯陽皈心，釋迦合掌，即尼父復生，當首肯矣！」

先生曰：「守中原是聖學，虞廷所謂道心之微，精者精此，一者一此，是謂『允執厥中』。中庸曰：『喜怒哀樂之未發謂之中，發而中節謂之和。』情反於性，謂之還丹。不爲養生，而養生在其中矣。夫學問只是理會性情。吾人此身，自頂至踵皆道體之所寓，真我不離軀殼。若謂咽喉以下是鬼窟，是強生分別，非至道之言也。調息之術，亦是古人立教權法。教化衰，吾人自幼失其所養，精神外馳，所謂欲反其性情而無從入。故以調息之法漸次導之，從靜中收攝精神，心、息相依，以漸而入，亦以補小學一段工夫也。息息歸根，謂之丹母。若只以心和、氣和、形和世儒常談儱統承當，以爲玄宗正訣，無入悟之機。豈惟尼父不肯，欲二大士皈心合掌，不可得也！」

楚侗子曰：「大人之學與儒者之學，最不相同。從吟風弄月發根，漸入向裏，有自得處；履繩蹈矩，不露破綻，此所謂儒者之學也。大人之學如天地之無不覆載，生乎道德大同之世，不知有所謂道統；處乎三教分裂之時，不知有所謂儒術。其視管、晏之與曾、思，韓、范之與周、程，且以爲各得天地之一用，不軒此而輕彼也。何者？曾、思、周、程非不邃於道，而不離乎儒也，可與事堯、舜，而不可與事桓、文；可與爲微、比，而不可以爲箕子者也。」

先生曰：「大人之學，性相平等，無有高下。天自信天，地自信地，人自信人，不相假借，不相淩奪，無同無異，無凡無聖，無三教可分，無三界可出，邃古無爲之化也。儒者之學從微處發根，吟風弄月特其景像耳。原是完修無破綻的，有意不露，非自得也。經綸參贊，各盡其性，輔萬物之自然以成天地之能，我無容心焉，不同乃所以爲同也。若曰有可能有不可能，猶爲見礙，非無可無不可之宗傳也。」

楚侗子曰：「伊尹以先覺自任，所覺何事？撻市之耻，納溝之痛，此尹覺處，非若後世學者承藉[二]影響、依稀知見以爲覺也。人之痿痹不覺者故不任，虚浮不任者故不覺。伊尹一耕夫爾，囂然於畎畝之中，以樂堯舜之道。致嚴於一介之取予，千駟萬鐘不嬰其慮，此其覺之所由先而自任之所以重也。」

先生曰：「維尹暨湯咸有一德。一者，萬物一體之仁也。惟尹任之重，故覺之先。其耻其痛，自不容已。非真有得於一體之學，能若是乎？夫學，覺而已矣。使先知覺後知，使先覺覺後覺，一知一覺而聖功生。堯、舜君民事業即此而在，其機慎於一介之取予，以成天下之信。故放君而天下不疑其篡，復辟而天下不疑其專。所挾持者大，非可以空知虚見襲取也。吾人之學不求自信，欲免於天下之疑，於此可以自玫矣！」

〔二〕「藉」原作「籍」，據蕭本改。

# 卷之三　語録

## 蓬萊會籍〔一〕申約

士君子立身天地間，惟出與處而已。出則發爲經綸，思以兼善天下；處則藴爲康濟，思善其鄉以先細民，未嘗無所事事。若徒輕肥蕩恣，虚生虚死，甘與草木同朽腐，是下流凡夫也，能無耻乎？吾會長彭山先生年老懸車，著述之暇，仿於昔賢洛社、香山，集諸同志若干人，爲蓬萊之會，意蓋有在也。

會約凡六條，立法之意頗善，初行甚肅，寖久約弛。兼之存殁更代不常，漸至於蠱，

〔一〕「籍」原脱，據蕭良榦本補。

文具徒存，儆戒相成之意隱矣，識者病焉。夫率作興事，必屢省而後成。「蠱：元亨，而天下治。」再造乾坤之時也。承諸君之不鄙，欲有所申飭，僭爲一言，彌縫補葺，闡明六事，思與更始，以善其後。凡我同盟資邁中人，志存尚友，必不忍以凡夫自處。豪傑之士無所待而興，非諸君之望而誰望哉？

## 敦德業

原議士夫居鄉，難於聞過。此會之立，正欲虚心受益，相規相勸，以善補過。子路，人告之以有過則喜。喜者，由衷達外，一毫無所矯飾，喜其得聞而改之也。感應之機極神，機動於此，誠動於彼，非人能以有過告之之爲難，聞過而喜，自有以來人之告之爲難也。譬之有疾之人，良醫識其致疾之原，施之鍼砭，投以湯液，雖不免有痛楚瞑眩之苦，樂而受之，方幸其夙疾之有瘳也。少有諱疾之心，未免生忌；雖有良醫，亦將見之而走，盧、扁所以動心於膏肓也。自今以後，願諸君各發「聞過則喜」之心，以諱疾爲戒。時時虚懷，務求盡言，不以爲忌。凡我同盟，亦望以一體爲念，與人同過，誠意有餘，而言若不足，務盡忠告之益，期於改而後已。若心知其非而面爲之掩，不規於身而退有後言，尤非君子之用心，亦非立約之初意也。

### 崇儉約

原議越俗素稱雅直，近習侈靡，每事尚奢。今日之會，正復古還淳之時。會席議定三人一席，每席時果四色，魚肉六器，麪食二品，不得過豐。近日會者若以爲簡，漸加豐腆，殊非初意。凡我同盟之人，自今以始，務如初約。如過約者，仍令再舉如式，以示必罰。僕從止於一人，舟輿夫役，盡譴歸食，弗令混擾。以此類推，凡遇婚喪慶會儀節，不妨共爲稱量，務協于度，禮奢寧儉。凡我同盟，相與同心共濟，越俗庶有一變之機。頃者不肖舉行喪禮，與敬所君舉行婚禮，略爲之兆，亦所以先細民也。

### 恤患難

原議吾輩素分守禮，諒無一朝之患。或變生不測，有意外欺淩，非所自取者，凡我同盟，務相體諒，維持保護，弗令失所。此一體休戚之情也。人無皆非之理，凡患難之來，未有無因而致者。或利害相交，責己常薄，而責人常厚；或貨財相及，豐於處己，而嗇於處人。外假名義，内藏險機，勢以相軋，利以相圖，忿以相爭，智以相競。黨同伐異，尚以爲公是非；恣情狥欲，尚以爲同好惡。此皆自處非理。致患之由，不從外得，不可不自反者。凡我同盟，有一於此，務相規正，啓其是非本心，使之懲艾悔过，以弭其變。此即忠告之道，全身遠害之術也。

夫君子有終身之憂，始無一朝之患。終身之憂，在於憂不如舜。舜爲法天下，傳後世，我猶未免爲鄉人也。凡前非理之處、致患之由，皆鄉人之所爲。耻爲鄉人，則必志爲古人。此重則彼輕，持衡之勢也。自古善學舜者，莫如顔子。「有若無，實若虚，犯而不校」，乃曾子追稱之辭，雍、閔、由、賜諸賢有所不能及也。顔子宅心虚無，視聽言動無非禮，即是危微精一之傳。顔子常自立於無過之地，未嘗得罪於人，人自犯之，始可以言不校。今人於患難之來，動欲以犯而不校自處，亦見其不自諒也已。我以非理加於人，人以非理答之，是乃報施之常，所謂「出乎爾者反乎爾者」也，烏得謂之犯？正須自反以求其所未至，豈可漫然視之而已乎？故有孟子之自反，然後可進於顏子之不校。此尚友之次第，一體之實學，所謂終身之憂也。

## 嚴約規

原議每月之會，擇於初八日起，至十八日内一舉之。如遇良辰樂事，或選勝出遊，不妨再舉。期以巳前赴會，終酉而别。有不得已者，先於報册内開明，毋託辭致罰。終日談笑間，亦當有益身心。其官司得失、他人是非，一切不置諸口，違者罰。

自彭山捐背，會中無所統一，漸失初意。每談端一起，閧然群和。絲牽枝蔓，若無了期。驗諸人己身心，更無纖毫補益，徒坐消日力而已。孔子有曰：「群居終日，言不及義，好行小慧，難矣哉！」夫豈不義而孔子言之？凡浮談侈説，或近於鄙褻，淪於狎昵，騁能心，誇勝見，無補於身心，無益於人己，皆不及義之言也。小慧與大智正相反。大智者，本心靈虛洞徹，如水鑑之應物，變化云爲，萬物畢照，未嘗有所動也。小慧則矜飾炫露，沾沾自喜，出以機心，成以機械，巧發幸中，純白受傷，有道之所羞爲，故曰「難矣哉」。

自今以後，願與諸君圖爲更始之計，趂此日力討個生身受命着落處做。每值會期，訂以辰刻赴會。主人别治静室，焚香默對。外息塵緣，内澄神慮。相輪會主啓請，或證所得，或質所疑，或徵六經四子之言以爲折衷，或舉古人嘉言懿行以爲資楷。論議稍有不合，不妨虚心相與，徐以俟之，毋致動氣求勝。精神歸一，氣象沖和，斂而不傷於滯，泰而不失於縱。傍午就席，酒行無算。久坐神僊，間起緩步。或命題賦詩，或雅歌投壺。各以意適，不至溺而忘返。張弛迭用，文武之道，只此是學。縱恣無檢，固爲放心；過於拘迫，亦爲慎而無禮。舞雩沂咏，孔子所與，此吾輩名教中樂事也。人心自有天則，知學者當自得之。

## 明世好

原議今日之會，不徒燕集而已，必使身無過舉，子孫有所法則，互相告戒，期于有成。繼吾後者，相勉相期之意，亦如今日。古云：「中也養不中，才也養不才。」故人樂有賢父兄也。世衰教弛，子弟失其所養，不能皆賢。雖有聰明智慧，世以爲才子弟，其受病多在于傲。傲，凶德也。以傲事父則不孝，以傲事君則不忠。丹朱之不肖，象之不弟，只「傲」之一字結果一生。傲之反爲謙。謙，德之柄也。故謙以事父則爲孝子，謙以事君則爲忠臣。堯之允恭，舜之溫恭，只是謙到極處。謙之六爻無凶德。地中有山，内止而外順也。若内不止而徒矯飾于外，是爲「足恭」，君子所不貴也。吾人教養子弟，先在去其傲心，養其謙德。至身外功名，得之不得，自有命在。使子弟能溫恭退讓，爲孝爲忠，行無邪僻，雖終身隱居，亦不失爲克家之子。苟不知謙順，悻悻自高，縱使發科取第，才名蓋世，適足以長傲飾非，非全身保家之道也。欲使子弟得其所養，在於親炙薰陶。會中子弟有願聽教者，不妨攜至，使執卑幼獻酧之禮，觀法攷鏡，求以自淑。志同則道同，世講之好，始不爲彌文耳。

## 申約後語

右申約六條，因彭山會長所立舊規，略爲分疏，以見此會不爲虛舉。若吾人所以安身立命處，尚有向上一機，不可不煞理會。古人以人有五幸：幸不爲禽獸；幸生中國，不爲夷狄；幸爲男子，不爲女人；幸爲四民之首，不爲農工商賈；幸列衣冠，生于盛世。此是天地間第一等人，不可不自幸。既爲天地間第一等人，當做天地間第一等事。第一等事非待外求，即天之所以與我性命是也。

吾人若不知學，不幹辦性命上事，雖處衣冠之列，即是襟裾之牛馬。綺語巧言，心口不相應，即是能言之鸚鵡，與禽獸何異？夷狄氣性兇暴，無信義，無親戚上下之交。吾人若使氣縱性，不以信義自閑，與夷狄何異？女人所處在閨闥房幃，所事在米鹽醯酒，所欲在服飾玩好，所係念在兒女玉帛。丈夫志在四方，若朝夕營營，無超然之興，與女子何異？士與商賈異者，以其尚義而遠利也。農食以力，工食以藝，尚不肯空食，吾人飽食終日，安於素餐，或孳孳於刀錐之間，較量盈縮，不能忘謀利之心，將農工不如，與商賈何異？若是而齒衣冠，處盛世，亦幸生而免耳。

凡世間功名富貴，求之有道，得之有命，不可幸致。若自己性命，人人所固有，求之即得，無待于外。世人於功名富貴不可幸致者，念念不能忘情；於自己性命所固有者，多舍之而不知求，亦見其惑也已。陽明先師拈出「良知」兩字，乃從生機中指個靈竅與人，使知有用力之地。今有不孝不弟之人，指爲不孝不弟則怫然而怒，可見不孝不弟之人良知未嘗忘也。甚至做賊之人，指其爲賊則忿然而鬬，賊見孝子亦知肅然而敬，可見做賊之人良知未嘗亡也。堯、舜之時指爲孝弟之人，後世之人亦以爲孝弟；堯、舜之時指爲不孝不弟之人，後世之人亦以爲不孝不弟，可見千萬古上下良知未嘗亡也。吾人若真發心爲性命，信得此件事及，只隨事隨物致此良知，便是盡性，便是終身保命之符，不可須臾離者也。

世人以致知之學爲迂，可無事于講者，但未之思耳。凡我同盟，有踰七望八者，有踰五望六者，既脱世網，下戲臺，正好洗去脂粉，覷見本來面目之時，若於此不知回頭，真成當面蹉過，可惜也已！且人生世間，如電光石火，雖至百年，只如倏忽；大限到來，定知不免。古云「誰人肯向死前休」，若信得此及，見在世情嗜欲、好醜順逆，種種未了之心，便須全體放下，將精神打併歸一。只從省力處做，惟求日減，不求日增，省力處便是得力處。古人之學原是坦坦蕩蕩，纔有拘攣束縛，謂之天刑。前已略言之，然真假毫蠭，辨之在早，不可不自攷也。諸君果能如武公之好學，愚也敢忘朦瞽之箴！交相警勉，使人己皆獲其益，始足以先細民，始信此會之不爲虚耳。

## 雞鳴憑虚閣會語

先生至留都，鳳阿姜子、順之周子率六館諸生大會於雞鳴憑虚閣，觀者如堵。殷生士望離席啓請易乾「元亨利貞」之義，先生默而不答。姜子、周子爲固請。先生曰：「易爲君子謀。此乃揭示學者用功之的，非徒談説造化而已也。故曰『天行鍵，君子以自強不息』，君子行此四德曰元亨利貞。夫天地靈氣結而爲心，無欲者，心之本體，即伏羲所謂乾也。剛健中正純粹精，天德也，有欲則不能以達天德。元亨利貞，文王演之，以贊乾之爲德有此四者，非有所加也。元亨主發用，利貞主閉藏。故曰：『元亨者，始而亨者也；利貞者，性情也。』

「天地靈氣，非獨聖人有之，人皆有之。今人乍見孺子入井，皆有怵惕惻隱之心，乃其最初無欲一念，所謂元也。元者，始也。亨通，利遂，貞正，皆本於最初一念，統天也。最初一念，即易之所謂復。『復，其見天地之心。』意、必、固、我，有一焉，便與天地不相似。顔子不失此最初一念，不遠而復，纔動即覺，纔覺即化。故曰，顔子其庶幾乎。學之的也。

「夫學有要機，功有頓、漸。無欲爲要，致良知，其機也。心之靈氣即木之萌蘖，水之源泉。語其頓，默之一字已盡其義。顔之愚，周之靜，程之忘，非言思所及也。語其漸，自萌蘖之生以至於枝葉扶蘇，由源泉之混以至於江河洋溢，雖非二物，要未可以躐等而致也。周子曰：『士希賢，賢希聖，聖希天。』此漸法也。學至於希天至矣，而求端自士始。孔門論士曰「行己有耻，使命不辱」，其次「宗族稱孝，鄉黨稱弟」，其次「言必信，行必果」。下此則斗筲俗流，無足筭也。

「吾人見在試各自反自信：果能有耻不辱否？果能稱孝稱弟否？果能必信必果否？脱若於此尚有所未能，且須汲汲以希士爲下學始事。苟不揣其本而循其源，徒欲以斗筲俗流之心而妄意希天之學，是猶入幽谷而羡喬木，浥潢污而誇渤澥，秖益虚妄而已。」末句評曰：此非至論，直有爲而發耳。

## 慈湖精舍會語

緯川馮子葺慈湖精舍，集鄉之同志每月六會，以求相觀之益。時先生至句章，值會期，相請莅會。

馮子叩闡師門宗説。先生曰：「知慈湖『不起意』之義，則知良知矣。意者，本心自然之用，如水鑑之應物，變化云爲，萬物畢照，未嘗有所動也。惟離心而起意則爲妄，千過萬惡，皆從意生。不起意是塞其過惡之原，所謂防未萌之欲也。不起意，則本心自清自明。不假思爲，虚靈變化之妙用，固自若也。空洞無體，廣大無際，天地萬物有像有形，皆在吾無體無際之中，範圍發育之妙用，固自若也。其覺爲仁，其裁制爲義，其節文爲禮，其是非爲知。即視聽言動，即事親從兄，即喜怒哀樂之未發，隨感而應，未始不妙，固自若也。而實不離於本心自然之用，未嘗有所起也。」

馮子曰：「或以不起意爲滅意。」

先生曰：「非也。滅者，有起而後滅。不起意原未嘗動，何有於滅？」

馮子曰：「或以不起意爲不起惡意。」

先生曰：「亦非也。心本無惡，不起意，雖善亦不可得而名，是爲至善。起即爲妄。雖起善意，已離本心。是爲義襲，誠、僞之所分也。」

馮子曰：「或以不起意爲立説過高，非初學所能及，何也？」

先生曰：「亦非也。初學與聖人之學只有生熟、安勉不同，原無二致。故曰：『及其成功，一也。』譬之行路，初學則馴習步趨於庭除之間，未能遠涉；聖賢則能縱步千百里之外，雖遠且險，亦無所阻。生熟則有間矣，然庭除之步與百里之步未嘗有異也。此入聖之微機也。」

馮子曰：「或以慈湖之學爲禪，何也？」

先生曰：「慈湖之學得於象山，超然自悟本心，乃易簡直截根源。説者因晦庵之有同異，遂鬨然目之爲禪。禪之學，外人倫，遺物理，名爲神變無方，要之不可以治天下國家。象山之學，務立其大，周於倫物感應。荆門之政，幾於三代，所謂儒者有用之學也。世儒溺於支離，反以易簡爲異學，特未之察耳！知象山則知慈湖矣。」

衆中復舉慈湖疑正心、清心、洗心皆非聖人之言，何也？先生曰：「古人垂訓，皆因病立方。世人之心，溺于舊習，不能無邪，無濁，無垢，故示以正心、清心、洗心之方，使之服食以去其病。病去則藥除矣，所謂權法也。先師謂慈湖已悟無聲無臭之旨，未能忘見。象山謂：『予不説一，敬仲常説一，此便是一障。』苟不原古人垂訓之意，一概欲與破調，則『不起意』三字亦爲剩語矣。」

或問：「大學之要在誠意，既不起，孰從而誠之？」先生曰：「虞書『道心惟微』，明心即道。微者，心之本體，即所謂無聲無臭，聖人、天地不能使之著。纔動于意，即爲人心而危，僞之端也。文王不識不知，故能順帝之則。纔有知識，即涉于意，即非於穆之體矣。孔子曰：『吾有知乎哉？無知也。』言良知無知而無不知也。纔起于意，始昏始塞，始滑其良，此千聖學脉也。慈湖於雙明閣下舉本心爲問，象山以扇訟是非答之。慈湖恍然自悟，澄然瑩然，易簡和平，匪思匪爲，可言而不可議，可省而不可度。是非之心，即良知也。致知者，致其固有德性之知，非推極知識之謂。格物者，格其見在應感之物，非窮至物理之謂。知者意之體，物者意之用。致知格物者，誠意之功也。如好好色，如惡惡臭，率其良知之自然而一無所作，是謂王道。無作則無起，而意自誠。正心修身，達之家國天下，一以貫之而無遺矣，大學之全功也。言之若易而爲之實難，視之若近而探之愈遠，故曰『致知存乎心悟』。致知焉，盡矣！」

## 潁賓書院會紀

總評：不必説講學，只以此發大學一章書，亦明透矣。

先生赴新安六邑之會，績溪葛生文韶、張生懋、李生逢春追謁於斗山，叩首曰：「某等深信陽明夫子良知之學，誓同此心，以此學爲終始。惟先生獨得晚年密傳，竊願有以請也。」

先生嘆曰：「有是哉？苟能發心求悟，所謂密在汝邊，凡有所説即非密也。」

三生因請問致知格物之旨。先生曰：「此是吾人須臾不可離業次，但此件事須得本原，方有歸着。古之欲明明德于天下，是學者最初所發大志願。吾人原與天地萬物同體，靈氣無處不貫。明明德於天下，不是使天下之人各誠其意、各正其心，然後爲至，只是此箇靈氣充塞流行，一毫無所壅滯；顯見昭朗，一毫無所間隔。所謂光於四方、顯於西土是也。天地萬物即己分内事，方是一體之仁。不然，只是獨學，只成小家當，非大乘之法也。「然功夫須有次第，非虛見所能襲取、浮氣所能支撑。欲明明德于天下，須先明于一國；欲明明德于一國，須先明于一家；欲成齊治平之功，非是體面上湊泊得來，須從修身始。上句評曰：妙。修身便是齊治平實下手處。欲修其身，非是軀殼上粉飾得來，須從正心始。上句評曰：妙。正心便是修身實下手處。身、心原是一體，非禮勿視聽言動是修身，所以勿處却在心。身之靈明主宰謂之心，心之凝聚運用謂之身。無心則無身矣，無身則無心矣，一也。心無形象，無方所，孰從而正之？纔要正心，便有正心之病。正心之功，只在誠意上用。心無不善，意方有善、有不善。善真好，惡真惡，謂之誠意。意有善、有不善，孰從而辨之？所以分別善惡之機在良知。意之所用爲物，良知是誠意之祕訣。物是意所用之實事。良知自有天則，正感正應，不過其則，謂之格物。此是綿密不容紊之節次，懇切不容已之功夫。於此實用其力，不爲虚見浮氣所勝，方是與物同體之實學。孔門之學，專務求仁。顔子『四勿』，是爲仁實用力處。子貢博施濟衆，便不免虚見浮氣承當。孔子告以欲立、達之旨，正是不容已真根子。使之近以取譬，爲仁之方也。諸生最初所發願力有此件事，終始保任，亦只是保任此而已。此方是深信良知，方是孔門家法。到得悟時，更當有印證處，非可躐等而求也。」

## 天柱山房會語與張陽和、周繼實、裘子充問答

陽和張子自謂：「功名一念已能忘機，不動心。」先生曰：「何言之易易也！昔有鄉老譏先師曰：『陽明先生雖與世間講道學，其實也只是功名之士。』先師聞之，謂諸友曰：『你道這老者是譏我，是稱我？』諸友笑曰：『此直東家丘耳，何與於譏稱？』師曰：『不然。昔人論士之所志，大約有三：道德、功名、富貴。聖學不明，道德之風邈

矣。志於功名者，富貴始不足以動其心。我今於世間講學，固以道德設教，是與人同善不容已之心，我亦未能實有諸己。一念不謹，還有流入富貴時候。賴天之靈，一念自反，覺得早，反得力，未至墮落耳。世衰道喪，功利之毒浹於人之心髓，士鮮以豪傑自命。以世界論之，是千百年習染；以人身論之，是一生幹當。上句評曰：切。古今人所見不同，大抵名浮而實下。古之所謂功名，今之道德；古之所謂富貴，今之功名；若今之所謂富貴，狗偷鼠竊，競競刀錐之利，比於乞墦穿窬，有儀、秦所耻而不屑爲者。上句評曰：儀、秦聞之，可以死矣！其視一怒安居之氣象何如也！』吾子看得功名題目太淺，所以如此自信，若觀其深，必如百里奚之不入爵禄於心、王曾之不事溫飽，始足以當功名。達如伊、傅，窮如孔、孟，立本知化，經綸而無所倚，始足以當道德也。」

子充曰：「先生扁堂曰『凝道』，敢請所扁之義？」先生曰：「『凝』是『凝翕』之意，乃學問大基本。君子不重，則學不固，固即凝翕之謂也。天地之道，陰陽而已矣。不專一則不能直遂，不翕聚則不能發散，易簡所以配至德也。日月者，陰陽之聚也。其行有常度，故能得天而久照。君子以此洗心，退藏于密。吾人精神易於發泄，氣象易於浮動，只是不密，密即所謂凝也。故曰『夙夜基命宥密』。孔之默，顔之愚，周之拙，明道之端坐，皆此義也。凝非灰心枯坐之謂。

張子謂：「世之學者平時不知所養，躁心浮念未易收攝，須從静坐入路。明道見人静坐，便嘆其善學；象山見門人槐堂習静，知其天理顯矣。」先生曰：「今人都説静坐，其實静坐行持甚難，非昏沉則散亂。念有所着即落方所，若無所着即成頑空。此中須有機竅。不執不蕩，從無中生有，有而不滯，無而不空，如玄珠罔象，方是天然消息。」

子充謂：「沛時常習静，正坐此二病作祟。昔人謂不敢問至道，願聞衛生之經。」先生曰：「人之有息，剛柔相摩，乾坤闔闢之象也。子欲静坐，且從調息起手。調息與數息不同：數息有意，調息無意。綿綿密密，若存若亡，息之出入，心亦隨之。息調則神自返，神返則息自定。心息相依，水火自交，謂之息息歸根，入道之初機也。然非致知之外另有此一段功夫，只於静中指出機竅，令可行持。此機竅非臟腑身心見成所有之物，亦非外此别有他求。棲心無寄，自然玄會；慌惚之中，可以默識。要之，「無中生有」一言盡之。上句評曰：四字。愚味得之，可以立躋聖地，非止衛生之經，聖道亦不外此。」

先生會宿山窩，子充見先生酣睡，呼吸無聲，喜曰：「精神保合，血氣安和，此壽徵也。」先生曰：「未足爲貴，此直後天安樂法耳。世人終日營擾，精神困憊，夜間靠此一睡，始彀一日之用。一點靈光，盡爲後天濁氣所掩。是謂陽陷於陰，坎之象也。至人有息無睡。謂之息者，耳無聞，目無見，四體無動，心無所慮，如種火相似。先天元神元氣停育相抱，真意綿綿，開闔自然，與虚空同體。與虚空同體，是與虚空同壽，始爲壽徵也。孟軻氏指出日夜所息，示人以用力之方。平旦清明之氣不使爲旦晝所牿亡，蓋幾之矣。若夫生死一事，更須有説：有任生死者，有超生死者。易曰：『原始反終，故知生死之説。』生死如晝夜，知晝則知夜矣。故曰：『未知生，焉知死。』平時一切毀譽得喪諸境，纔有二念，便是生死之根。毀譽得喪能一，則生死一矣。苟從軀殼起念，執吝生死，務求長生，固佛氏之所呵也。列子云：『五情苦樂，古猶今也；四體安危，古猶今也。百年猶厭其多，況久生乎？』應緣而生，是爲原始；緣盡而死，是爲反終。一日亦可，百年亦可，忘機委順，我無容心焉，任之而已矣。至於超生死之説，更有向上一機。退以爲進，沖以爲盈。行無緣之慈，神不殺之武。固乎不扃之鑰，啓乎無轍之途。生而無生，生不知樂；死而無死，死不知悲。一以爲巵言，一以爲懸解，悟者當自得之。然亦非外此更有一段功夫。良知虚寂明通，是無始以來不壞元神，本無生，本無死。以退爲進者，乾之用九，不爲首也。以沖爲盈者，滿損謙益，天之道也。過化存神，利而不庸，是爲無緣之慈。聰明睿智以達天德，是爲不殺之武。無扃鑰可守，無轍迹可循，曠然四達，以無用爲用也。千聖皆過影，萬年如一息，又何生死之可言哉！」

子充曰：「陽明夫子居喪，有時客未至慟哭，有時客至不哭，陽和終以不哭爲疑，敢請？」先生曰：「凶事無詔，哀哭貴於由衷，不以客至不至爲加減也。上句評曰：至言。昔人奔喪，見城郭而哭，見室廬而哭，自是哀心不容已。今人不論哀與不哀，見城郭、室廬而哭，是乃循守格套，非由衷也。客至而哭，客不至而不哭，尤爲作僞。世人作僞得慣，連父母之喪亦用此術，以爲守禮，可嘆也已！毁不滅性，哀亦是和，悟得時，即此是學。」

子充、繼實跪而請曰：「先生轍環天下，隨方造就引掖，固是愛人不容已之心。但往來交際，未免陪費精神，非高年所宜。靜養寡出，息緣省事，以待四方之來學，如神龍之在淵，使人可仰而不可窺。風以動之，更覺人、己皆有所益。」先生曰：「二子愛我可謂至矣！不肖亦豈不自愛？但其中亦自有不得已之情。若僅僅專以行教爲事，又成辜負矣。時常處家與親朋相燕昵，與妻奴佃僕相比狎，以習心對習事，因循隱約，固有密制其命而不自覺者。上段評曰：痛切，痛切！纔離家出遊，精神意思便覺不同。與士夫交承，非此學不究；與朋儕酧答，非此學不談，晨夕聚處，專幹辦此一事。非惟閑思妄念無從而生，雖世情俗態亦無從而入，精神自然專一，意思自然沖和。教學相長，欲究極自己性命，不得不與同志相切劘，相觀法。同志中因此有所興起，欲與共了性命，則是衆中自能取益，非吾有法可以授之也。男子以天地四方爲志，非堆堆在家可了此生！『吾非斯人之徒而誰與』，原是孔門家法。吾人不論出處潛見，取友求益，原是己分内事。若夫人之信否與此學之明與不明，則存乎所遇，非人所能強也。至于閉關獨善，養成神龍虛譽，與世界若不相涉，似非同善之初心。予非不能，蓋不忍也。」

## 書同心册卷

陽和張子志於聖學有年，謁假歸省侍膳之餘，時處雲門山中修習靜業。期予往會，商訂舊學，頗證交修之益，其志可謂勤矣。間出京邸諸同志贈言手册，予得展而觀之。或發主靜翕聚之旨，或申求仁一體之義，或究動靜二境得失之機，往復參互，要在不悖師門宗教，誠所謂同心之言矣。張子復蘄予一言爲之折衷，以輔成所志，非苟然也。姑述所聞，子自取正焉。

夫主靜之説，本於濂溪無極所生真脉路。本註云：「無欲故靜。」聖學「一爲要。一者，無欲也」。一爲太極，無欲則無極矣。夫學有本體，有工夫。靜爲天性。良知者，性之靈根，所謂本體也。知而曰致，翕聚緝熙，以完無欲之一，所謂工夫也。良知在人，不學不慮，爽然由於固有；神感神應，盎然出於天成，本來真頭面，固不待修證而後全。若徒任作用爲率性，倚情識爲通微，不能隨時翕聚以爲之主，倏忽變化，將至於蕩無所歸，致知之功不如是之疏也。譬諸天地之化，貞以啓元；日月之運，晦以生明。元與明，不待貞晦而始有，非貞晦則運化之機息矣。貞晦者，翕聚之謂，所以培其固有之良，達其天成之用，非有加也。蒙之象曰：「山下出泉。」夫山下之泉，本静而清。濬其源，疏其流，順則達之，濁則澄之，蒙養之正，聖功也。翕聚所以爲養也。故謂爽然盎然，不足以盡良知，必假學慮而昧夫天機之神應，非所以稽聖；謂作用情識即所以爲致知，而忽夫翕聚緝熙之功，非所以徵學。善學者默而存之，求以自得可也。

孔門之學，惟務求仁。仁者以天地萬物爲一體。主静之學，在識其體而存之，非主静之外别有求仁之功也。静爲萬化之原，生天生地生萬物，而天地萬物有不能違焉。是謂廣生大生，乾坤之至德也。故曰：「視不見，聽不聞，體物而不遺。」不見不聞，静根也。體之不遺者，與物爲體，微而顯，誠之不可掩也。

世之談學者，或謂静中易至頹墮，須就動上磨煉；或謂動上易至蕩搖，須就静中攝養；或謂久涉塵勞，慮其逐動而易於淪没；久處山林，慮其躭静而易於枯槁，須動、静交參，始不滯於偏見。夫根有利鈍，習有淺深，學者各安分量，或動上磨鍊，或静中攝養，或動、靜中交參。譬之地中生木，但得生意不息，和風旭日，故所以爲煦育；嚴霜凍雪，亦所以爲堅凝。以漸而進，惟求有益於得，及其成功，一也。此權法也。聖學之要，以無欲爲主，以寡欲爲功。寡之又寡，以至於無，無爲而無不爲。寂而非靜，感而非動，無寂無感，無動無靜，明通公溥，而聖可幾矣。此實際也。

竊念吾之一身，不論出處潛見，當以天下爲己任。伊尹先得吾心之同然，非意之也。古之欲明明德於天下，最初立志便分路徑。入此路徑便是大學之人，外此便是小成曲學。先師萬物一體之論，此其胚胎也。吾人欲爲天地立心，必其能以天地之心爲心；欲爲生民立命，必其能以生民之命爲命。今吾所謂心與命者，果安在乎？識得此體，方是上下與天地同流；宇宙内事皆己分内事，方是一體之實學。上二句評曰：不要錯會。所謂大丈夫事，小根器者不足以當之。

孔、孟之汲汲皇皇，席不暖，轍不停，若求亡子於道，豈其得已也哉！「天下有道，丘不與易」，如欲平治天下，舍我其誰，非過於自任，分定故也。區區不足道，食飲動息，混迹隨時，只是世間項輩人妄意古人之學，此一路徑似出天牖，「與人爲善」一念，根於所性，不容自已，予亦不知其何心也！所望吾子，終始此志，出頭擔負，共臻大業，務荅諸同志倚待之心，方是不求溫飽，做人的勾當；方是不愧屋漏，配天地，宰萬物的功程。了此一事，何事不辦？真不係今與古、己與人也！珍重，珍重！

## 與陽和張子問答

問：良知不分善惡，竊嘗聞之矣。然朱子云「良者本然之善」，恐未爲不是。「繼之者善」，孟子道「性善」，此是良知本體。顏子「有不善未嘗不知」，即良知也；「知之未嘗復行」，即致良知也。學者工夫，全在于知善知惡處。爲之力，去之決，如好好色，如惡惡臭，必求自慊而後已。此致知之實學也。若曰「無善無惡」，又曰「不思善，不思惡」，恐鶻突無可下手。而甚者自信自是，以妄念所發皆爲良知，人欲肆而天理微矣。請質所疑。

性無不善，故知無不良。善與惡，相對待之義。無善無惡，是謂至善。至善者，心之本體也。性有所感，善惡始分，本體之知未嘗不知也。評：性亦無善無惡，所感亦無善無惡。亦無性，亦無本體，亦無知、不知。致其本體之知，去惡而爲善，是謂格物。知者寂之體，物者感之用，意者寂感所乘之機也。毋自欺者，不自欺其良知也。如好好色，如惡惡臭，良知誠切，無所作僞也。真致良知，則其心常不足，無有自滿之意，故曰此之謂自慊。纔有作僞，其心便滿假而傲，不誠則無物矣。知行有本體，有功夫，良知良能是知行本體。顏子「有不善未嘗不知，知之未嘗復行」，皆指功夫而言也。人知未嘗復行爲難，不知未嘗不知爲尤難。顏子心如明鏡止水，纖塵微波，纔動即覺，纔覺即化，不待遠而後復，所謂庶幾也。若以未嘗不知爲良知，未嘗復行爲致良知，以知爲本體，行爲功夫，依舊是先後之見，非合一本旨矣。〔二〕

問：乾坤皆聖學也，先儒何以有乾道、坤道之別？果以敬義之功謂於本體上尚隔

〔二〕後有「不思善，不思惡」一句，復删除之。

一塵，不及自强不息之直達本體，則堯舜禹之孜孜相戒勉，曰「欽」，曰「慎」，曰「兢業」皆敬也，是亦不得爲乾道耶？自良知之説一出，學者多談妙悟而忽戒懼之功，其弊流於無忌憚而不自知。忭於彭山先生「龍惕」之書有取焉，亦救時之意也。〔二〕

龍〔三〕惕之説，予嘗有書商及此事，今述其大略以請：彭山深懲近時學者過用慈湖之弊，謂：「今之論心者，當以龍不以鏡，惟水亦然。」夫人心無方體，與物無對，聖人不得已取諸譬喻，初非可以比而論也。水鏡之喻未爲盡非。無情之照，因物顯象，應而無迹，過而不留，自妍自媸，自去自來，水鏡無與焉。蓋自然之所爲，未嘗有欲也。着虚之見，本非是學，在佛、老亦謂之外道。只此着便是欲，已失其自然之用，吾儒未嘗有此也。又云：「龍之爲物，以警惕而主變化者也。」自然是主宰之無滯，曷嘗以爲先哉？坤道也，非乾道也。其意若以乾主驚惕，坤主自然。驚惕時未可自然，自然時無事驚惕，此是墮落兩邊見解。夫學當

〔二〕下文所答另一是問，特據丁本補出張問。
〔三〕「龍」原作「良」，據蕭本改。

以自然爲宗。驚惕，自然之用，戒謹恐懼未嘗致纖毫之力。有所恐懼，則便不得其正。此正入門下手工夫。自古體易者莫如文王。「小心翼翼，昭事上帝」，乃真自然；「不識不知，順帝之則」，乃真驚惕。乾、坤二用，純亦不已，是豈可以先後而論哉？慈湖不起意之説，善用之未爲不是。蓋人心惟有一意，始能起經綸，成變化。意根於心，心無欲則念自一。一念萬年，無有起作，正是本心自然之用，艮背行庭之旨，終日變化而未嘗有所動也。可細細參玩。得其驚惕、自然之旨，從前所疑，將不待辯而釋然矣！

問：孔子教人每每以孝弟忠信，而罕言命與仁。蓋中人以下不可以語上，故但以規矩示之，使有所執持，然後可以入道。大匠教人，必以規矩。若夫得心應手之妙，在乎能者從之而已。「一貫」之傳，自曾、賜而下無聞也。今良知之旨不擇其人而語之，吾道不幾于褻乎？且使學者棄規矩而談妙悟，深爲可憂也。

大匠誨人必以規矩，然得手應心之妙，不出規矩之外，存乎人之自悟耳。孝弟忠信是孔子教人之規矩。孔子自謂子臣弟友之道有未能，而學以忠信爲主，本以此立教，亦以此徵〔一〕學。然孝弟忠信，夫婦所能；及其至，聖人所不能，費而隱也。孔門之學務于求仁，今日之學務于致知，非有異也。春秋之時，列國分爭，天下四分五裂，不復知有一體之義，故以「求仁」立教。自聖學失傳，學者求明物理於外，不復知有本心之明，故以「致知」立教，時節因緣使之然也。「良知」二字，是徹上徹下語。良知知是知非，良知無是無非。知是知非即所謂規矩，忘是非而得其巧，即所謂悟也。中人上下，可語與不可語，亦在乎此。夫良知之旨，所謂中道而立，能者從之，非有所加損也。

夫道，一而已矣，孔子與門弟子言，未嘗不在於一。及門之人，篤實莫如曾子，穎悟莫如子貢，二子能傳師教，故於二子名下標示學則，以見孔門教人之規矩，非曾、賜以外無聞也。孔子告曾子以「一貫」，及其語弟子，則示以「忠恕」之道，明忠恕即一貫也。子貢謂：「夫子言性與天道，不可得而聞。」性與天道，孔子未嘗不言，但聞之有得與不得之異耳。棄規矩而談妙悟，自是不善學之病，非良知之教使之然也。

〔一〕「徵」原作「教」，據蕭本改。

問：狂者行不掩言，亦只是過于高明、脱落格式之類耳，必無溺于污下之事。鄉愿之忠信廉潔謂之曰似，則非真忠信廉潔也。矯情飾僞，可以欺世俗，而不能迯於君子；襲取于外而終無得於中，故曰德之賊也。若果所行真是忠信廉潔，則必爲聖人所取，何至病之若是耶？今以行不掩言者爲狂，而忠信廉潔爲鄉愿，則將使學者倡狂自恣，而忠信廉潔之行蕩然矣！請問其説。

狂者行不掩言，只是過於高明，脱落格套，無溺於污下之事，誠如來教所云。夫狂者志存尚友，廣節而疏目，旨高而韻遠，不屑彌縫格套以求容于世。其不掩處雖是狂者之過，亦其心事光明特達，略無回護蓋藏之態，可幾於道。天下之過與天下共改之，吾何容心焉？若能克念，則可以進於中行，此孔子所以致思也。若夫鄉愿，一生幹當，分明要學聖人：忠信廉潔是學聖人之完行，同流合污是學聖人之包荒。謂之似者，無得于心，惟以求媚于世，全體精神盡向世界陪奉，與聖人用心不同。上二句評：學人爲忠信，安得謂之真忠信？故以爲似也。若矯情飾僞，人面前忠信廉潔，在妻子面前有些敗缺，妻子便得以非而刺之矣。謂之同流，不與俗相異，同之而已；謂之合污，不與世相離，合之而已。若自己有所污染，世人便得以非而刺之矣。聖人在世，善者好之，不善者猶惡之。鄉愿之爲人，忠信廉潔既足以媚君子，同流合污又足以媚小人，比之聖人局面更覺完美，無滲漏。上二句評：妙。堯、舜之聖，猶致謹于危、微，常若有所不及。鄉愿傲然自以爲是，無復有過可改，故不可以入堯、舜之道。似德非德，孔子所以惡之尤深也。

三代而下，士鮮中行，得鄉愿之一肢半節，皆足以取盛名于世。究其隱微，尚不免致疑於妻子，求其純乎鄉愿且不易得，况聖人之道乎？夫鄉黨自好與賢者所爲，分明是兩條路徑。賢者自信本心，是是非非，一毫不從人轉换。鄉黨自好即鄉愿也，不能自信，未免以毁譽爲是非，始有違心之行，狥俗之情。虞廷觀人，先論九德，後及于事。乃言曰「載采采」，所以符德也。善觀人者不在事功、名義、格套上，惟於心術微處密窺而得之。譬之秦鏡之燭神奸，自無所遁其情也。」

## 萬松會紀

少松滕子率學博諸生會于萬松仰聖祠中，首舉乾「潛」之説，請闡其義。先生曰：「乾之六位皆乘龍御天之學，時有始終，而德無優劣。潛之爲言，隱而未見，龍之德，伏地千年始見其天全也。上二句評：妙。吾人所積不厚，精神易於泄漏，才智易於眩露，汲汲然求見于世，只是不能潛。未免於易世成名之心，不足以達天德。「遯世無悶」，「不見是而無悶」，是二義。遯世而人以爲是，如神龍之蟄於淵，可望而不可即。有名可成，無悶爲易。遯世而人不以爲是，則非之者衆矣。或以爲僞，或以爲矯，甚或以爲取捷徑，圖速化，無復有名可成，無悶尤難。學至于無名，其至矣！上二句評：妙妙，夫子自道也。古人論學，必以此爲極致。中庸曰『遯世不見知而不悔』，語曰『人不知而不慍』，皆此意也。文言曰『潛龍勿用，陽在下也』，在下之陽，即河圖之「天一」，洛書之「履一」。一順一逆，造化顯藏之機，必如此而後爲潛龍之學也。」

復問蒙養之義。先生曰：「蒙者，稚也。『山下出泉，蒙。』解之者曰『靜而清也』。大人者不失赤子之心。赤子無智巧，無技能，無筭計，純一無僞，清淨本然，所謂蒙童也。得其所養，復其清靜之體，不以人僞害之，是爲聖功。大人通達萬變，是鑿竅於混沌，反以害之也。上句評曰：妙。吾人學不足以入聖，只是不能蒙。知識反爲良知之害，才能反爲良能之害，計筭反爲經綸之害。若能去其所以害之者，復還本來清靜之體，所謂『溥博淵泉，以時而出』，聖功自成，大人之學在是矣！」總評：大人通達萬變，正是左右逢原，混沌剖出。唯必以通達萬變爲聖人，乃是鑿竅於混沌也。

## 致知議略

徐生時舉將督學敬所君之命，奉奠陽明先師遺像於天真，因就予而問學。臨別，出雙江、東廓、念菴三公所書贈言卷，祈予一言，以證所學。三公言若人殊，無非參互演繹以明師門致知之宗要。予雖有所言，亦不能外於此也。夫良知之與知識，差若毫釐，究實千里。同一知也，如是則爲良，如是則爲識；如是則爲德性之知，如是則爲聞見之知，不可以不早辨也。良知者，本心之明，不由學慮而得，先天之學也。知識則不能自信其心，未免假於多學億中之助而已，入於後天矣。良知即是未發之中，即是發而中節之和，此是千聖斬關第一義，所謂無前後内外，渾然一體者也。若良知之前別求未發，即是二乘沉空之學；良知之外別求已發，即是世儒依識之學。或攝感以歸寂，或緣寂以起感，受症雖若不同，其爲未得良知之宗，則一而已。爰述一得之見，釐爲數條，用以就正於三公，並質諸敬所君，且以答生來學之意。

獨知無有不良。不睹不聞，良知之體，顯微體用通一無二者，此也。戒慎恐懼、致知格物之功，視於無形，聽於無聲。日用倫物之感應，而致其明察者，此也。知體本空，着體即爲沉空；知本無知，離體即爲依識。上段總評：好。

易曰「乾知大始」，乾知即良知，乃混沌初開第一竅。爲萬物之始，不與萬物作對，故謂之獨。以其自知，故謂之獨知。乾知者，剛健中正，純粹精也。七德不備，不可以語良知，中和位育皆從此出，統天之學。首出庶物，萬國咸寧者也。上段總評：好甚。

良知者，無所思爲，自然之明覺。即寂而感行焉，寂非内也；即感而寂存焉，感非外也。動而未形，有無之間，幾之微也。動而未形，發而未嘗發也，有無之間不可以致詰。此幾無前後，無内外。聖人知幾，賢人庶幾，學者審幾。故曰：『幾者，動之微，吉之先見者也。』知幾故純吉而無凶，庶幾故恆吉而寡凶，審幾故趨吉而避凶。過之則爲忘幾，不及則爲失幾。忘與失，所趨雖異，其爲不足以成務，均也。

顔子有不善未嘗不知，未嘗復行，正是德性之知。孔門致知之學，所謂不學不慮之良知也。纔動即覺，纔覺即化，未嘗有一毫凝滯之迹。故曰：「不遠復，無祇悔。」子貢務於多學，以億而中，與顔子正相反。顔子殁而聖學亡。子貢學術易於湊泊，積習漸染，至千百年而未已也。先師憂憫後學，將此兩字信手拈出，乃是千聖絶學。世儒不自省悟，反鬨然指以爲異學而非之。夜光之珠，視者按劍，亦無怪其然也。

孔子曰：「吾有知乎哉？無知也。」言良知之外别無知也。鄙夫之空空與聖人之空空無異，故叩其兩端而竭。兩端者，是與非而已。空空者，道之體也。口惟空，故能辨甘苦；目惟空，故能辨黑白；耳惟空，故能辨清濁；心惟空，故能辨是非。世儒不能自信其心，謂空空不足以盡道，必假於多學而識以助發之，是疑口之不足以辨味，而先漓以甜酸；目之不足以別色，而先泥以鉛粉；耳之不足以審音，而先淆以宮羽。其不至於爽失而聵聵者，幾希矣！學，覺而已。自然之覺，良知也。覺是性體，良知即是天命之性。良知二字，性命之宗。格物是致知日可見之行，隨事致此良知，使不至於昏蔽也。吾人今日之學，謂知識非良知則可，謂良知外於知覺則不可；謂格物正所以致知則可，謂在物上求正，而遂以格物爲義襲則不可。後儒謂纔知即是已發，而別求未發之時，所以未免於動靜之分，入於支離而不自覺也。

## 致知議辯

雙江子曰：「邵子云：『先天之學，心也；後天之學，迹也。』先天言其體，後天言其用。蓋以體用分先後，而初非以美惡分也。『良知是未發之中』，先師嘗有是言，若曰良知亦即是發而中節之和，詞涉迫促。寂，性之體，天地之根也，而曰非内，果在外乎？感，情之用，形器之迹也，而曰非外，果在内乎？抑豈内外之間别有一片地界可安頓之乎？即寂而感存焉，即感而寂行焉，以此論見成，似也。若爲學者立法，恐當更下一轉語。易言内外，中庸亦言内外，今曰無内外；易言先後，大學亦言先後，今曰無先後，是皆以統體言工夫。如以百尺一貫論種樹，而不原枝葉之碩茂由於根本之盛大，根本之盛大由於培灌之積累。此鄙人内外先後之説也。良知之前無未發，良知之外無已發，似是渾沌未判之前語。設曰良知之前無性，良知之外無情，即謂良知之前與外無心，語雖玄而意則舛矣。尊兄高明過人，自來論學只是混沌初生、無所污壞者而言，而以見在爲具足，不犯做手爲妙悟，以此自娱可也，恐非中人以下之所能及也。」上段總評：雙江全未，全未！

先生曰：「寂之一字，千古聖學之宗。感生於寂，寂不離感。舍寂而緣感，謂之逐物；離感而守寂，謂之泥虚。夫寂者，未發之中，先天之學也。未發之功却在發上用，先天之功却在後天上用。明道云：『此是日用本領工夫，却於已發處觀之。』康節先天吟云：『若説先天無箇字，後天須用着工夫。』可謂得其旨矣。先天是心，後天是意，至善是心之本體。心體本正，纔正心便有正心之病。纔要正心，便已屬於意。『欲正其心，先誠其意』，猶云舍了誠意，更無正心工夫可用也。良知是寂然之體，物是所感之用，意則其寂感所乘之機也。知之與物，無復先後可分，故曰『致知在格物』。致知工夫在格物上用，猶云大學明德在親民上用。離了親民，更無學也。良知是天然之則。格者正也，物猶事也。格物云者，致此良知之天則於事事物物也。物得其則謂之格，非於天則之外別有一段格之之功也。

「前謂未發之功只在發上用者，非謂矯強矜飾於喜怒之末，徒以制之於外也。節是天則，即所謂未發之中也。中節云者，循其天則而不過也。養於未發之豫，先天之學是矣。後天而奉時者，乘天時行，人力不得而與。曰奉曰乘，正是養之之功。若外此而別求所養之豫，即是遺物而遠於人情，與聖門復性之旨爲有間矣。即寂而感行焉，即感而寂存焉，正是合本體之工夫。無時不感，無時不歸於寂也。若以此爲見成而未及學問之功，又將如何其爲用也？寂非内而感非外，蓋因世儒認寂爲内、感爲外，故言此以見寂感無内外之學，非故以寂爲外、以感爲内，而於内外之間別有一片地界可安頓也。既云寂是性之體，性無内外之分，則寂無内外，可不辯而明矣。良知之前無未發者，良知即是未發之中；若復求未發，則所謂沉空也。良知之外無已發者，致此良知即是發而中節之和。若別有已發，即所謂依識也。語意似亦了然。設爲良知之前無性，良知之後無情，即謂之無心，而斷以爲混沌未判之前語，則幾於推測之過矣。

「公謂不肖高明過人，自來論學只從混沌初生、無所污壞者而言，而以見在爲具足、不犯做手爲妙悟，不肖何敢當？然竊窺立言之意，却實以混淪無歸着，且非污壞者所宜妄意而認也，觀後條於告子身上發例可見矣。愚則謂良知在人本無污壞，雖昏蔽之極，苟能一念自反，即得本心。譬之日月之明，偶爲雲霧之翳，謂之晦耳。雲霧一開，明體即見，原未嘗有所傷也。此原是人人見在具足、不犯做手本領工夫。人之可以爲堯、舜，小人之可使爲君子，舍此更無從入之路，可變之幾，固非以爲妙悟而妄意自信，亦未嘗謂非中人以下所能及也。」總評：若論實際，非但中人以下所不能及，雖聖人亦不能及。

雙江子曰：「本義云『乾主始物，而坤作成之』，已似於經旨本明白。知字原屬下文，今提知字屬乾字，遂謂乾知爲良知，不與萬物作對爲獨知，七德咸備爲統天。彖曰：『大哉乾元，萬物資始，乃統天。』是以統天贊乾元，非贊乾也。及以下文照之，則曰『乾以易知，坤以簡能』，又以易簡爲乾坤之德，而知能則其用也。人法乾坤之德至於易簡，則天下之理得，而成位乎其中。他又曰：『夫乾，天下之至健也，德行恆易以知險；夫坤，天下之至順也，德行恆簡以知阻。』健順言其體，易簡言其德，知言其才，阻險言其變；能説能研言聖人之學，定吉凶、成亹亹言聖人之功用。六經之言，各有攸當，似難以一例牽合也。」

先生曰：「乾知太始。太始之知，混沌初開之竅，萬物所資以始。知之爲義本明，不須更訓主字。下文證之曰『乾以易知』，以『易知』爲『易主』，可乎？此是統天之學，贊元即所以贊乾，非二義也。其言以體以德，以才以變，以學以功用，雖經傳所有屑屑分疏，亦涉意象，恐非易簡之旨。公將復以不肖爲混沌語矣！」

雙江子曰：「程子云：『不睹不聞便是未發之中，説發便屬睹聞。』獨知是良知的萌芽處，與良知似隔一塵。此處著功，雖與半路修行不同，要亦是半路的路頭也。致虚守寂，方是不睹不聞之學，歸根復命之要。蓋嘗以學之未能爲憂，而乃謂偏於虚寂，不足以該乎倫物之明察，則過矣。夫明物察倫，由仁義行，方是性體自然之覺，非以明察爲格物之功也。如以明察爲格物之功，是行仁義而襲焉者矣。以此言自然之覺，誤也。其曰『視於無形，聽於無聲』，不知指何者爲無形聲而視之聽之？非以日用倫物之内別有一箇虚明不動之體以主宰之，而後明察之。形聲俱泯，是則寂以主夫感，静以御乎動，顯微隱見通一無二是也。夫子於咸卦特地提出虚、寂二字以立感、應之本，而以『至神』贊之，蓋本卦之『止而説』以發其藴。二氏得之而絶念，吾儒得之以通感。毫釐千里之差，又是可見！」

先生曰：「公謂夫子於咸卦提出虚、寂二字以立感、應之本，本卦德之『止而悦』以發其藴，是矣。而謂：獨知是良知的萌芽，纔發便屬睹聞，要亦是半路修行的路頭，明察是行仁義而襲，非格物之功，致虚守寂方是不睹不聞之學，日用倫物之内別有一箇虚明不動之體以主宰之，而後明察之形聲俱泯。似於先師之旨或有所未盡契也。

「良知即所謂未發之中，原是不睹不聞，原是莫見莫顯。明物察倫，性體之覺由仁義行，覺之自然也。顯微隱見，通一無二，在舜所謂玄德。自然之覺即是虚，即是寂，即是無形無聲，即是虚明不動之體，即爲易之藴。致者致此而已，守者守此而已，視聽於無者視聽此而已，主宰者主宰此而已。止則感之專，悦則應之至，不離感應而常寂然。故曰：『觀其所感，而天地萬物之情可見矣。』

「今若以獨知爲發而屬於睹聞，别求一箇虚明不動之體以爲主宰，然後爲歸復之學，則其疑致知不足以盡聖學之藴，特未之明言耳。其曰二氏得之以絶念，吾儒得之以通感，恐亦非所以議上乘而語大成也。」

雙江子曰：「兄謂聖學只在幾上用功，有無之間是人心真體用，當下具足，是以見成作工夫看。夫寂然不動者，誠也；感而遂通者，神也。今不謂誠、神爲學問真工夫，而以有無之間爲人心真體用，不幾於舍筏求岸，能免汪洋之嘆乎！誠精而明，寂而疑於無也，而萬象森然已具，無而未嘗無也；神應而妙，感而疑於有也，而本體寂然不動，有而未嘗有也。即是爲有無之間，亦何不可？老子曰：『無無既無，湛然常寂。常寂常應，真常得性。常應常定，常清静矣。』則是以無爲有之幾，寂爲感之幾，非以寂感有無隱度其文，故令人不可致詰爲幾也。知幾之訓，通書得之易傳。子曰：『知幾其神乎！』幾者，動之微，吉之先見者也。即書之『動而未形，有無之間』之謂。易曰：『介如石焉，寧用終日。』斷可識矣。此夫子之斷案也。蓋六二以中正自守，其介如石，故能不溺於豫。上交不諂，下交不瀆，知幾也。盱豫之悔，諂也；冥貞之疾，瀆也。幾在介，而非以不諂不瀆爲幾也。易曰『憂悔吝者存乎介』，介，非寂然不動之誠乎？中庸曰『至誠如神』，又曰『誠則明』，言幾也。舍誠而求幾，失幾遠矣！內外先後、混逐忘助之病，當有能辨之者。」

先生曰：「周子云：『誠神幾，曰聖人。』良知者，自然之覺，微而顯，隱而見，所謂幾也。良知之實體爲誠，良知之妙用爲神。幾則通乎體、用，而寂感一貫。故曰有無之間者幾也。有與無，正指誠與神而言。此是千聖從入之中道，過之則墮於無，不及則滯於有，多少精義在！非謂以見成作工夫且隱度其文、令人不可致詰爲義也。豫之六二，以中正自守，不溺於豫，故能觸幾而應，不俟終日而吉。良知是未發之中，良知自能知幾，非良知之外別有介石以爲之守，而後幾可見也。大學所謂誠意，中庸所謂復性，皆以慎獨爲要，獨即幾也。」

雙江子曰：「克己復禮，三月不違，是顔子不遠于復，竭才之功也。復以自知，蓋言天德之剛，復全於我，而非群陰之所能亂，却是自家做主宰定。故曰自知，猶自主也。子貢多識億中爲學，誠與顔子相反。至領「一貫」之訓而聞性與天道，當亦有見于具足之體，要未可以易視之也。先師良知之教本於孟子。孟子言孩提之童不學不慮，知愛知敬，蓋言其中有物以主之，愛敬則主之所發也。今不從事於所主，以充滿乎本體之量，而欲坐享其不學不慮之成，難矣！」總評：總是不曾見得，故遂信不得。

先生曰：「顔子德性之知，與子貢之多學以億而中，學術同異，不得不辯，非因其有優劣而易視之也。先師良知之説仿於孟子不學不慮，乃天所爲，自然之良知也。惟其自然之良不待學慮，故愛親敬兄，觸機而發，神感神應。惟其觸機而發，神感神應，而後爲不學不慮自然之良也。自然之良即是愛敬之主，即是寂，即是虚，即是無聲無臭，天之所爲也。若更于其中有物以主之，欲從事于所主以充滿其本然之量，而不學不慮爲坐享之成，不幾于測度淵微之過乎？孟子曰：『凡有四端于我，知皆擴而充之，若火之始然，泉之始達。』天機所感，人力弗得而與，不聞于知之上復求有物以爲之主也。公平時篤信白沙子『靜中養出端倪』與『欛柄在手』之説，若舍了自然之良，别有所謂端倪、欛柄，非愚之所知也。吾人致知之學不能入微，未免攙入意見、知識，無以充其自然之良，則誠有所不免。若謂自然之良未足以盡學，復求有物以主之，且謂覺無未發，亦不可以寂言，將使人併其自然之覺而疑之，是謂矯枉之過，而復爲偏，不可以不察也。」

雙江子曰：「時人以夫子多學而識，知足以待問也，故凡問者必知焉。夫子不欲以知教人也，故曰『吾有知乎哉？無知也』。至于告人，則不敢不盡。『有鄙夫問於我，空空焉無所知，我必叩兩端而竭焉。』兩端之竭，非知之盡者不能，於是見夫子待物之洪、教人不倦之仁也。今謂良知之外别無知，疑于本文爲贅。而又以空爲道體，聖人與鄙夫無異，則鄙夫已具聖人體段，聖人告之，但與其空，如稱顔子之庶乎足矣，復何兩端之竭耶？心與耳目口鼻以空爲體，是也，但不知空空與虚寂何所别？」

先生曰：「空空原是道體。象山云『與有意見人説話最難入』，以其不空也。鄙夫之空與聖人同，故能叩其兩端而竭。蓋是非本心，人所固有，雖聖人亦增減他一毫不得。若有一毫意見填實，即不能叩而竭矣。心口耳目皆以空爲體，空空即是虚寂，此學脉也。」

雙江子曰：「良知是性體自然之覺，是也。故欲致知，當先養性。盍不觀易言蓍卦之神知乎？要聖人體易之功，則歸重於『洗心藏密』之一語。洗心藏密所以神明其德也，而後神明之用隨感而應。明天道，察民故，興神物以前民用，皆原於此。由是觀之，則致知格物之功當有所歸，『日可見之』云者，易言潛龍之學，務修德以成其身；德成自信，則不疑於所行，日可見於外也。『潛』之爲言也，非退藏於密之謂乎？知之善物也，受命如響，神應而妙，不待至之而自無不至。今曰格物是致知，日可見之行；隨在致此良知，周乎物而不過，是以推而行之爲致，〔一〕全屬人爲。終日與物作對，能免牽己而從之乎？其視性體自然之覺，何啻千里！兄謂覺無未發，亦不可以寂言，求覺於未發之前，不免於動、靜之分，入於茫昧支離而不自覺，云云，疑於先師之言又不類。師曰：『良知是未發之中、寂然大公的本體，便自能發而中節，便自能感而遂通。』感生於寂，和蘊于中，體用一原也。磨鏡、種樹之喻，歷歷可攷。而謂之茫昧支離，則所未解。動、靜之分，亦原

〔一〕「致」原作「政」，據丁賓本改。

於易。易曰『靜專動直』、『靜翕動闢』，周子曰『靜無而動有』，程子曰『動亦定，靜亦定』。周、程深於易者，一曰主靜，一曰主定。又曰：『不專一，則不能直遂；不翕聚，則不能發散，是以廣大生焉。』廣大之生，原於專翕，而直與闢則專翕之發也。必如此，而後可以言潛龍之學。愚夫愚婦之知，未動於意欲之時，與聖人同，是也。則夫致知之功，要在於意欲之不動，非以周乎物而不過之爲致也。『鏡懸於此而物自照，則所照者廣。若執鏡隨物以鑒其形，所照幾何？』延平此喻未爲無見。致知如磨鏡，格物如鏡之照。謬謂格物無工夫者，以此。」

先生曰：「欲致其知，在于格物。若曰當先養性，良知即是性體自然之覺，又孰從而先之耶？易言蓍之神、卦之知，神、知即是良知。良知者，心之靈也。洗心退藏於密，只是良知潔潔淨淨，無一塵之累。不論有事無事，常是湛然的，常是肅然的，是謂齋戒以神明其德。神知即是神明，非洗心藏密之後，而後有神知之用也。公云致知格物之功當有所歸，良知即是神明之德，即是寂，復將何所歸乎？格物者，大學到頭實下手處，故曰『致知在格物』。若曰格物無工夫，則大學爲贅詞，師門爲勦說。求之於心，實所未解。

「理，一而已。性則理之凝聚，心則凝聚之主宰，意則主宰之發動，知則其明覺之體，而物則應感之用也。天下無性外之理，豈復有性外之物乎？公見吾人爲格致之學者，認知識爲良知，不能入微，致其自然之覺，終日在應迹上執泥有象，安排湊泊，以求其是當，故苦口拈出虚寂話頭，以救學者之弊，固非欲求異於師門也。然因此遂斬然謂格物無工夫，雖以不肖『隨在致此良知，周乎物而不過』之説，亦以爲全屬人爲，終日與物作對，牽己而從之，恐亦不免於懲羹吹齏之過耳。

「寂是心之本體，不可以時言。時有動静，寂則無分於動静。濂溪云『無欲故静』，明道云『動亦定，静亦定』，先師云『定者心之本體』。動静所遇之時，静與定即寂也。良知如鏡之明，格物如鏡之照。鏡之在匣、在臺，可以言動静；鏡體之明無時不照，無分於在匣、在臺也。故吾儒格物之功無間於動静。故曰『必有事焉』，是動静皆有事。廣大之生原於專翕，專翕即寂也。直而闢，即是寂體之流行，非有二也。自然之知，即是未發之中。後儒認纔知即是已發，而别求未發之中，故謂之茫昧支離，非以寂感爲支離也。致知之功在意欲之不動，是矣。周乎物而不過，是性體之流行，便以爲意欲之動，恐亦求精之過也。」

雙江子曰：「仁是生理，亦是生氣，理與氣一也，但終當有別。告子曰『生之謂性』，亦是認氣爲性，而不知係於所養之善否。杞柳、湍水、食色之喻，亦以當下爲具足。勿求於心、勿求於氣之論，亦以不犯做手爲妙悟。孟子曰：『苟得其養，無物不長；苟失其養，無物不消。』是從學問上驗消長，非以天地見成之息，冒認爲己有而息之也。仁者與物同體，亦惟體仁者而後能與物同之。『馭氣攝靈』與『定息以接天地之根』諸説，恐是養生家所秘，與吾儒之息未可強同，而要以收斂爲主，則一而已。」

先生曰：「仁是生理，息即其生化之元，理與氣未嘗離也。人之息與天地之息，原是一體，相資而生。陰符有『三盜』之説，非故冒認爲己物而息之也。『馭氣攝靈』與『呼吸定息』之義，不可謂養生家之言而遂非之。方外私之以襲氣母，吾儒公之以資化元，但取用不同耳。公謂仁者與物同體，亦惟體仁者而後能與物同之，却是名言，不敢不深省也。」

雙江子曰：「息有二義，生滅之謂也。攻取之氣息，則湛一之氣復，此氣化升降之機，無與於學問也。予之所謂息者，蓋主得其所養，則氣命於性，配義與道，塞乎天地，生生之機也。傳曰：『虚者氣之府，寂者生之機。』今以虚寂爲禪定，謂非致知之旨，則異矣。佛氏以虚寂爲性，亦以覺爲性，又有皇覺、正覺、圓覺、明覺之異。佛學養覺而嗇於用，時儒用覺而失所養，此又是其大異處。」

先生曰：「性體自然之覺，不離倫物感應而機常生生。性定則息自定，所謂盡性以至于命也。虚寂原是性體，歸是歸藏之義。而以爲有所歸，與生生之機微若有待，故疑其入于禪定。佛家亦是二乘證果之學，非即以虚寂爲禪定也。『佛學養覺而嗇於用，時儒用覺而失所養』，末流之異則然，恐亦非所以别儒、佛之宗也。」

## 格物問答原旨答敬所王子

展誦來教，承示格物問答，拈出「無欲」二字爲聖學第一義，足知良工爲道苦心。此原是濂溪「主靜無欲」派頭，然即以「格物」訓作「無欲」，與先師格物宗旨似尚未契。請先發明師門格物之説，然後兄之云云可從而質也。

格物之物，是意之用處，無意則無物矣。後儒格物之説，未有是意，先有是物，必須用持敬工夫以成其始，及至反身而誠，又須用持敬工夫以成其終。大學將此用功要緊字義失下，待千百年後方纔拈出，多見其不自量也已！夫實心之謂誠，誠則一；一心之謂敬，一則誠，非兩事也。既説誠意，則不須復説持敬，而敬在其中矣。故曰「合之以敬而益綴」。大學誠意以下皆有傳，而不傳致知格物，非有缺也。誠意之好惡即是物，如好好色，如惡惡臭，即是格物。毋自欺也，不自欺其良知也。慎獨即是致知。慎獨工夫在好惡上用，是謂致知在格物。知是寂然之體，物是所感之用，意是寂感所乘之機。非即其物而格之，則無以致其知。致知格物者，誠意之功也。大學之要，誠意盡之矣。故曰「補之以傳而益離」。格物是聖門第一段公案。致知在格物，謂不離倫物感應以致其知也。「天生蒸民，有物有則。」良知是天然之則，物是倫物感應之實事。如有父子之物，斯有慈孝之則；有視聽之物，斯有聰明之則。倫物感應實事上循其天則之自然，則物得其理矣，是謂格物。

來教謂，諸生所問「惡外物且不可，況欲格而去之」，亦是善問。兄必欲以無欲證之，謂：「指惡外物之『物』，爲父母人倫亦在其中，非吾所謂專以爲物欲者也。無欲須於人倫事物上磨，豈可與惡外物之物同乎？」云云。是以一物爲兩解，反成纏繞。若如先師本旨，人倫事物之物，即惡外物之物，本非二義。在人倫事物上磨，格其不正以歸於正，正是無欲工夫。舜明於庶物之物，即是格物之物。謂之明者，致其良知而無所蔽也。兄徑以物字作欲字看，從古無此訓釋。易曰『乾，陽物也；坤，陰物也』，曰『復小而辨于物』，曰『言有物』，曰『精氣爲物』，記曰『以鄉三物教萬民』，中庸曰『誠者，物之終始』，曰『爲物不貳』，皆未嘗以物爲欲也。即如孟子所謂『物交物』語，意在引之然後爲欲，亦未嘗即以物訓欲也。即如顏子『非禮勿視勿聽』，視、聽，物也，非禮之視聽方謂之欲；勿視勿聽正是克己無欲功夫，亦非並視、聽爲欲而欲格去之也。克是修治之義。克己猶云修己，未可即以己爲欲。克己之己，即是『由己』之己，本非二義。兄援爲一章兩解之義，謂克己之己不礙由己之己，無欲之物不礙『本末』之物。夫己無二義，物無兩解，虛心善觀，本自明白。兄提得「無欲」話頭煞緊，隨處與他襯貼，故執見未肯盡捨耳。

## 與存齋徐子問答

存齋徐子曰：「公既高年，階明歲八十矣，今忽忽作别，恐後會難必，將遂虚度此生，何以見教？」

先生曰：「吾人年入桑榆暮，後來光景無多，隨身資糧，作何干辦？一念相應，即無生死。縱未能超，亦任之而已。公静中所得，幸一一見教，庶不辜此行也。」

徐子曰：「竊謂人之良知，無聖無凡，無古無今，但能存此，即隨身資糧具足，何勞更辦幹，亦何生死之不可超？佛家所謂常住法身者也。吾人年雖已入暮，然一息尚存，此志不宜少懈，請各於此加勉，何如？」上段總評：説得好聽，不知蹉了多少！

先生曰：「良知本來具足，本無生死，但吾人將意識承受，正是無始以來生死之本，不可不辨也。望我公密察，弗將魚目混珠，吾道之幸也！」上段總評：頂門一針。

徐子曰：「知與識，吾人誠未能明辨。但其病根却緣只以良知作談論，而不曾實致其知。譬如寠人不曾蓄有本珠，故遂以魚目爲珠耳。今請更爲後學發明致知工夫，何如？」

評：且顧自己，莫管後學。總評：又要責人去了。

先生曰：「良知無知，識則有分別。譬如明鏡照物，鏡體本無黑白，而黑白自辨，乃照之用也。以照爲明，奚啻千里！若直下認得無知本體，百凡應感，一照而皆真，方不落生死，不是識神用事。」總評：頂門一針。

徐子曰：「鏡體本瑩，故黑白自辨。若鏡爲塵垢所蔽，須用力刮磨，以復其本體。刮磨正是致知工夫。苟執非樹非臺之説，只懸空談能辨黑白，恐終無益。而即其談處，先已落想像推測，日汨没於識而不自知矣！」

先生曰：「致知正是去垢工夫，不落想像推測。若我公見教，誠後學通病，不可不深省。非樹非臺，不是説了便休，然須認得本來無物宗旨，自無塵埃可惹。終日行持，只復此無物之體。若此外加一毫幫補湊泊，終日勤勞，祇益虚妄而已。」總評：頂門又一針。

徐子曰：「我公見教：終日行持，只是復此無物之體。甚善，甚善！蓋工夫、本體原非二物，故無二用。若以工夫可無，則本體畢竟不可復。而當應用之時，不免求助於幫補湊泊矣。」

先生曰：「某所請教，不是謂工夫爲可無。良知不學不慮——終日學，只是復他不學之體；終日慮，只是復他不慮之體。無工夫中真工夫，非有所加也。工夫只求日減，不求日增。減得盡，便是聖人。後世學術正是添的勾當，所以終日勤勞，更益其病。果能一念惺惺，泠然自然，窮其用處，了不可得。此便是究竟語。」總評：又一針。

## 答五臺陸子問

萬曆庚辰春，先生遇五臺陸子於嘉禾舟中，謂曰：「八十老儂，生死一念，比舊較切。究明此學，共證交脩，同心之願也。」

陸子因舉：「大慧謂：『若要徑截理會，必須看箇趙州「狗子無佛性」話頭。得這一念子，啐地折，㘚地破，方了得生死，方名悟入。將妄想顛倒底心、思量分別底心、好生惡死底心、知見解會底心，一時按下，只以話頭爲拄杖。不得將心等悟，不得作道理會，不得向舉處承當，不得向擊石火、閃電光處會，不得向意根下卜度，不得向揚眉瞬目處躲根，不得向語路上作活計，不得向文字中引證，不得颺在無事甲裏；直得無所用心、心無所用時，無聊賴時，莫怕落空；能知得怕者是誰，心頭熱慌慌轉覺迷悶，到這裏却是好消息，不得放歇。提撕來提撕去，忽然囮地一聲，便〔一〕見倒斷也。』此是大慧老婆心切，拖泥帶水，破生死之利刀。舍此更無可用力處。」

先生曰：「予舊曾以持話頭公案質於先師，謂此是古人不得已權法。釋迦主持世教無此法門，只教人在般若上留心。般若，所謂智慧也。嗣後，傳教者將此事作道理知解理會，漸成義學。及達磨入中國，不立文字，直指人心，見性成佛，從前義學，盡與刊下。傳至六祖以後，失其源流，復成義學。宗師復立持話頭公案，頓在八識田中，如嚼鐵酸餡，無義路可尋討，無知解可湊泊，使之認取本來面目，圓滿本覺真心。因病施藥，未嘗有實法與人。善學者可以自悟矣。」

先生因扣陸子：「看話頭與致良知公案，是同是別？」

〔一〕「便」原作「更」，據蕭本改。

陸子曰：「若要了生死，必須看話頭。若只守定致良知，再得八九十年也了不得。」上句評曰：也是個狠人！

先生曰：「此盡言苦心也。今將先師『知』之一字作趙州無字話頭，日用應酧，時時不昧此一點靈明，不作知解想，不作道理會，亦不從知上躲根，亦不作玄妙領略，此便是了了常知宗派否？」

陸子曰：「公舍不得致良知，四五十年精神流注在此，已有師承，且了世間法，幹經世事業。若要了生死出世間事，必須看話頭，方是大超脱勾當。二者不相和會，君請擇於斯二者。」上段總評：一發狠了！

先生曰：「世出世法，本非兩事，在人自信自悟，亦非和會使之一也。若教誨我致良知功夫欠誠一真切，未免落知解，涉義路，未能脱得凡心，尚以分別爲知，未曾復得無知本性，不敢不自力。若要舍致良知，另看箇無字話頭，真是信不及。且持話頭只爲要見般若本覺真心，良知即是智慧，無有二法。若教舍了良知，所持又何事耶？」

陸子因請問致良知功夫。

先生默然，良久曰：「子信得良知未深，不曾在一念入微切己理會，故以爲有二法。且子自信看話頭，果得專精綿密，無滲漏否？今年已六十，亦該着緊時候。可得時刻堅持，打成一片，精神融結，無間斷否？一切凡心習氣之萌，能以無事話頭頓放在何處？若以爲功夫未熟，還須從根上究竟光明種子，以求全體超脱，未可專以熟不熟爲解也。金剛、楞嚴有四相，有四病：妄認四大爲我相，離我視他爲人相，所憎爲衆生相，所愛爲壽者相；有作、有止、有任、有滅，爲四病。四相不出人我愛憎，四病不出有爲能所。凡動氣時皆是我相未忘，未離四病。學道人未了公案，古云打破虚空爲了當，不可以不深省也。先師「良知」兩字，是從萬死一生中提掇出來，誠千聖秘密藏，善學者自得之可也。」

陸子曰：「宋之儒者莫過於濂溪、明道，只在人天之間，亦未出得三界。欲界爲初禪，色界爲二禪，無色界爲三禪。雖至非非想天，尚住無色界内。四禪始爲無欲阿羅漢，始出三界，天人不足言也。」

先生曰：「此事非難非易，三界亦是假名，總歸一念。心忘念慮，即超欲界；心忘境緣，即超色界；心不着空，即超無色界。出此則爲佛乘本覺妙明，無俟於持而後得也。

先師謂：『吾儒與佛學不同只毫髮間，不可相混。』子亦謂儒、佛之學不同，不可相混。其言雖似，其旨則別。蓋師門歸重在儒，子意歸重在佛。儒、佛如太虛，太虛中豈容説輕説重，自生分別？子既爲儒，還須祖述虞、周，效法孔、顏，共究良知宗旨，以篤父子，以嚴君臣，以親萬民，普濟天下，紹隆千聖之正傳。儒學明，佛學益有所證，將此身心報佛恩。道固並行，不相悖也。」

# 卷之四　語録

## 南遊會紀

萬曆癸酉，冏卿漸菴李子、五臺陸子緘詞具舟，迎先生爲南滁之會。先生乃以秋杪發錢塘，達京口。適冢宰元洲張子北上，泊舟江壖，過訪舟中，云：「嘉靖丁亥，陽明先師赴兩廣，至省拜謁，與聞良知之訓，教人立必爲聖人之志，親師取善，讀書講學以輔成之，何等明快切實！」先生因以從祀之議屬之贊成。張子曰，此事出於天下公論，當贊決題覆，且云：「留都行時，有一卿長以兩事見教：一止奔競，一抑僞學。瀚謂奔競本須抑，只如不肖散部遠臣，聖朝一時誤用，豈奔競所能及？若僞學，是何等名號？宋事可鑒！但當虚心以賢、不肖定人品，若欲以是概之，是欲抑而反揚，非所以自愛也。」

翼日走全椒，訪南玄戚子之廬，諸友數十人迎會於南譙書院。先生舉戚子嘗有「一念超三界」之説：「『一念不涉塵勞即超欲界，一念不滯法象即超色界，一念不住玄解即超無色界。』上句評曰：好，好！與大衆相别多年，所作何務？念念與塵勞作伴侣，欲界且不能超，况色界與無色界乎？」衆中聞之愓然。

兩峰孟子問大丹之要。先生曰：「此事全是無中生有，一毫渣滓之物用不着。譬之蜣螂轉丸，丸中空處一點虚白，乃是蜣螂精神會聚所成，但假糞丸爲之地耳。虚白成形而蜣螂化去，心死神活，所謂脱胎也。此是無中生有之玄機，先天心法也。上句評曰：好。養生家不達機竅，只去後天渣滓上造化，可爲愚矣。」

或問先生曰：「佛、老之學有體而無用，申、韓之學有用而無體，聖人之學體用兼全，何如？」先生曰：「此説似是而非。佛、老自有佛、老之體用，申、韓自有申、韓之體用，聖人自有聖人之體用。天下未有無用之體、無體之用，故曰體用一原。」

或問：「白沙教人靜中養出端倪，何如？」先生曰：「端即善端之端，倪即天倪之倪，人人所自有，然非靜養則不可見。宇泰定而天光發，此端倪即所謂欛柄，方可循守。不然，未免茫蕩無歸。不如直指良知真頭面，尤見端的。無動無靜，無時不得其養，一點靈明照徹上下，不至使人認光景意象作活計也。」

或問：「『行不著，習不察』，舊説『著』是知其所當然，『察』是識其所以然。何如？」先生曰：「此後世之學，專在知識上求了。著是中庸形著之著，察是中庸察乎天地之察，乃身心真實受用。終身由之，不知其道，即百姓日用而不知也。若只在知識尋求，於身心有何交涉？」

友人述：上蔡講一部論語證以師冕一章之義，請問。先生曰：「一部論語爲未悟者説，所謂相師之道也。上句評曰：相師，好，好，好！故曰及階、及席、某在斯、某在斯，一一指向他説。若爲明眼人説，即成剩語，非立教之旨矣。」

先生曰：「千聖同堂而坐，其議論作爲必不能盡同。若其立命安身之處，則有不容毫髮差者。

或曰：「人議陽明之學亦從葱嶺借路過來，是否？」先生曰：「非也。非惟吾儒不借禪家之路，禪家亦不借禪家之路。上句評曰：妙，妙！昔香嚴童子問潙山西來意，潙山曰：『我説是我的，不干汝事。』終不加答。後因擊竹證悟，始禮謝禪師：『當時若與説破，豈有今日？』故曰：『丈夫自有沖天志，不向如來行處行。』豈惟吾儒不借禪家之路？今日良知之説，人孰不聞？却須自悟，始爲自得。自得者，得自本心，非得之言也。聖人先得我心之同然，印證而已。若從言句承領，門外之寶，終非自己家珎。人心本來虛寂，原是入聖真路頭。虛寂之旨，羲、黄、姬、孔相傳之學脉，儒得之以爲儒，禪得之以爲禪，固非有所借而慕，亦非有所托而逃也。上句評曰：又説三教一樣。

五臺陸子問二氏之學。先生曰：「二氏之學與吾儒異，然與吾儒並傳而不廢，蓋亦有道在焉。均是心也，佛氏從父母交媾時提出，故曰『父母未生前』，曰『一絲不掛』，而其事曰『明心見性』。道家從出胎時提出，故曰『囫地一聲，泰山失足』，『一靈真性既立，而胎息已忘』，而其事曰『修心煉性』。吾儒却從孩提時提出，故曰『孩提知愛知敬』、『不學不慮』，曰『大人不失其赤子之心』，而其事曰「存心養性」。夫以未生時看心，是佛氏頓超還虛之學；以出胎時看心，是道家煉精氣神以求還虛之學；「良知」兩字，範圍三教之宗。良知之凝聚爲精，流行爲氣，妙用爲神，無三可住；良知即虛，無一可還，此所以爲聖人之學。若以未生時兼不得出胎，以出胎時兼不得孩提，孩提舉其全。天地萬物，經綸參贊，舉而措之。而二氏之所拈出者，未嘗不兼焉。皆未免於臆説，或強合而同，或排斥而異，皆非論於三教也。」總評：又説三教一樣。

或問先天、後天之旨。先生曰：「先天之學，天機也。邵子得先天而後立象數，而後世以象數爲先天之學者，非也。莊子曰於庖丁得養生焉。夫目無全牛，非脉理衆解之謂也，故曰『官知止而神欲行』。大約謂知天機者，見在物先。猶言見天地萬物變化生死之關鍵在吾目中，猶庖丁見牛脉理之明也。故曰邵子竊弄造化。『一陰一陽之謂道』，沖漠無朕之初也；『繼之者善』，先天流行之氣也；『成之者性』，則人、物受之以生，後天保合居方之質也。然雖各一其性，而所謂道與善者，未嘗不具于其中，非後天之外別有先天也。道即陰陽沖和之本體，繼善則其生生不息之真機。聖人説造化，只從人身取證，故曰『近取諸身』，非空説造化也。孟子性善之論，蓋本諸此。人能知性善而完復於道，則聖可幾矣。顧中人以識取之，衆生以欲渾之。以識取之，則仁者見之謂之仁，知者見之謂之知；以欲渾之，則百姓日用而不知。故曰：『君子之道鮮矣。』」

陸子舉佛經「地水火風，四大假合而生，四大分離而死」，請問。先生曰：「不待生死界頭始知，即見在一念便可證取。世人妄認四大爲身，故有生死相。一念偪塞便是地來礙，一念流浪便是水來浸，一念躁妄便是火來焚，一念掉舉便是風來飄。若一念明定，不震不驚，當下超脱，不爲四大所拘管，本無離合，寧有死生之期？方不負大丈夫爲此一大事出世一番也。」上段評曰：善説佛法。

或問老氏「三寶」之説。先生曰：「此原是吾儒大易之旨，但稱名不同耳。慈者，仁也，與物同體也；儉者，嗇也，凝聚保合也；不敢爲天下先者，謙沖禮卑也。慈是元之亨，儉是利貞之性情，無爲之先是用九之無首。故曰老子得易之體。」

洞山尹子舉：「陽明夫子語莊渠『心常動』之説，有諸？」先生曰：「然。莊渠爲嶺南學憲時過贛，先師問：『子才，如何是本心？』莊渠云：『心是常靜的。』先師曰：『我道心是常動的。』莊渠遂拂衣而行。末年，予與荆川請教於莊渠，莊渠首舉前語，悔當時不及再問，因究其説。予曰：『是雖有矯而然，其實心體亦原是如此。天常運而不息，心常活而不死，動即活動之義，非以時言也。』因請問『心常靜』之説，莊渠曰：『聖學全在主靜。前念已往，後念未生，見念空寂。既不執持，亦不茫昧，靜中光景也。』又曰：『學有天根，有天機。天根所以立本，天機所以研慮。』予因請問：『天根與邵子同否？』莊渠曰：『亦是此意。』予謂：『邵子以一陽初動爲天根，天根即天機也。天根、天機不可並舉而言。若如此分疏，亦是靜存動察之遺意。悟得時，謂心是常靜亦可，謂心是常動亦可；謂之天根亦可，謂之天機亦可。心無動靜，動靜，所遇之時也。』」

或問：「所論致知格物之義，尚信未及。」先生曰：「有諸己方謂之信。子試驗看，日逐應感，視聽喜怒，那些不是良知覺照所在？良知即天，良知即帝。顧天之命者，顧此也；順帝之則者，順此也。人生一世，只有這件事。得此欛柄入手，方能獨往獨來，自作主宰，不隨人悲笑，方是大豪傑作用也。」

謝子問「未發」之旨。先生曰：「此是千聖秘密藏，不以時言。在虞廷謂之道心之微，不與已發相對。微是心之本體，聖人不能使之著，天地亦不能使之著，所謂無聲無臭是也。若曰微者著，即落聲臭，非天載之神矣。吾人之學，須時時從此緝熙保任，方是端本澄源之學，勃然沛然，自不容已。若只從意識見解領會，轉眼還迷，非一得永得也。」

李子問顏子「屢空」之義。先生曰：「古人之學，只求日減，不求日增。減得盡，便是聖人。一點虚明，空洞無物，故能備萬物之用。聖人常空，顏子知得減擔法，故『庶乎屢空』。子貢、子張諸人便是增了。顏子在陋巷，終日如愚，説者謂與禹、稷同道。吾人欲學顏子，須盡舍舊見，將從前種種閙嚷伎倆盡情拋捨，學他如愚，默默在心地上盤桓，始有用力處。故曰『爲道日損』。若只在知識聞見上拈弄，便非善學。」問曰：「然則廢學與聞見方可以入聖乎？」先生曰：「何可廢也！須有箇主腦。古今事變無窮，得了主腦，隨處是學。多識前言往行，所以畜德，畜德便是致良知。舜聞善言，見善行，沛然若決江河，是他心地光明，圓融洞徹，觸處無礙。所以謂之大知，不是靠聞見幫補些子。此千聖學脉也。」

## 華陽明倫堂會語

句曲邑令丁子禮原請於陽山宋子，迎先生至，集諸生百數十人，大會於明倫堂。宋子目諸生曰：「求經師易，求心師難。今日之會，亦非偶然。學而後有問，諸生不能問，知未嘗學也。」因相繼以請，紀其答問如左云。

先生曰：「五教之敷，肇於虞廷。人生在世，上下則爲君臣父子，左右則爲長幼朋友，内外則爲夫婦，未嘗一日不與人交接，不能逃諸虛空。在父子則有親，在君臣則有義，在夫婦長幼朋友則有序、别、信，是爲五品人倫，天下之達道，不可須臾離也。三代之學，皆所以明人倫。上以此爲教，下以此爲學，而無有外物之遷、多歧之惑，所以人人親其親，長其長，而天下自平也。教弛學絶，民不興行，雖以「明倫」名堂，學者遷於外物，惑於多歧，惟務於記誦詞章之習，以梯進取，媒利禄，名與實相悖而馳，漫然以爲學止此矣，而不復知有明倫之事、心性之求。間有以心性之説招之來歸者，鬨然指爲異學，將落吾事。若是而求風俗之美，追隆三代，不可得也。所幸良知在人，千古一日，父兄愛敬，由於所性之固有，聞吾「明倫」之説，將有憬然而悔，翻然而悟，沛然若決江河而莫之禦者矣！」

諸生請問「知行合一」之旨。先生曰：「天下只有箇知，不行不足謂之知。知行有本體，有功夫。如眼見得是知，然已是見了，即是行；耳聞得是知，然已是聞了，即是行。要之，只此一箇知，已自盡了。孟子說：『孩提之童無不知愛其親，及其長也，無不知敬其兄。』止曰知而已。知便能了，更不消說能愛能敬。本體原是合一。陽明先師因後儒分知行爲兩事，不得已說箇合一。知非見解之謂，行非履蹈之謂，只從一念上取證。『知之真切篤實即是行，行之明覺精察即是知。』知行兩字，皆指工夫而言，亦原是合一的，非故爲立說以強人之信也。」

或問：「不學不慮之知，只可在孩提赤子時說，成人以後，有許多紛紜酧酢合幹的事，如何能得不學不慮？」先生曰：「此正是入聖脉路。學是學甚麼？慮是慮甚麼？學者，復得他不學之體而已；慮者，復得他不慮之體而已。故曰：『殊途而同歸，百慮而一致。』直至不思而得，不勉而中，亦只是不失此赤子之初心而已。譬之種樹，雖至於參天合抱，亦只是不失他最初些子萌蘖之生，非能有加於毫末也。」

或問孔子答季路知生知死之說。先生曰：「此已一句道盡。吾人從生至死，只有此一點靈明本心爲之主宰。知生即知死。一點靈明與太虛同體，萬劫常存，本未嘗有生，本未嘗有死也。」

或問：「進德居業，先儒分心與事作兩項解，何如？」先生曰：「只是一事。此一段文言，便是一部大學宗要。君子乾乾，不息於誠，天德也。乾乾只是箇忠信之心，忠信所以達天德也。德不可以懸空去進，必有業次，以爲之居。吾人終身功夫，只是言、行。言是行之尤顯者，當下可見。修省言辭，所以立己之誠意，正是進德之業次；如要進場，即文字便是進場之業次，非有二也。此是正心誠意之事。然誠與不誠，只在一念良知上辨別。知至是良知，至之即是致良知。從一念入微處用力，故曰『可與幾也』。良知貫徹始終，終之是致知功夫不息，義是幾之安處。功夫不息，則時時不息其幾。故曰『可以存義也』。在上居下，不驕不憂，是與天地國家相感應。乾乾，時惕之學也。」

宋子命坐中諸生誦牛山之木一章，誦畢，請曰：「夜氣之義何如？」先生曰：「此是爲喪其良心者提出箇生機與人看。息是入聖路頭，如牛山萌蘖之生也。平旦虛明之氣，好惡與人相近，便是是非本心。養者，養此虛明之體，不爲旦晝所牿亡也。所養之得失，係於所操之存亡。操存，正是養心之法。操是操練、操習之操，非把持執定之謂。人心虛明湛然，其體原是活潑，豈容執得定？惟隨時練習，變動周流，或順或逆，或縱或横，隨其所爲，還他活潑之體，不爲諸境所碍，斯謂之存。若不知練習，牿於旦晝之所爲，斯謂之亡。譬之操舟，中流自在，原是舟之活體。善操者得此柁柄入手，游移前却，隨波上下，順逆縱横，自無所礙。若執定柁柄不能前却，舟便不活。『出入無時，莫知其鄉』，正指活潑之體。神用無方，以示操心之的，非以入爲存、出爲亡也。」

或問「志伊學顔」之義。先生曰：「士之處世，所重全在立志，遇與不遇，非所論也。伊尹只是箇莘野耕叟，便以天下爲己任。匹夫匹婦有不被堯、舜之澤，若己推而納諸溝中一般，何異狂語？蓋其萬物一體之心，原切於膚，不容自已。使其終身不遇，亦是窮困的阿衡；其聘而得遇，亦只是箇榮達的耕叟，非有加損也。吾人若無此志，到底只成自了漢，謂之小家當，非大人之學也。既有此志，必須學以充之。顔子一生好學，只有『不遷怒，不貳過』六箇字，此是孔門第一等學術。遷與止相對，貳與一相對，顔子之心常止，故能不遷；常一，故能不貳，所謂未發之中也。若如後儒所解，原憲以下諸人皆能之，何以謂之絶學？」

先生曰：「天之生才，中人爲多，上智、下愚，間可數也。方諸易道，上智爲吉，下愚爲凶，中人爲悔吝。上智下愚不可移，中人者，悔吝之機，可以趨吉，可以向凶。古人立教，皆爲中人而設。吾人今日之學，若欲讀盡天下之書，格盡天下之物，而後可以入道，則誠有所不能。苟只求諸一念之微，向裏尋究，一念自反，即得本心；吉凶趨避，可以立決。人人可學而至，但患無其志耳。先師云：『下愚不移，不是不可移，只是不肯移。』不肯移，只是無志。果能此道，雖愚必明，雖柔必強，況中才之士乎！」

## 新安斗山書院會語

新安舊有六邑大會，每歲春秋，以一邑爲主，五邑同志士友從而就之。乙亥秋，先生由華陽達新安，郡守全吾蕭子出迎，曰：「先生高年，得無輿馬之勞乎？郡中士友相望久矣！」乃灑掃斗山書院，聚同志大會於法堂，凡十日而解。蕭子曰：「古云：『一日暴之，十日寒之，未有能生者也。』吾師去此數年，今始辱臨，豈徒十日之寒而已乎？若是而求萌蘖之暢茂條達，不可得也。」上段評曰：好。

蕭子首舉大學請問，以爲大學一書所重只在「好惡」兩字。先生曰：「然。好惡只在致良知。『是非之心，人皆有之』，所謂良知也。『毋自欺』者，不欺此良知而已。『如好好色，如惡惡臭』，求以自慊，意之誠也。好惡無所作，不使有所忿懥、有所好樂，心之正也。無作則無僻矣，身之修也。好惡公於家，好而知惡，惡而知美，家之齊也。好民所好，惡民所惡，不至拂民之性，國治而天下平也。」或問：「只致良知可得平天下否？」先生曰：「此本易見，世人但玩而不自覺耳。『所惡於上』，謂之良知；『毋以使下』，即是致知。『所惡於下』，謂之良知；『毋以事上』，即是致知。上二句評：妙。前後左右皆然。上下四旁均齊方正，此之謂絜矩之道。矩，即所謂良知也。」

或問操存之義。先生曰：「心之得養與否，係於所操之存亡，操心正是養之之法。操非執定之謂，乃操練之操也。人心湛然虛明，其體原是活潑，如何執得定？惟在隨時操練，復還活潑之體，不爲旦晝所梏，斯謂之存。反是，則謂之亡。昨在華陽與諸生論及，曾以操舟爲喻，今復請以操兵爲喻。動於九天之上，藏於九地之下，微乎微乎，至於無形；神乎神乎，至於無聲，故能爲敵之司命。此操兵之法也。上句評曰：好。『出入無時，莫知其鄉』，正是活潑之體。神變無方，以示操心之的，故曰『惟心之謂與』。非以操爲入、舍爲出也。『變動不居，周流六虚。』若執定則爲典要，不可以適變矣。」

或問致虚之義。先生曰：「心爲神之所居，正以有那虚竅子。譬如雞卵中必有一點虚處，乃其生化之機。不虚，則不能生矣。致虚雖是養生家修命之術，聖學亦不外此，所謂密機也。」

或問：「易之爲義，宋儒解爲『隨時變易以從道』，何如？」先生曰：「此只道得一半。日月爲易，一剛一柔，日秉陽精而明於晝，月秉陰精而明於夜。日月有精明之體，而後有隨時變易之用。希微玄虚，不可以形求。故曰『易無體』，所謂先天也。日月得天而能久照，剛柔所以立本也，通變所以趨時也。易即是道，謂之曰從，猶二之也。範圍曲成，通乎晝夜之道而知者，良知也。」

蕭子問夫子「與點」之意。先生曰：「天下事，不喫人執定做得，必須淡然超然，若一毫無意於天下之事者，方能了得。深山之寳，得於無心；赤水之珠，索於罔象。故運甓者在甕外，以無用爲用也。三子皆欲得國而治，未免執定做去。曾點却似箇没要緊的人，當三子言志時，且去鼓瑟，眼若無人。及至夫子問他，却舍瑟而對，説出一番無意味話：時值暮春，春服始成，三三兩兩，浴沂雩詠。旁批：樂。其日用之常，一毫無所顧忌，狂態宛然。若是伊川見之，必在所擯斥。夫子反喟然嘆而與之，何異説夢？觀其應用之迹，未嘗有意爲三子，而三子規模隱然具於其中，且將超於政教禮樂之外。春服熙熙，即唐虞垂衣之治；童冠追隨，即百僚師讓之化；舞雩風詠，即明良賡歌之氣象。易地皆然。此千古經綸手段，所謂以無用爲用也。孟軻氏云：『天未欲平治天下。如欲平治天下，舍我其誰？』此其願學之志也。自聖學亡，此意不傳。漢、唐、宋許多豪傑，只了當得三子所欲爲，尚未彀手。明道再見茂叔，吟風弄月以歸，庶幾近之。當時君臣方且秉執周禮，毅然欲有所爲，雖知其賢而不能用。且天靳其年，不及需於大行，所謂世與道交喪也。」

或問生死輪廻有無之説。先生曰：「此是神怪之事，夫子所不語。力與亂分明是有，怪與神豈得謂無？但君子道其常，此等事恐惑人，故不以語耳。大衆中尤非所宜問，亦非所當答。」諸友請叩不已，先生曰：「人之有生死輪廻，念與識爲之祟也。念有往來。

念者，二心之用，或之善，或之惡。往來不常，便是輪廻種子。識有分別。識者，發智之神，倏而起，倏而滅，起滅不停，便是生死根因。此是古今之通理，亦便是見在之實事。儒者以爲異端之學，諱而不言，亦見其惑也已！夫念根於心。至人無心則念息，自無輪廻；識變爲知，至人無知則識空，自無生死。爲凡夫言，謂之有，可也；爲至人言，謂之無，可也。道有便有，道無便無，有無相生，以應於無窮。非知道者，何足以語此？」

或問：「『磨而不磷，涅而不緇』，先儒解爲堅白不足，自試於磨涅，何如？」先生曰：「天下之堅莫如玉，天下之白莫如雪，未有不可得而緇磷者。以其有形有色，故不能免於污壞，所謂器也。夫子是從無處安身立命，心同太虛，超乎形色之外，故不可得而磷，不可得而緇，所謂不器也。故曰：『吾豈匏瓜也哉！』其旨微矣。當時三家以大夫而叛諸侯，佛肸以陪臣而叛大夫，其稱名借號，欲將國命挈而歸之公室，亦倡義之舉也。孔子欲往，亦隳三都之意。此是夫子反正之微權。知其勢不可行，故卒不往，豈門弟子之所能識也？」

或問：「『灑掃應對，便是精義入神』，於義何居？」先生曰：「此一點靈明，所謂天之性也，率此則謂之道，修此則謂之教，灑掃應對是其致用之時也。時遇灑掃，不疾不徐；時遇應對，不阿不激。循其則而不過，是爲制事之義，宰物之神，皆靈明之妙應也。此易簡直截根源。譬之空谷之聲，自無生有，一呼即應，一應即止，前無所來，後無所住。無古今，無内外，炯然獨存。萬化自此而出。天以之清，地以之寧，日月以之明，鬼神以之幽，山川草木以之流峙、開落，唐虞以之爲揖讓，湯武以之爲征誅。大之爲仕止進退，小之爲食息動靜；仁人之所憂，智士之所營；百姓之所與能，盡此矣。所謂一點靈明者，良知也；精義入神者，致其良知之用也。外良知而知，謂之鑿；舍致知而學，謂之蕩，其機存乎一念之微。聖、狂之分，罔與克之間而已。是爲虞廷精一之傳、孔門退藏之旨，千聖之學脉也。譬之眼際之毫，只緣太近，所以不見，可謂至微而顯者矣。」

## 龍南山居會語

定宇鄧子將北上，渡錢塘，訪先生于會稽，會宿龍南小居。陽和張子、康洲羅子與焉。中夜，鄧子擁衾問曰：「良知渾然虚明，無知而無不知。知是知非者，良知自然之用，亦是權法。執以是非爲知，失其本矣。」

先生曰：「然哉！是非亦是分别相。良知本無知，不起分别之意，方是真是真非。譬之明鏡之鑒物，鏡體本虚，物之妍媸，鑒而不納，過而不留，乃其所照之影。以照爲明，奚啻千里！孟氏云：『是非之心，知之端也。』端即是發用之機。其云性善，乃其渾然真體，本無分别，見此方謂之見性。此師門宗旨也。」上段評曰：好。

曰：「學貴自信自立，不是倚傍世界做得的。天也不做他，地也不做他，聖人也不做他，求自得而已。」

先生笑曰：「如此狂言，從何處得來！儒者之學，崇效天，卑法地，中師聖人，已是世界豪傑作用。今三者都不做他，從何處安身立命？自得之學，居安則動不危，資深則機不露，左右逢源則應不窮。超乎天地之外，立於千聖之表，此是出世間大豪傑作用。如此方是享用大世界，方不落小家相，子可謂見其大矣。上段評曰：好。達者信之，衆人疑焉。夫天積氣耳，地積形耳，千聖過影耳，氣有時而散，形有時而消，影有時而滅，皆若未究其義。予所信者，此心一念之靈明耳。一念靈明，從混沌立根基，專而直，翕而闢，從此生天生地，生人生萬物，是謂大生廣生，生生而未嘗息也。乾坤動靜，神智往來，天地有盡而我無盡，聖人有爲而我無爲。冥權密運，不尸其功；混迹埋光，有而若無。與民同其吉凶，與世同其好惡，若無以異於人者。我尚不知我，何有於天地，何有於聖人？外示塵勞，心遊邃古，一以爲龍，一以爲蛇，此世出世法也。非子之狂言，無以發予之狂見。只此已成大漏泄，若言之不已，更滋衆人之疑，默成之可也。」

鄧子復叩曰：「康洲、陽和二子曾見此意否？曾得破除世界否？」

先生曰：「康洲溫而栗，陽和毅而暢；康洲如金玉，陽和如高山大川。但得循守隨身規矩，以天地爲法，以聖人爲師，時時不忘此念，便是世間豪傑作用。久久行持，水到渠成，自當有破除處，不須速説。」

質明，復相與爲蘭亭之遊，尋永和流觴故事，瞻拜陽明夫子墓，所以慰生平願慕之懷。

鄧子復謂先生曰：「孔門惟顔子爲好學，止曰『不遷怒，不貳過』，其義何所當也？」

先生曰：「顔子之學，只在理會性情。遷與止對，貳與一對。顔子心常止，怒即旋釋，故能不遷，猶無怒也；心常一，過即旋改，故能不貳，猶無過也。先師謂，有未發之中始能若此〔二〕。後儒訓解，閔、憲以下皆能之，何以謂之絶學？」鄧子憮然曰：「如此方見古人之學，所以孔門注意如此之深，以爲『今也則亡。未聞好學者也』。」

次日，解維而别。先生貽之書曰：「連日面承教議，知静中所得甚深，所見甚大，然未免尚從見上轉換。此件事不是説了便休，須時時有用力處，時時有過可改，消除習氣，抵於光明，方是緝熙之學。此學無小無大，無内無外。言語威儀，所以凝道。密窺吾兄感應行持，尚涉做作，有疏漏。若是見性之人，真性流行，隨處平滿，天機常活，無有剩欠，自無安排，方爲自信也。」

## 白雲山房問答

白溪王子偕諸友饌先生於白雲山房。先生曰：「予念諸友相與之情，不欲虚辱。古人

〔二〕「此」脱，據蕭本補。

於旅也語，况同志之會，可徒飲食相徵逐而已乎？古人立教，憤而後啓，悱而後發，迎其機也。機未動而語之，謂之強聒。君子五教，答問居一焉。辟如醫之治病，必須病者先述病原，知其標本所在，藥始中病，不爲徒發。望氣切脉，終不若自言之真也。」

衆中因請問曰：「嘗聞之，爲學只在理會性情，請問理會性情之方。」

先生曰：「此切問也。人生在世，雖萬變不齊，所以應之，不出喜怒哀樂四者。人之喜怒哀樂，如天之四時，溫涼寒熱，無有停機。樂是心之本體，順之則喜，逆之則怒，失之則哀，得之則樂。和者，樂之所由生也。古人謂哀亦是和，不傷生，不滅性，便是哀情之中節也。」

諸友復請曰：「程門上蔡十年去得一『矜』字，明道歎其善學。今覺性情不得中和，只是傲。傲生於客氣。傲，矜之别名也。敢問去傲之方。」

先生曰：「此尤切問也。傲，凶德。纔傲，意氣便驕，聲色便厲，自處便高，視人便下，惟恐一毫喫虧受侮。丹朱與象之不肖，只是傲字結果一生。傲之反爲謙。謙，德之柄也。處於君臣、父子、兄弟、朋友之間，惟知自反盡分，先意順承。忠信孝友，未嘗有一毫憤戾之態。謙之六爻無凶德，内止而外順也。客氣與主氣相對。譬如今日諸君作主，百凡自爲貶損。酒清，雖渴而不敢飲；肴豐，雖饑而不敢食；處於下位，而不以爲屈；終日百拜，而不以爲勞，盡爲主之道也。若是爲客，未免易生彼我較計之心，氣便易盈，志便易肆，便有許多責辦人處。若常能爲主而不爲客，志氣自然和平，視人猶己，計較無從而生，不期謙而自謙矣。」

諸友復請曰：「吾人見事舉業，得失營營，未免爲累，不能專志於學，將奈何？」

先生曰：「是非舉業能累人，人自累於舉業耳。舉業、德業，原非兩事。意之所用爲物，物即事也。舉業之事，不過讀書作文。於讀書也，口誦心惟，究取言外之旨，而不以記誦爲尚；於作文也，修辭達意，直書胸中之見，而不以靡麗爲工。隨所事以精所學，未嘗有一毫得失介乎其中，所謂格物也。其於舉業不惟無妨，且爲有助；不惟有助，即舉業爲德業，不離日用而證聖功，合一之道也。讀書譬如食味，得其精華而汰其滓穢，始能養生。若積而不化，謂之食痞。作文譬如傳信，書其實履而略其游談，始能稽遠。若浮而不切，謂之綺語，所謂無益而反害也，君子不貴也。」

諸友復請曰：「吾人處世，未免身家之累，思前慮後，有許多未了勾當，未免累心，奈何？」

先生笑曰：「此亦切問也。何不以不了了之？若知了心之法，隨身有無，隨家豐儉，安分量力，以見在日履，隨緣順應，有餘還有餘，不足還不足，一毫不起非望之想、分外之求。能了心，則身家之事一時俱了。若不能於了處了，只在身家事上討求完全稱意，日出事生，終身更無了期。天不滿西北，地不滿東南，日尚有昃，月尚有虧，造物且然，吾人苦苦要求滿足，亦見其惑矣。夫理會性情，是保攝元氣之道，消客氣是袪邪之術，習舉業是應緣之法，隨分了心是息機養靜之方，皆助道法門也。區區賴師友之訓，志存尚友，頗知在性情上用功夫。竊見未發之旨，心氣稍稍和平。與人相接，惟見人好處，未嘗見人短處。見人之善，若己有之，惟恐其不得爲君子；見人之不善，若己浼之，惟恐其陷於小人。凡人以非禮相加，只知自反，常見己過，不敢以勝心浮氣加於人。雖惡人以暴横相臨，亦惟自反，必有所致之由，不敢作惡於人。見在料理身家，種種缺陷，皆作意安，常覺平滿，無有不足。消息盈虛，時乃天道，默窺造化貞勝之機，惟在虛以待之而已。諸君皆一日千里之足，區區非身爲教，但欲借此爲諸君助鞭影耳。」上段評曰：非誇口。

諸友復請曰：「越中豪傑如林，我輩此會，有指而非之者，有忌而阻之者，又有觀望以爲從違者，若之何而可乎衆人之情，不負先生之教也？」

先生曰：「非者，忌者，緣彼未曾在身心上理會，言雖過情，不足深咎。善學者聞之，莫非動忍增益之助。以舜之玄德，皋陶陳謨，尚擬以丹朱，戒以慢游傲虐，若命項輩然者，舜皆樂取而無違。此同人大智也。若觀望以爲從違，却更有說。此皆豪傑之輩，有志於此者，但恐因依不得其人，路頭差錯，爲終身之累耳。言念諸君平時雖不能無差謬，然皆可改之過。五倫根本，皆未有傷。譬之昨夢，只今但求一醒，種種夢事，皆非我有。諸君不必復追往事，只今立起必爲聖人之志，從一念靈明，日著日察，養成中和之體，種種客氣日就消滅，不爲所動；種種身家之事隨緣遣釋，不爲所累。時時親近有道，誦詩讀書，尚友千古。此便是大覺根基。或平時動氣求勝，只今謙下得來；或平時狥情貪欲，只今廉靜得來；或平時多言躁競，只今沉默得來；或平時怠惰縱逸，只今勤勵得來。寢微寢昌，寢幽寢著，省緣息累，循習久久，脱凡近以遊高明，日臻昭曠，不惟非者忌者漸次相協，其觀望以爲進退者知其有益，自將翕然聞風而來，無復疑畏。是長養一方善根，諸君錫類之助也。若夫徒發意興，不能持有不可奪之志，新功未加，舊習仍在，徒欲以虚聲號召，求知於人，不惟非者忌者無所考德，一切觀望者不知所勸，亦生退心。譬諸夢入清都，自身却未離溷廁，斬截一方善根，在諸君亦不能辭其責也。」

白溪謂諸友曰：「吾輩聞此警切之教，不覺動心。發明主氣、客氣，尤爲聞所未聞。古云：『處貧難，處富易。』僕藉遺資，似覺稍易，諸友不可不加勉也。」

先生聞而喜曰：「白溪肯發此念，尤爲難得。雖然，生於憂患，死於安樂。富貴福澤，不過厚吾之生；貧賤憂戚，方能玉汝於成。大抵逆境常存戒心，順境易至失腳，在諸友固當勉，在白溪尤不可自忽也。」

## 書太平九龍會籍

予赴會水西，太平杜子質偕同志二十餘輩詣會所，請曰：「質昔聞先生之教，歸而約諸鄉，立會於九龍。始而至會者惟舉業子也，既而聞人皆可以學聖，合農工商賈皆來與會。兹幸先生至，敢請下教，以堅其約！」乃攜貢子玄略、周子順之、吳子崇本、王子汝舟，從藍山歷寶峰，以達九龍。會者長少餘三百人，鄉中父老亦彬彬來集，以一見爲快。學究及庵僧先期俱有夢兆，以爲之徵。會三日，將出山，杜子請一言以示勸戒。

予惟古者四民異業而同道，士以誦書博習，農以力穡務本，工以利益器用，商以貿遷有無。人人各安其分，即業以成學，不遷業以廢學，而道在其中。程子有云：「吾於父子、兄弟、長幼、朋友之間，多少不盡分處。」知不盡分而後能安分，知安分而後能無過分之求。古云：「玉不琢不成器，人不學不知道。」今日之會，諸友習染已久，豈敢便謂人人發有必爲聖人之志？但人生世間，却須了結此身，尋箇做人道路。連日與諸友所論説，無非提醒良知、保護性命之事。不起於意，不動於欲，不作蓋藏。一念靈明，便是入聖真種子，便是做人真面目。時時保守此一念，便是熙緝真脉路。無待於外求也。

陽和張子訪蓮池沈子於興浦山房，因置榻圜中，共修靜業。沈子蓋儒而逃禪者也。適世友王子泗源訪予山中，乃相與拉張子太華，放剡曲之舟，夜抵浦下，與陽和相慰勞。扣關，蓮池出迓，坐丈室。錢子正峰亦在坐中。

泗源與蓮池舉禪家「察與觀」之旨相辨證。蓮池謂：「須察念頭起處。」

泗源謂：「察念不離乎意。如滌穢器須用清水，若以穢水洗之，終不能淨。佛以見性爲宗，性與意根有辨。若但察念，只在意根作活計，所謂泥裏洗土塊也。須用觀行。如曹溪常以智慧觀照自性，乃究竟法。若專於察念，止可初學覓路，非本原實用處也。」

蓮池謂：「察即觀也，察念始不落空。不然，當成枯寂。」

泗源謂：「無觀，始不免落無記空。若覺觀常明，豈得枯寂？惟向意根察識，正墮虛妄生滅境界，不可不慎也。」

辯久不決，陽和請爲折衷。予謂：「二子所見本不相戾，但各從重處舉揚，所以有落空之疑。譬之明鏡照物，鏡體本明，而黑白自辨，此即觀以該察也。因黑白之辨，而本體之明不虧，此即察以證觀也。但泗源一向看得觀法重，謂天地之道，貞觀者也。盥而不薦，有孚顒若，乃形容觀法氣象。故曰觀天之神道。聖人以神道設教，即是以此觀出教化也。西方奢摩陁三觀，乃觀中頓法；二十五輪，乃觀中漸法。若無觀行，智慧終不廣大，只成弄精魂。然蓮池所舉察念之説，亦不可忽，不察則觀無從入，皆良工苦心也。以吾儒之學例之，察即誠意，觀即正心。所謂正者，只在意根上體當，無有一毫固必之私，非有二也。」

# 解　説

## 大學首章解義

大學一書，乃孔門傳述古聖教人爲學一大規矩。若夫法外之巧，則存乎心悟，先師所謂致知焉，盡矣！

大人之學，對小人而言也。大人者，以天地萬物爲一體。若夫隔形骸而分爾汝者，小人矣。大人爲學之道，在于明明德。明德者，心之虛靈，根于天性。明之，所以立天地萬物一體之體也。欲明明德，在于親民。親民者，性之同然，虛靈之貫徹，親之所以達天地萬物一體之用也。明德以親民，其機在于止至善。至善者，心之本體，天命之性，粹然無欲，其虛而靈者，皆其至善之發見，所謂體用一原，天然自有之中，是乃明德親民之極，而不容少有擬議加損于其間也。止至善者，止諸此而已矣。少有擬議加損于其間，則是私心小智，而非至善之謂矣。是義也，先師已言之詳矣，即本體以爲功夫，聖人之學也。悟得時，只「止至善」一句已是道盡。恐人信不及，故復説「知止」一段，以示學者用功之要。

知非知識之謂，見性以入悟，真知也。心之本體原是至善而無欲。無欲則止，有欲則遷。止與遷對，定與亂對，靜與動對，安與危對。知止而不遷，則志有定向，故能不亂而定。定，故能不動而靜；靜，故能不危而安。蓋知止所以入定，常定曰靜，安則靜之極也。人心原能通達萬變，經綸酬酢，與國家天下相爲應感，所謂慮也。有欲始窒而不通，知止以至于安，則有以復其無欲之體，故無所不通而能慮。易云「介于石，不終日」，「一致而百慮也」。「慮而後能得」，得者，得至善而止之也。以言乎體謂之明德，以言乎用謂之親民。冒天下之道，如此而已矣。此用功夫以復其本體，賢人之學也。悟得時，「知止」二字亦已是道盡，又恐人信不及，故復説下面先後次第，以示學者用功之序。

明德、親民，一物也，而有本末之序；知止、能得，一事也，而有終始之因。本末，以木之根稍言；終始，以樂之首尾言。「知所先後」云者，本立而末自治也，始作而終自成也。「近道」云者，與道猶有二，未至于能得也。此是用却困勉工夫以求復其本體，學者之事也。本體功夫，淺深難易，若有聖人、賢人學者之不同，及其知之成功，一也。下二段正是詳言先後功夫之條件。

「古之欲明明德于天下」，是最初一大志願。合下以天地萬物一體爲己任，不如此便流于私心小智而爲小人矣。夫道有本而學有序，欲明明德于天下，須先治其國；欲明明德于國，須先齊其家；欲明明德于家，須先修其身。身者，家國天下之本，而心又身之本也。以其虚靈主宰而言謂之心，以其凝聚運用而言謂之身，心與身一也，修身云者，非禮勿視聽言動之謂也。心本能視，發竅於目；心本能聽，發竅于耳；心本能言，發竅于口；心本能動，發竅于四肢。聰明者，視聽之則。言者，心之聲。四體之動，以定命也。無心則無身矣。故欲修其身者，必先正其心。心無形體，無從而正。纔欲正心，即屬于意。意者，心之所發。心本至善，動于意始有善、有不善。故欲正其心者，必先誠其意。

誠意云者，真無惡而實有善之謂也。然所以辨别惡善之機，則在于良知。良知者，是非之心，善惡之則。不致其知，則真妄錯雜，雖欲勉強以誠之，不可得而誠矣。故欲誠其意者，必先致其知。致知云者，非若擴充其知識之謂也，致吾心之良知焉爾。致者，至也。易言「知至至之」，知至者，良知也；至之者，致也。然欲致其知，非影響無實之謂，是必有其事矣。物者，事也。良知之感應謂之物，物即「物有本末」之物，不誠則無物矣。格者，天然之格式，所謂天則也。致知在格物者，正感正應，順其天則之自然，而我無容心焉，是之謂格物。故曰格其心之物也，格其意之物也，格其知之物也，合内外之道也。此自末而歸之于本，終而始也。蓋視聽之物格，則知視聽之知至，而欲視聽之意始誠；言動之物格，則知言動之知至，而欲言動之意始誠。意誠則有以復其本體，心可得而正矣。心正則視聽言動一于禮，身可得而修矣。士庶人以一家爲感應，則謂之家齊；卿大夫諸侯以一國爲感應，則謂之國治；天子以天下爲感應，則謂之天下平。是之謂明明德于天下，是之謂盡性。此自本而推至于末，始而終也。

夫良知者，性之靈竅，千古聖學之宗，所謂是非之心、好惡之實也。好惡必有物，誠意者，真好真惡，毋自欺其良知而已。正心者，好惡無所作，復其良知之體而已。修身者，好惡無所偏，著其良知之用而已。好惡同于一家則家可齊，好惡同于一國則國可治，好惡同于天下則天下可平。自誠意以至平天下，好惡盡之矣；好惡之實，是非盡之矣；是非之則，致知盡之矣。上段評曰：同其好惡，至要，至要！此至易至簡、可久可大之德業，自天子至于庶人皆所當從事者。是非實有大人之志，悟其巧于規矩之外，其孰能與于此乎！

先儒嘗有三綱領、八條目之説矣，嘗有敬爲聖學始終之説矣，嘗有補格物致知之義矣。自今言之，綱領惟一，綱舉則目張，領挈則裘順。若曰三綱領，則將何所施其用乎？條目者，功夫先後之次第，如環之相連，不可以節段分也。若曰八條目，則將何所陳其數乎？實心之謂誠，誠即敬也；一心之謂敬，敬即誠也。大學之要，在於誠意，則不必言敬而敬在其中矣。若曰敬以誠意，不幾于贅乎？蓋其既以格物窮理爲致知，則于身心若無干涉，故不得不以敬爲聖學之始終，而不自知其説之非耳。格物致知者，誠意之功。「自天子以至庶人，一是皆以修身爲本」，言修身則格致誠正舉之矣。「此謂知本，此謂知之至也」，正所以發格物致知之義，實未嘗亡而有待于補也。故曰：「合之以敬而益贅，補之以傳而益離。」此不得已之心也。蓋不忍異者，先師之本心；而道之所在，不得不與之異者，天下之公學，非先師所得而私也。世之學者，能以虛心觀之，不以一毫意必向背介乎其中，則聖學庶乎可明，而先師之苦心亦可得而諒矣！

## 中庸首章解義

中庸，盡性之書，子思子懼性學不明于世，學者失其所宗，故述其家學，首以三言發之。因世之人認欲爲性，故以性歸諸天。天命者，無欲之體，所謂「惟天之命，於穆不已」是也。聖人無欲，與天同體，無所障蔽，無所污染，率性而行，無不是道。故曰「誠者天之道也」。賢人以下，不能無欲，染有輕重，蔽有淺深，雖欲率性而行，爲欲所礙，不能即達，必須遵道而修以通其蔽，而滌其染。故曰「誠之者，人之道也」。性曰天性，則道曰天道，教曰天教。中庸爲誠之者而作，修道之事也。故曰「自誠明，謂之性；自明誠，謂之教」。一念獨知，不容自昧，若天有以啓之。故曰「天道至教，風雨霜露，無非教也」。由教而入者，由諸此而已。道也者，性也，不可須臾離也。道，中而已。過與不及，離也。是故君子有修道之功。「戒慎乎其所不睹，恐懼乎其所不聞。」不睹不聞，道之本體，所謂視之而不見，聽之而不聞是也。道虛而已，戒謹恐懼，修之之功，無間于動靜，致虛所以立本也。不睹雖隱，不聞雖微，而實莫見莫顯。隱即「費而隱」之隱，微即「微之顯」之微。莫見莫顯，即所謂「體物而不可遺也」。故「君子必慎其獨」者，申言不可不戒懼之意，非加謹也；謹于一念獨知之微，正所以奉行天教也。未發之中，性體也。「有未發之中，而後有發而中節之和」，道修而性復矣。戒懼慎獨而中和出焉，是也。未發之中非對已發而言，即感而寂，非寂而後生感也。人者，天地之心，萬物之宰，致中和則大本立而達道行。爲天地立心，而天地于此乎位矣；爲萬物作宰，而萬物於此乎育矣。此修道之極功也。

先師謂，子思括大學一書爲中庸首章。戒懼慎獨者，致知格物之功，所謂誠意也。未發之中，正心邊事；中節之和，修身邊事。中和位育者，家齊國治而天下平，盡性以至于命也。此易簡直截之旨，一貫之宗傳也。而世之言修道者，離矣。

聖人立人極，盡己之性以盡人、物之性。説者并指蜂蟻虎狼爲率性之事，似爲戲論。禮樂刑政既以屬之教矣，由教而入者，乃舍此而別有戒懼慎獨之功，似爲剩法。以不睹不聞爲靜存，莫見莫顯爲動察，則非動靜無端之功。以隱爲暗處，微爲細事，則非顯見相乘之義。未發之中，由戒懼而得，不可謂常人俱有。先師嘗有病瘧之喻矣。常人亦有未發之時，乃其氣機偶定，非大本達道也。戒懼之内更有可約，即爲着空；謹獨之外更有可精，即爲緣物。中、和原是一道，以心氣分屬天地萬物，或失則支；聖學只論見在功夫，以效驗求位育，或失則濶。凡此數端，皆顯然同異可指之迹，善學者當知所辨矣。昔者明道見人解中庸，笑曰：「只怕連『天命之性』便錯起了。」予豈敢妄議儒先，聊述所聞，與諸賢共商之。吾輩不務自修自復，實體諸身，徒騰口説以啓同異，得罪於儒先亦甚矣！

## 先天後天解義

或問：「伏羲八卦、文王八卦，布列方位迥然不同，何取於義而云爾也？」

先生曰：「此造化自然之法象，非人力之所能爲，後儒特未之深察耳。夫伏羲八卦，乾南坤北、離東坎西謂之四正，震兑巽艮則居於四隅，此存體之位，先天之學也。文王八卦，離南坎北、震東兑西謂之四正，乾坤艮巽則居於四隅，此入用之位，後天之學也。先、後一揆，體、用一原，先天所以涵後天之用，後天所以闡先天之體。在伏羲非有待於文王，在文王非有加于伏羲也。

「上下左右，四正相交，四隅不相交，交者變其卦體，不交者易其方位。乾下交於坤，得其中爻而變爲離。坤上交於乾，得其中爻而變爲坎。離爲火，西交于坎，火主炎上而變爲震。坎爲水，東交于離，水主潤下而變爲兑。離居乾位而上交之坤，遂置於西南。坎居坤位而下交之乾，遂置於西北。坤既居巽之位，則巽不得不移置於東南。乾既居艮之位，則艮不得不移置於東北。故曰，此造化自然之法象也。

「吾人處於天地之間，上爲乾，下爲坤；離爲日，生於東；坎爲月，生於西；艮爲山，奠於西北；兑爲澤，匯於東南；震爲雷，奮於東北；巽爲風，起于西南。八卦成列，此寂然不動之體，即所謂先天也。上下無常，剛柔相易，山澤以氣通，雷風以形薄，八卦摩盪，此感而遂通之用，即所謂後天也。坎離者，乾坤二用，二用無爻位，周流行於六虛，後天奉時以復於先天也。坎者，陰中之陽，命宗也；離者，陽中之陰，性宗也。而其機不外于一念之微。寂感相仍，互爲體用，性命合一之宗也。吾人可以觀學矣！」

聞者憮然曰：「旨哉言乎！今而後，知造化之爲學也。」

## 河圖洛書解義

或曰：「河圖爲順，洛書爲逆，一順一逆，造化之機。圖、書「五」皆居中，「一」皆居下，造化示人之精蘊，則既聞命矣，敢問伏羲則河圖以畫卦，大禹則洛書以叙疇，其義何所當也？」

先生曰：「易曰：『河出圖，洛出書，聖人則之。』是圖、書皆可以畫卦也。天地之間，不過一陰一陽、五行而已。陰陽之變，不可勝窮。陰陽之純則爲乾坤，陰陽之雜則爲六子。若曰某點爲奇畫，爲某卦；某點爲偶畫，爲某卦，一一比而則之，則幾於泥矣。五行有氣有質，皆藉於土。天一生水，水之氣也。一得五而爲六，水之質始成。以至地五生土，土之氣也。五得五而爲十，土之質始成。五行者，陰陽之變化也。至於洛書所陳九疇，皆帝王治天下之大經大法。每疇之首，不過以數起之，與所叙之疇絶無關涉。書曰：鯀汩陳其五行，天不畀洪範九疇。禹能嗣興，治水成功，天始錫之。此其證也。若曰羲、禹畫卦叙疇之時，河馬洛龜適至，聖人因而驗之，如嶰谷律吕協於鳳鳴，或如春秋成而麟出以呈其瑞，理或有之。

「昔儒謂，兔，微物也，可以起數。乃知聖人胸中自有全經，固不在於紛紛點畫之盈縮以爲分合湊補也。若以後天圖配洛書，則四時無不順，七十二候無分毫加損，亦天地生成之妙也。故曰河圖、洛書相爲經緯，八卦、九章相爲表裏。或虚其中，或總其實，河圖固可以畫卦，亦可以敘疇；洛書固可以敘疇，亦可以畫卦。庶幾不失圖、書之本旨，於學思過半矣！」

## 易與天地準一章大旨

天地間，一氣而已。易者，日月之象，陰陽往來之體，隨時變易，道存其中矣。其氣之靈，謂之良知。虛明寂照，無前後内外，渾然一體者也。所以準天地而彌綸之者，必有本以出之，非徒法象相示而已也。易者，陰陽而已。幽明，生死，鬼神，皆陰陽之變，天地之道也。知者，良知也。致良知，所謂説，所謂情狀，可不言而喻矣。天地之道，知、仁而已。仁者，知之不息，非二也。痿痹則爲不仁，靈氣有所不貫也。不違，不過，不流，樂天而不憂，安土而能愛，莫非天則之自然、良知之順應也。範圍者，良知之極於大而非蕩也，故不過；曲成者，良知之體乎物而非淆也，故不遺。幽明，生死，鬼神，即晝夜之謂。通乎晝夜之道而知，變動周流，不爲典要，天地萬物有所不能違焉。是謂無方之神、無體之易。纔有典要即著方體，不可以適變。故曰：「大哉易也，斯其至矣！」明道云：「只窮理，便盡性以至于命，一也，分爲三事則支。」易，心易也。以易爲書則泥，是皆未明于大易之過也。善學者能於一念入微求之，得其所謂虛明寂照一體之機。易不在書而在於我，可以卧見羲皇，神遊周、孔之庭，大丈夫尚友之志也。

## 艮止精一之旨

「艮其背」三字，是孔子提出千聖立命真根子。艮，止也。艮其背，止其所也。耳目口鼻四體諸根之用，皆在于面，惟背爲不動，故以取象。目之于色，耳之于聲，鼻之于臭，口之于味，四體之于安逸，皆自然之生理，故曰性也。然有命焉，立命所以盡性也。上句評曰：錯會。目之視色，如以背視，則目不爲色所引，而視止于明矣。耳之聽聲，如以背聽，則耳不爲聲所引，而聽止于聰矣。所謂先立乎其大者，立命之符也。

陰陽和則交，不和則不交。艮止上下，陰應於陰，陽應於陽，應而不和，若相敵然。故曰上下敵應，不相與也。惟得其所止，是以不獲其身，不見其人，忘己忘物，而無咎也。天地之道，一感一應而已。和則交，謂之和應；不和則不交，謂之絕應。和應，凡夫俗學也。絶應，二乘禪學也。應而不與，不墮二見，謂之敵應，吾儒聖學也。上段評曰：妙，妙！背雖不動，五臟皆繫於背，九竅百骸之滋潤，背爲之輸，故曰「盎於背」。是以無用爲用也。知無用之用，則知無知之爲知矣。艮之大象，復以「思不出其位」發之，其旨尤微。艮之爲卦，上下皆山，故有兼山之象。六子者，乾坤之用，雷風水火與澤，皆有往來之義，惟艮兩山並峙，不相往來，止之象也。

艮非無心，同於木石。心之官以思爲職，所謂天職也。位爲所居之位，不出其位，猶云止其所也。不出位之思，謂之無思之思。如北辰之居其所，攝持萬化而未嘗動也；如日月之貞明，萬物畢照而常止也。思不根於心則爲憧憧，物交而引，便是廢天職。洪範五事，貌言視聽，皆本於思。「思曰睿，睿作聖。」故曰：「思者，聖功之本。」思不可以有無言，着于無，謂之沉空；着于有，謂之逐物。無思而無不通。何思何慮，常寂而感，千聖學脉也。睿爲良知，心之良知是爲聖，知是知非而實無是無非。知是知非者，應用之迹；無是無非者，良知之體也。譬之明鏡之照物，鏡體本虚，而妍媸自辨。妍媸者，照之用也。以照爲明，奚啻千里！夫萬物生于無，而顯于有。目無色，然後能辨五色；耳無聲，然後能辨五聲；口無味，然後能辨五味；鼻無臭，然後能辨五臭。上句評曰：要緊。良知無知，然後能知是非。無者，聖學之宗也。非深於易者，其孰能知之！

或謂：「先生之論學，玄矣，稽諸六經四書，何所當也？」先生曰：「書云『道心惟微』。微者，心之體，語其功謂之不睹不聞，究其至謂之無聲無臭。精者精此也，一者一此也。雖天地不能使之著，聖人不能使之著，是謂玄德。若曰微者著，即墮聲臭，滯睹聞，非虞廷精一之傳矣。穆穆文王，其德不顯，不識不知，所以順帝則也。若曰豈不顯哉文王之德，則非文王之所以『文』也。禮曰『儼若思』，敬德之形容，徹動靜，通有無，聖學之要也。或以時言，或以正顏色而近信分疏之，淺之乎其爲解也！

樂之實，手舞足蹈而不自知。不知之樂，乃爲真樂。古人之樂〔二〕，視於無形，聽於無聲，哀樂相生，正明目而視之，不可得而見也；傾耳而聽之，不可得而聞也。孔子曰：『吾有知乎哉？無知也。』無知也者，空空也。上句評曰：空空，妙，妙！無聖無凡，孔子之空空與鄙夫之空空，一也。兩端者，良知之是與非也。叩兩端而竭，則是非忘矣。孔子稱

〔二〕「樂」原作「學」，據蕭本改。

顔子曰：『回也庶乎？屢空。』柴愚參魯，師辟由喭，皆滯於有，不能空也。子貢不受命，以多識爲學，自外而入，若貨殖然，億而屢中，不知空也。故孔子每以回、賜並舉而進之，「弗如」之與，「予欲無言」之誨，所以儆之者屢矣，賜終疑而未知。使學可以言傳而得，則凡及門之士皆可以爲顔子。惟其不可以言傳，故雖穎悟如子貢，亦不能使之悟也。

「濂溪主靜無欲，歸於無極；明道定性無事，本乎兩忘，蓋幾之矣。陽明先師生千百年之後，首倡良知之説以覺天下，上遡濂洛以達於鄒魯，千聖之絶學也。良知無知而無不知，人知良知之爲知，而不知無知之所以爲知也；神道設教，人知神之爲神，而不知不神之所以爲神也。虚以通變，不爲典要；寂以通感，不涉思爲，是即顔氏所謂屢空、孔子空空之旨也。世之學者泥於典要思爲，昧夫虚寂之體，反鬨然指而非之。洞庭之樂，聞者驚耳，無怪其然也。」

## 天根月窟説

或問天根月窟之義。先生曰：「此是堯夫一生受用底本，所謂竊弄造化也。天地之間，一陰一陽而已矣。乾，陽物也；坤，陰物也。陽主動，陰主靜，坤逢震爲天根，所謂復也；乾遇巽爲月窟，所謂姤也。震爲長子，巽爲長女；長子代父，長女代母。乾坤，先天也，自一陽之復而臨而泰而大壯而夬以至於乾，自一陰之姤而遯而否而觀而剥以至於坤，由後天以返於先天，奉天時也。根主發生，鼓萬物之出機；窟主閉藏，鼓萬物之入機，陽往陰來之義也。

「古之人仰觀俯察，類萬物之情，而近取諸身，造化非外也。一念初萌，洪蒙始判，粹然至善，謂之復。復者，陽之動也。當念攝持，翕聚保合，不動于妄，謂之姤。姤者，陰之靜也。一動一靜之間，天地人之至妙者也。夫一陰一陽之謂道，繼之者善，即謂之復；成之者性，即謂之姤。復與姤，人人所同具，百姓特日用而不知耳。顔子擇乎中庸，有不善未嘗不知，未常復行，無祇于悔，所謂復也。能擇而守，拳拳服膺而弗失，所謂姤也。復者，陽乘陰也；姤者，陰遇陽也。知復而不知姤，則孤陽易蕩，而藏不密；知姤而不知復，則獨陰易滯，而應不神。知復知姤，乾坤互用，動静不失其時，聖學之脉也。「堯夫所謂『丸』，即師門所謂良知。萬有生於無，知爲無知之知；歸寂之體，即天根也。萬物備于我，物爲無物之物；感應之用，即月窟也。意者，動静之端，寂感之機。致知格物者，誠意之功也。此孔氏家學也。」

問曰：「堯夫之學似即孔門之學，而明道不以爲然者，何也？」先生曰：「堯夫亦是孔門别派，從百源山中静養所得。」「然則程門見學者静坐，嘆以爲善學，又何也？」先生曰：「此古人立教苦心。學絶教弛，吾人從生以來，失其所養。思慮内營，聲利外汩，逐境流注，常失于動而不自覺，不得已教之静坐。遣慮息緣，使精神漸知向裡，窺見本來虚寂之體，而後道可幾也。吾黨肯從静中攝養，收其放心，從事於德性之學，未必非入道之因、對病之藥也。」

## 性命合一説

性與命本來是一。孟子論性，蓋本于繫辭「繼善成性」之説。「繼之者善」，是天命流行；「成之者性」，「人生而静」以上不容説。纔有性之可名，即已屬在氣，非性之本然矣。性是心之生理，性善之端，須從發上始見。惻隱、羞惡之心，即是氣，無氣則亦無性之可名矣。凡聖賢立言，皆爲捄世而發。春秋之時，性學不明，世人以欲動處爲性，故孔子提出「天命之性」以示人。所謂「人生而静，天之性也」。以欲爲性，即非自然之生理矣。戰國之時，告子以食色爲性，以諉于所遇爲命，故孟子從性命重處立法以示人，正是性、命合一之宗。世儒分屬氣質、義理，便非合一之謂矣。甘食悦色，人之所欲是性，然却有個自然天則在。若一向任了欲去，不成世界。立命正所以盡性，故曰「有命焉」。論性而不及命，君子不謂之性也。仁于父子，天合自然是命。然父子天性所當親，若一向諉于自然，也不成世界。盡性，正所以至命，故曰「有性焉」。論命而不及性，君子不謂之命也。告子認欲爲性，以甘食悦色爲生理而甘之説之，昧了天則之自然，便是不知命。誘命于遇，以白與長爲自然而白之長之，昧了本心之生理，便是不知性。一則推夫天理之自然，一則本諸自然之生理，使人從重處用力，以歸于合一之宗，此是孟子立法最善形容處。非性待命補，命待性捄，故欲分而二之也。

## 孟子告子之學

千古聖人之學只是箇不動心，學者只是學箇不動心。舍不動心之外，無學也。然不動心之道有二：有自得而不動者，有强制而不動者。差若毫釐，其謬乃至千里，此古今學術大界頭處，不可以不辨也。

「是集義所生，非義襲而取之也」，「行有不慊於心」，是申明集義所生也，「義外」是申明義襲而取也。正所謂毫釐之辨，王、伯之所由分也。後儒訓「集義」，謂事皆合義，正是説了義襲功夫，而集義之旨遂亡。告子曰：「彼長而我長之，非有長於我。」即所謂義襲也。孟子曰：「長者義乎？長之者義乎？」即所謂集義也。毫釐之辨，辨諸此而已。

上兩句評曰：二者一般，莫生分别。

「必有事焉而勿正，心勿忘，勿助長也。」先師謂，「必有事」只是集義，集義只是致良知。着實致良知，則自無忘之病，不必更説勿忘。無將迎意必之私，則自無助之病，不必更説勿助。勿忘勿助，只是集義調停火候之節度。若舍却必有事，專在勿忘勿助之間求箇正當處，先師「煮空鐺」之喻，可以自悟矣。

告子不得於言，而曰「我知言」；告子不得於氣，而曰「我善養浩然之氣」。知言養氣雖是孟子所長，亦因告子之病，故發此藥以救之。若知致良知之學，時時求慊於心，安有不得於心之病？心通於道，又安有不得於言之病？此孔氏之的傳也。

孟子與諸子則曰「姑舍是」，於伯夷、伊尹則曰「不同道」。及其自許，唯曰：「乃所願，則學孔子也。」毫釐辨決，昭若指掌。自今觀之，所舍者何義？所不同者何道？所願學者何事？可以不言而喻矣。先師曰：「心之良知是謂聖。同此謂之同德，異此謂之異端。」虚而適變，寂而通感，千聖之秘藏也。後世之學，狥典要，涉思爲，終身溺於義襲而不自知，語及虛寂，反鬨然指以爲異，聖學何由而明乎？

「養氣」章後即以王、伯繼之，不爲無意。以德行仁便是集義，假仁便是義襲，七篇之中多發此意。「由仁義行」，集義也；「行仁義」，義襲也；「哭死而哀」者，集義也，「爲生者」，義襲也；狂狷可與進於中行，集義也；鄉愿之自以爲是，義襲也；過化存神而皞皞，集義也；驩虞，義襲也；自信本心，自信而是，天下非之而不顧，自信而非，得天下有所不爲，集義也；不能自信，以外面毁譽爲是非，義襲也。所爭只在毫釐。董子曰：「正其誼不謀其利，明其道不計其功。」正誼、明道即是集義，謀利、計功即是義襲。

自聖學不明，道義之風日微，功利之毒淪洽於人之心髓，殆千百年於兹。苟不從一念入微處察識誠僞，求慊於心，求通於道，縱使擬議卜度，盡將古人行過好事輳貼身上行持，以爲集義，正墮在義襲窠臼。名爲宣暢光復，適足以增伯者之藩籬，而聖學之門牆不可復睹，其亦可哀也已！所幸良知在人，千古一日，一念自反，即得本心。此是挽回世界大機括，非夫豪傑之士無所待而興者，將誰與望乎！

# 致知難易解

或問致知難易，因舉念菴收攝保聚之說請正。先生曰：「致知之功非難非易。襲於其易則忽而無據，狃於所難則阻而鮮入。善學者默體而裁之，求所以自得焉可也。世之談學者其言曰：『無事襲取之勞，而爽然以爲固有；不假纖毫之力，而充然以爲天成。』念菴子惧其傷於易也，倏忽變化將至於蕩無所歸，故爲收攝保聚之説以捄之。其意以爲：日月之貞明，人皆仰之，至其所以生明，未有測其然者。觀之於夕，群動息矣，然後真機回復而爲朝；觀之於晦，六陰窮矣，然後真陽逆受而爲朔。蓋藏不密者用不章，畜不極者施不普，收攝保聚乃所以爲復爲逆，培其固有之體，而達其天成之用也。世之學者任作用爲率性，藉測億爲通微，倚計度爲經綸，執知解爲覺悟。良知所存，亦已無幾，盍亦從事於收攝保聚，無以爽然充然者自畫焉可也。此念庵苦心也。雖然，良知在人，百姓之日用同於聖人之成能，原不容以人爲加損而後全。乞人與行道之人，怵惕羞惡之形乃其天機之神應，原無俟於收攝保聚而後有，此聖學之脉也。雖堯、舜之生知安行，其焦勞怨慕，未嘗不加困勉之功，但自然分數多，故謂之生知安行。愚夫愚婦，其感觸神應，亦是生知安行之本體，但勉然分數多，故謂之困知勉行。及其知之成功，一也。」

## 意識解

予贈麟陽趙子有「意象識神」之説，或者未達，請究其義。予曰：「人心莫不有知，古今聖愚所同具。直心以動，自見天則，德性之知也。泥於意識，始乖始離。夫心本寂然，意則其應感之迹；知本渾然，識則其分別之影。萬欲起於意，萬緣生於識。意勝則心劣，識顯則知隱。故聖學之要，莫先於絶意去識。絶意非無意也，去識非無識也。意統于心，心爲之主，則意爲誠意，非意象之紛紜矣。識根於知，知爲之主，則識爲默識，非識神之恍忽矣。譬之明鏡照物，體本虛而妍媸自辨，所謂天則也。若有影迹留於其中，虛明之體反爲所蔽，所謂意識也。孔門之學，顔子有不善未嘗不知，知之未嘗復行，此德性之知，謂之「屢空」。空其意識，不遠之復也。子貢多學以億中，以學爲識，以聞爲知，意識累之也。此古今學術毫釐之辨也。知此則知先師致良知之旨，惟在復其心體之本然，一洗後儒支離之習。雖愚昧得之，可以立躋聖地，千聖之秘藏也。所幸良知在人，千古一日。譬之古鑒翳于塵沙，明本未嘗亡。一念自反，即得本心，存乎其人也。」

## 三戒述

孔子云「君子有三戒：人之幼也，血氣未定，戒之在色」。夫色，非徒牀幃情慾之謂，凡境之所遇，物之所觸，有形可見者，皆色也。少年血稚氣柔，易於緣境逐物，知戒則兢兢常爲主，不爲境遷，不爲物引。嬰兒而有大志，如乳獅之處群而不亂，如日之初升，而群暗不迷也。「及其長也，血氣方剛，戒之在鬭。」夫鬭，非徒攘臂用壯之謂，凡才能藝術，與物爲競，常懷欲上人之心，皆鬭也。壯年血盛氣充，易於改作，凡事可以力勝，知戒則卑卑自持，虚中以來天下之益。如群龍之無首，如水之潤下，遇曲隨直而無所礙也。「及其老也，血氣既衰，戒之在得。」夫得，非徒殖貨懷貲之謂，凡一生幹當可便其身圖者皆得也。老年血氣耗洫，鼓舞已倦，少得爲足，不肯舍之以圖遠業。知戒則精神常自奮，一息尚存，不忍以姑恤自恕，如金之愈鍊愈剛，如天之健行而不息也。

夫隨時而變者，血氣也；所以主乎血氣者，性之靈也。先天地而生，後天地而存，變而未嘗變也。若此者，莫非真性之流行，未嘗有所強。蒙養以貞，可證聖功，自能宰萬物而不擾；謙光巽入，自能處乎萬物之下而不爭；恆德日新，憤樂相生，自不知老之將至。是謂無方之神，無體之易，通乎晝夜而知。此孔氏家法也。故中庸復性，以戒爲首，戒懼而中和出焉。大本立而達道行，天地此位，萬物此育，學問之極功也。

吾人生於天地之間，與萬物同其吉凶，自少而壯而老，未嘗須臾離也。君子之學，不日進則日退，從欲好勝，習之難除，由前二戒，乃吾人對症藥物。或爲先事之防，或爲臨事之警，所當隨時修服，不容自已者也。不肖年已望八，百念盡灰，業不加修，徒負初志。由後一戒，區區所當自力，以收桑榆之功，不敢以耄而自棄也。

# 憤樂説

先生過嘉禾，諸友會宿于東溪山房，請問憤樂之義。先生曰：「此是夫子終身受用之實學。知夫子之樂則知夫子之憤，知夫子之憤則知夫子之樂。憤是求通之義；樂者，心之本體。人心本是和暢，本與天地相爲流通，纔有一毫意必之私，便與天地不相似；纔有些子邪穢渣滓攪此和暢之體，便有所隔礙而不能樂。發憤只是去其隔礙，使邪穢盡滌，渣滓盡融，不爲一毫私意所攪，以復其和暢之體，非有所加也。憤樂相生，勉焉日有孳孳，不知老之將至，夫子至誠無息之學。譬之于目，自開自闔，原是快快活活，原是樂，纔爲些子沙屑所礙便不快活，便入于苦。欲復本來開闔之常，惟在去其沙屑而已，亦非有所加也。」

請問：「夫子由志學以至從心當不踰矩之時，還有憤否？」先生曰：「學在立志，行不越其所思，志定而後可以言學。夫子十五志于學，至于三十而始立。立者，志立也。未至于立，還有私意纏繞在，必須發憤以去其私。能立便是樂。四十而不惑者，志無所疑也。未能不惑，必須發憤以釋其疑。不惑便是樂。五十而知天命，志與天通也。未能與天相通，必須發憤以通其微。知天命便是樂。六十而耳順，志忘順逆也。順逆尚存，必須發憤以秪于忘。耳順便是樂。雖至七十而從心所欲不踰矩，亦只是志到熟處。未能從心，猶須發憤以入于神化，所欲不踰矩便是樂。此志朝乾夕惕，老而不倦。憤是天然之勇，樂是自然之和暢，故曰憤樂相生。此夫子至誠無息同天之學也。然此樂人人之所同有，但衆人蔽於私意，失其本心，便與聖人不相似，亦便與天地不相似。夫子又曰『不憤不啓』，以此自考，亦以此教人。不厭不倦，成己成物，性之德也。顏子能竭才，欲罷不能，便是顏子發憤處，故能服膺，不改其樂，所謂大勇也。吾人欲尋仲尼、顏子之樂，惟在求吾心之樂；欲求吾心之樂，惟在去其意必之私。蕩邪消滓，復還和暢之體，便是尋樂真血脉路。」

問曰：「時習而悦，朋來而樂，悦與樂有二義否？」先生曰：「學者，覺也。覺與夢對。時習是常覺不昧，學而時習則欲罷不能而悦之深矣。悦乃入樂之機。樂是萬物同體之公心。朋自遠來，得英才而教育之，是遂其同體之願，故樂。然此樂原無順逆，無加減，故人雖不知而無所愠。所謂遯世無悶、不見是而無悶，聖修之極也。遯世而人以爲是，賢人以下皆能之，惟遯世而人不以爲是，則非之者至矣。若是而能無悶，非聖者不能也。蓋根愈深則華愈歛，德愈潛則迹愈混。故曰：『知我者希，則我貴矣。』上二句評：好。吾人在世所處不同，惟有順、逆二境。樂則行之，憂則違之，得志則澤加于民，不得志則修身見于世。故明此，在上則爲伊、傅；明此，在下則爲孔、顔，各求自盡以成其德業，未嘗有所意必而動于境也。」

## 政學合一之説

君子之學，好惡而已矣。賞所以飾好也，罰所以飾惡也。是非者，好惡之公也。良知不學不慮，百姓之日用同於聖人之成能，是非之則也。良知致，則好惡公而刑罰當。學也，而政在其中矣。大學之道，自誠意以至于平天下，好惡盡之矣。「如好好色，如惡惡臭」，意之誠也。好惡無所作，心之正也。無作則無僻矣，身之修也。好惡公於家則爲家齊，公于國與天下則爲國治而天下平。政也，而學在其中矣。明道云：「有天德可語王道，其要只在謹獨。」獨知無有不良，能慎獨則天德達而王道出，其機在於一念之微，可謂至博而至約者矣。

## 天心題壁

先師嘗有「備物養生，借物請客」之喻：以養生爲主，客有至者，出其緒餘即可以請。專以請客爲主，則養生之計疏矣。士之於舉業，猶農夫之於農業。伊尹耕於有莘以樂堯舜之道，未聞農業與堯舜之道爲兩事也。夫士在學校則有舉業，及居官則有職業，爲宰輔則有相業，懸車而歸則有山林之業。隨其身之所履，而業生焉，乃吾進德日可見之行也。只緣世人看得舉業太重，故與德業相對而言。惟其看得太重，非此不足以發科第，遂其所欲，是以得失之念營營在心。終日傍人門户，學人見解，隨人口吻、腳根，剽竊餖飣以圖詭遇，自己天聰明做主不起，反被蔽塞埋没，無從出頭。其不自信亦甚矣！夫舉業，一藝耳，志於道則心氣清明，不惟德修，而業亦可進；志於藝則心雜氣昏，德喪而業亦不進，勢輕重也。

先師云：心不可以二用。今一心在得，一心在失，一心在文字，是三用矣。終日佔僤沉吟，精神恍惚，寧有佳思？學者可以自考矣。此件事本自明白易曉，但人習於常見，由之而不知耳。若曉得講學做工夫，時時愛養精神，時時廓清心地，不爲諸般外誘所侵奪，天機時時活潑，時時明定，終日不對卷，便是看書一般；終日不執筆，便是作文一般。觸機而動，自無凝滯；以我觀書，不爲法華所轉。如風行水上，不期文而文生焉。不肖未敢爲已試之方，蓋嘗折肱於此者也。今人荒廢舉業者，緣不曾在心地上打叠，未免奪於外誘。雖暫時清潔，如水上浮萍，隨打隨合，不得受用。若肯專志在心地上用功，天聰明做得主起，自家精神到處平滿，經綸位育大業將自此而出，舉業特其餘事耳。昔人謂舉業不患妨功，惟患奪志，學者可以自悟矣。就是世間舉業，亦有兩般：有上等舉業，有下等舉業。吾人講學去做舉業，不惟不相妨，原是有助；不惟有助，原只是一件事。言不可以僞爲，言之精者爲文。若時時打叠心地潔淨，不以世間鄙俗塵土入于肺肝，以聖賢之心發明聖賢之言，自然平正通達，紆徐操縱，沉着痛快。所謂本色文字，盡去陳言，不落些子格數，萬選青錢，上等舉業也。若不自信自己天聰明，只管傍人學人，爲詭遇之計，譬之優人學孫叔敖，改換頭面，非其本色精神。縱然發了科第，亦只是落套數低舉業，有志者所不屑也。明道十五六時，聞濂溪之學便棄舉業，及至弱冠，又發了科第，此是上等舉業榜樣。所謂深山之寶得於無心也。明道嘗云：「吾於寫字時甚敬，非是要字好，只此是學。」既非是要字好，所學又何事耶？予亦曰：吾於舉業時甚敬，非是要舉業好，只此是學。大丈夫事，可當兒戲？諸君思繹之，毋忽。

予謂終日不對卷，不執筆，非是教人廢讀書作文也。讀書作文原是舉業之事。讀書有觸發之義，有栽培之義，有印證之義。以此筆之於册，謂之文；就時文格式發吾所見之義，則謂之時義，只此是學。故曰：不患妨功，但恐動於得失，爲學之志反爲所奪耳。看刊本時文，徒費精神，不如看六經古文。六經古文，譬之淳醪，破爲時酒，味猶深長。若刊本時文，已是時酒中低品，復從其中討些滋味，爲謀益拙矣！所云言不可以僞爲，乃是不誑語，豈有世俗心腸能發聖賢精微之藴者乎？凡讀書在得其精華，不以記誦爲工。師其意，不師其辭，乃是作文要法。古人作文，全在用虛。紆徐操縱，開闔變化，皆從虛生。行乎所當行，止乎所不得不止。此是天然節奏，古文、時文皆然。

予望人人做聖賢，乃復叨叨以舉業爲説，只緣朋友中所重在此，所謂隨方解縛法也。象山云：「古人闢邪説以正人心，予只闢得時文。」自今觀之，真可一笑。

# 卷之五　書

## 答聶雙江

伏誦教言及所致緒山書，知我丈之學日造精深。謂良知自能知能覺，而不以知覺爲良知，故孩提之愛敬，令人於未發處體驗。師門正法眼藏，得我丈一口道破，當下便有欛柄入手，不犯道理、知解分疏，有功于師門大矣。

竊意良知無分于未發、已發，所謂無前後内外而渾然一體者也。纔認定些子，便有認定之病。後儒分寂分感，所爭亦只在毫釐間。所謂致知在格物，格物正是致知實用力之地，不可以内外分者也。若謂工夫只是致知，而謂格物無工夫，其流之弊便至于絶物，便是僊、佛之學；徒知致知在格物，而不悟格物正是致其未發之知，其流之弊便至于逐物，便是支離之學。爭若毫釐，然千里之謬實始于此，不可不察也。

吾人一生學問只是改過。所謂復者，復于無過者也。良知真體時時發用流行便是無過，便是格物。其工夫之難易精粗，存乎所造之淺深，而以改過爲宗，則一而已。吾人之學所以異于僊、佛，正在于此。過是妄生，本無安頓處。纔求個安頓所在，便是認着，便落支離矣。

## 與聶雙江

日與東廓諸丈紬繹立本之義，頗有端緒。吾人一向在欲染擾擾上打混，不曾實落于無欲源頭立定命根，所以致知工夫不得力。

無欲不是效，正是爲學真正路徑，正是致知真正工夫。然欲立定命根，不是懸空做得。格物正是致知下手實地，故曰「在格物」。格是天則，良知所本有，猶所謂天然格式也。

若不在感應上參勘得過，打叠得下，終落懸空，對境終有動處。良知本虚，格物乃實，虚實相生，天則常見，方是真立本也。此中無纖毫意見可湊泊，無纖毫玄妙可追尋，無纖毫虚靜可倚靠。上段評曰：妙。

吾丈主張立本之説，在吾人誠爲對病之藥，敢忘服食？若云格物上無工夫，先後分疏之間，恐亦未免有意。何時奉侍道顔，究竟此事，亦大快也。

## 答鄒東郭

歲裏于雙江丈、念菴兄石蓮洞所惠書，拈起「寂然處用功」一語作話頭。孩提之愛敬是良知發用流行處，須有未發爲之根，見其中有物也。昔人分寂分感，所爭只在毫髮間。魏莊渠公亦有天根天機之説。

蓋良知只是一個，良知無分于未發已發。若于已發處求未發之根，復于未發處循已發之用，未免墮落二見。但吾人今日受病，又未免倚傍道理分疏，不肯直下歸根承受。得此一番提掇，廼是對病之藥。不可因其話頭未相打併，并其宗旨而忽之也。況雙江公廼是體煅煉出來公案，所指寂然處實有下落，自以爲不屬見解。吾人各各去其執著之見，虚心領受，務歸大同，方爲有補于師教耳。某亦有柬致雙江公，便中幸索觀之。

緒山兄此番趨教，專爲老師年譜一大事。今年再不成稿，日後益難起手矣。然亦須此學打併歸一，絶無疑貳，下筆方得其精神。蓋學術既明，一切事功特其餘事。而即事功爲學術，何啻千里！

## 復劉獅泉

吾兄日來于分水路頭更明白否？雙江公近于寂然處自信真有得力，非從意見解去，亦非從依傍道理得來。念庵兄心已服，東郭丈則未相打併，未知兄曾與證究否？有柬達雙江、念庵，略致請質之懷，幸索觀之，并以復我。

緒山兄此來，專爲老師年譜一大事，幸勿再與放過。然欲成此稿，須吾輩各各自信此學，縱横權實，信手拈來，了無疑礙，信得老師妙手不涉安排，學術、事功打成一片，將精神描寫出來，方可以信今而傳後耳。

## 與魏水洲

歲終匆匆惜别，未盡請益之懷。日來道體想益充裕，但中秋結胎之旨，終覺有未盡契。若吾丈一種懇懇保任性命之心，教我多矣！

大抵我師「良知」兩字，萬劫不壞之元神，範圍三教大總持。良知是性之靈體，一切命宗作用，只是收攝此件，令其堅固，弗使漏洩消散了，便是長生久視之道。古人以日月爲藥物，日魂之光便是良知，月魄便是收攝日光真法象，所謂「偃月爐」也。其幾只在晦朔之交。不得先天真氣爲種子，皆後天渣滓也。幸密察之！

## 與魏水洲

省中會林艾陵，知吾丈山居靜養之迹，甚用慰浣。結丹許時，當有脱胎神化之漸。路阻未由覿叩，爲念。

近有方外傳圜中術者，徹頭徹尾，只以了性爲宗。性是萬劫不壞之真體，所謂無漏清淨法身。只緣歷劫虚妄，凡心不了，故假修命延年之術以爲煉養復性之基。徒守後天渣滓，不究性源，到底只成守尸鬼，永無超脱之期，上品先天之學所不屑道也。若能見性，不爲境緣所移，到處隨緣，緣盡則去，去來自由，無所礙滯，如金之離鑛，潛藏變化，皆由自得，方成大超脱，延促非所論也。中間精樞、氣機、神室、火候、進退、藥物、交媾，存乎口訣。何時與丈連牀默證，亦千載一快也。

## 與李原野

昨者匆匆奉晤，大衆中未緣細請，殊切耿懷。知吾丈默默之情，亦若相念不能忘也。吾丈氣正而行方，知不諧于俗調。吾人在世，自有隨身規矩，輕輕重重，權衡在我，不容差池。一切交承，辭氣違順之間，事體同異之迹，無大害于義者，自可放過。若其有所關係、不容放過處，亦須以平懷應之，直而勿亢，宛而勿阿，如權之稱物，隨其低昂而輕重自見。常令胸中廓然，弗作纖毫凝滯，固不容舍規矩以狥方員，亦不因輕重而爽吾權衡之用，爲不容已耳。且我能忘機，人之機亦將自息。感觸神應，不可誣也。上段評曰：善處世對症藥。

吾丈夜間少睡，亦是凝滯未釋，猶有機在。機眩神馳，沖氣散逸，展轉反側，祇益躁煩。不睡之因，或在于此。古人云：「未睡眼，先睡心。」若果百念放得下，無些子掛帶，自將頹乎其委順矣！湖中請教「息」之一字，非止對治之方，乃是養生要決，亦便是學問真正路頭。至人有息而無睡。睡是後天濁氣，息是先天清氣，莊生所謂「六月息」，孔子所謂「向晦入燕息」。息者，隨時休息之謂。終日間眼視色，耳聽聲，鼻聞臭，口吐聲音，手足動觸，魂魄精神隨意流轉，隨在洩漏，是謂生機。循晦至夜，機事已往，萬緣漸消，目無所見，耳無所聞，鼻無所臭，口止不言，四肢靜貼，魂魄藏伏，精神翕凝，一意守中，如潛如蟄，如枝葉剥落而歸其根，是謂殺機。生機爲順，殺機爲逆，逆順相因，如循環然，在知道者默而識之。若果信「息」之一字，可使終夜不打一鼾，不作一夢，一念炯然，自由自在。先天補益之功，自有出於昏睡之外者矣！若果信得及，可使終日酬應萬變，而此念寂然不爲緣轉。是謂通乎晝夜之道而知，聖功生焉，神明出焉。

蓋養德、養生原非兩事，但其求端用力，作用不同，中間行持頗有節候。回途就正，終此合併也。

## 與李克齋

承兄慰存，痛苦之情藉以少舒，江行亦漸遣釋。默默哀苦中，悟得自己只有一點靈光，是從生帶來的，雖男女至親，一些子靠不着，况身外種種浮浪長物，尚可藉以長久耶？

古人云：「非全放下，終難湊泊。」眼前且道放不下的是何物？吾人只在世間討箇完行名色，將一種好意見揀些好題目做，包裹周旋，討些便宜，挨過歲月，亦是結果了一生。若要做箇千古真豪傑，會須掀翻羅籠，掃空窠臼，徹内徹外，徹骨徹髓，潔潔淨淨，無些覆藏，無些陪奉，方有箇宇泰收功之期。

吾人今日之學，欲求取信於天下，須從自家信起。暗室之内，勿謂人可欺，鬼神時時照察。若自己處心積慮，一毫有愧於鬼神，便是自欺。縱使要討世間便宜，鬼神會能筭帳，不由人討得。鬼神與人，幽明只一理。欺不得己，便是欺不得人。自己信不過，欲求人之信己，譬之身入鮑魚，而欲求人以芝蘭親就，不可得也。

不肖賴天之靈，偶然得箇悟入，故深信不疑，以爲千古絕學，庶幾有在於此。不惜口業，每每與諸公一談，以盡交修之懷，非不自量也。若不是自己真有箇悟入處，雖盡將先師口吻言句，一字不差，一一抄謄與人説，衹成剩語。誑己誑人，罪過更大，以其無得於己也。諸公果肯信不肖之言不爲虚妄，只當聽信先師之言一般，還須轉個關捩子，旁批：

佛。默默體悟，方得相應。若只以世間包裹陪奉心腸，便欲承當此件事，譬之懦夫擔負九鼎，不待知者而後知其不勝任也。

## 與李克齋

藉庇已抵北關，一路感觸傷悼，苦情鬱鬱，所賴一點靈明自主自照，未至昏憒，始信古人「毀不至滅，哀亦是和」，不我欺也。

上天以此極傷心事降割於我，皆是不肖平時修行無力，包藏機智，欲與造化爭巧所致。驚洊雷而喪匕鬯，震及于躬矣！敢忘恐懼修省？自今以後，誓與心盟，徹骨徹髓，掃空巢穴，務令念念可質鬼神，無復一毫牽纏躲閃，順逆好醜皆作意安，庶不辜負上天一番成就至意。因此勘破世間原無一物可當情，原無此子放不下。見在隨緣，緣盡即空，原無留滯。雖兒女骨肉，亦無三四十年聚頭。從未生已前觀之，亦是假合相，況身外長物，可永保乎？所留會紀，敷陳梗概，傷於漏洩，亦是罪過。愛人念重，不覺縷縷至此。人生只有這件事，凡生時不曾帶得來、死時不曾帶得去的，皆不須一毫着念，認爲己物，方是超物外大丈夫。上句旁批：佛。公餘不妨與諸公時時覓會，究明此件事。此件事原是爲自己性命，教學相長，不是立門户、了故事做的。老師一脉，僅存如綫，望兄出頭擔負，從心悟證，從身發明，使此學燁然光顯於世，與吾黨作榜樣，不徒氣魄承當而已也。

## 與孟兩峰

與兄相違，忽忽復逾歲月，追憶滁陽燕遊聚處之樂，又在春雲之外矣。念之惘然。老師良知之旨，原是千古絶學。顔子一生功夫，只受用得此兩字。自顔子没而聖學亡，世之學者以識爲知，未免尋逐影響，昧其形聲之本耳。夫知之與識，差若毫釐，謬實千里，不可不辨。無分别者，知也；有分别者，識也。知是本心之靈，是謂根本知，無知無不知。性是神解，不同妄識托境作意而知，亦不同太虚廓落斷滅而無知也。

弟與兄同事夫子，聞之已熟，於此勘得更何如？此事性命根原生死關捩，其機只在一念入微處取證。不肖衰年行持，亦不出此。千萬自愛。八十老儂，於世情更有何放不下？惟生死一念，眼前實境界，於此超得過，不爲恐怖，方是世出世法，方是豪傑作用。幸兄重留意焉。

## 答章介菴

伏領來教，併附東廓丈二書，知我丈憂道苦心，愛我良切。聖賢立教，皆爲未悟者說；因其未悟，所以有學。

來教謂：「周子『無欲故靜』，朱子以心無妄動爲靜，正是吾人學則。因其有欲，故須寡之以至于無欲；因其有妄，故須反之以復于無妄。自然無欲無妄者，聖人也；勉強以求至于無欲無妄者，學者之事也。中間淺深難易，生熟分限，何啻什百？然其求端用力，只有此一路。辟之學字，從寫仿書以至于羲、獻，精神轉折萬萬不同，然其布紙下筆，同此一畫，但有巧拙生熟之分耳。聖人自有聖人之學，上達不出下學之中。若以聖人不假修習，超然上達，則虞廷精一之功果何所事也？夫孩提知愛，及長知弟，此是德性良知本體；不由見聞而得，聖人與衆人所同有，非因悟始有。」

高虛狂誕，正是倚靠虛見，包藏欲根，不肯實落在德性上克念，以收掃蕩清明之功。乃倚靠包藏之爲害，非良知有所不足，須假借聞見以助益之也。大易「艮背行庭」之旨，正是學者求止功夫，其喫緊正是「艮其背」上用功。「艮止」功夫不分寂、感，時時是寂，時時是感。時時在感應上做得主宰，不爲外境所遷，是謂「敵應」，不相與也。是以「不獲其身」，「不見其人」，忘己忘物，而得無咎也。賢如溫公，終身未能到此，只爲未悟艮止之意，未免爲「中」所繫縛。大抵敦行與悟入，功夫須有辨。自古豪傑而未至于聖人者，只少此一著耳。若以虛見爲悟入，何啻千里！

## 答季彭山龍鏡書

令嗣令、坦回自江右，兩辱手教，且遣執禮，迂疏譾薄，愧無相益，徒有抗顏。二子質性頗粹，習氣未深，况久在爐鞲中，意思自好。但未能數會，共致切劘之情耳。

來教亹亹數百言，及與月山所論「龍鏡」一書，深懲近時學者過用慈湖之弊，足知任道懃懇、憫時憂衆之懷。某不佞，敢忘佩服？細繹來旨，尚有毫釐欲就正處。茲據其略以請，非敢質言，正以求益也。

丈云：「今之論心者，當以『龍』而不以『鏡』，惟『水』亦然。」云云。夫人心與物無對，無方體，無窮極，難于名狀，聖人欲揭以示人，不得已取諸譬喻，初非可以泥而比論也。水、鏡之喻，未爲盡非。無情之照，因物顯象，應而皆實，過而不留，自妍自醜，自去自來，水、鏡無與焉。蓋自然之所爲，未嘗有欲。聖人無欲應世、經綸裁制之道，雖至于位天地、育萬物，其中和性情、本原機括，不過如此而已。著虛之見，本非是學，在佛、老亦謂之外道，只此著便是欲，已失其自然之用，聖人未嘗有此也。

又云：「龍之爲物，以驚惕而主變化者也。自然是主宰之無滯，曷嘗以此爲先哉？坤道也，非乾道也。」云云。其意若以乾主驚惕，坤貴自然；驚惕時未可自然，自然時無事驚惕。此是墮落兩邊見解，易道宗原恐未可如是分疏也。夫學當以自然爲宗。驚惕者，自然之用，戒謹恐懼未嘗致纖毫力。有所恐懼則便不得其正，此正入門下手工夫。乾乾不息，終始互根，竭力而不以爲勞，省力而不以爲息，道並行而不相悖也。自古體易者莫如文王。文王「小心翼翼，昭事上帝」，廼是真自然；「不識不知，順帝之則」，廼是真驚惕。乾、坤二用，純亦不已，是豈可以先後而論哉？孔子「發憤忘食，樂以忘憂」，孟子「必有事焉而勿正」，義皆類此。或者以爲聖人本體自然無欲，學者工夫豈能徑造？是殆未知合一之旨也。夫道一而已矣。滕文公未嘗學問，孟子開口便教以法堯、舜，師文王，豈漫爲之説以誣世哉？誠見道之本一，而學之不容以異也。聖人、學者，本無二學；本體、工夫，亦非二事。聖人自然無欲，是即本體便是工夫；學者寡欲以至于無，是做工夫求復本體。故雖生知安行，兼修之功未嘗廢困勉；雖困知勉行，所性之體未嘗不生而安也。舍工夫而談本體，謂之虛見，虛則罔矣；外本體而論工夫，謂之二法，二則支矣。此在吾人自思得之，非可以口舌爭也。

其云：「以驚惕而主變化，不若以無欲而主變化，更爲得理。」驚惕只是因時之義，時不當故危厲生，惟惕始可至于無咎，非龍德之全也。無欲，則自然驚惕，當變而變，當化而化，潛見飛躍，神用無方，不涉踪迹，不犯安排，吾心剛健之象，帝命之不容已者，正如此。習懶偷安，近時學者之病則誠有之，此却是錯認自然，正是有欲而不虚。若便指爲先迷失道，以坤體言虚，一入于此，便有履霜之戒，則不惟辜負自然，亦辜負乾坤矣。意根楊慈湖「不起意」之説，善用之未爲不是。蓋人心惟有一意，始能起經綸，成德業。意根于心，心不離念，心無欲則念自一。一念萬年，主宰明定。無起作，無遷改，正是本心自然之用，「艮背行庭」之旨，終日變化酧酢而未嘗動也。纔有起作，便涉二意，便是有欲而罔動，便爲離根，便非經綸裁制之道。慈湖之言，誠有過處。無意無必，乃是聖人教人榜樣，非慈湖所能獨倡也。惟其不知一念用力，脱却主腦，莽蕩無據，自以爲無意無必，而不足以經綸裁制，如今時之弊，則誠有所不可耳。

又云：「良知因動而可見，知者主也。」恐亦未爲定論。易曰「乾知太始」，良知即乾知，靈明首出，剛健無欲，混沌初開第一竅。未生萬物，故謂之大始。順此良知而行，無所事事，便是坤作成物。本義訓「知」爲「主」，反使聖人喫緊明白話頭含糊昏緩，無入手處。只一「知」字且無下落，致知工夫將復何所屬耶？夫良知兩字，性命之根，至微而顯，徹動徹靜，徹内徹外，徹凡徹聖，徹古徹今，本無污染，本無增損得喪，寂感一體，非因動而後見也。老師雖爲拈出示人，原是聖門宗旨。蓋「有不知而作，我無是也」，「吾有知乎哉，無知也」，「夫婦之愚可以與知，聖人天地所不能盡」，蓋指此良知而言也。範圍天地，曲成萬物，其要只在通乎晝夜之道而知。即此知是良知，即此知是致知；即此知是本體，即此知是工夫。純此之謂乾，順此之謂坤，定此謂之素定，覺此謂之先覺，主此謂之主靜，盡此謂之盡性，至此謂之致命，非有二也。顔子發聖人之藴以教萬世，所學何事？顔子有「不善未嘗復行」，「不遠而復」，復者復此良知而已。惟是良知精明，時時作得主宰，纔動便覺，纔覺便化。譬如明鏡能察微塵，止水能見微波。當下了截，當下消融，不待遠而後復，謂之聖門易簡直截根源。當時子張、子貢、子夏諸賢，信此良知不及，未免在多見上擇識，言語上求解悟，憶上求中，湊泊幫補，自討繁難，所以不及顔子。故顔子没而聖學遂亡。説者謂明道之學有似顔子，觀其「動亦定，静亦定」、「應迹自然」、「澄然無事」之論，原委條貫，亦可概見。今日良知之學乃千聖相傳密機，顔子、明道所不敢言者。後之儒者不明宗旨，祗是傳得子張以下學術，顧疑良知孤單，不足以盡萬物之變，必假知識聞見而合發之，反將直截根源賺入繁難蹊徑上去，其亦不思甚矣！

夫良知之于萬物，猶目之于色，耳之于聲也。目惟無色，始能辨五色；耳惟無聲，始能辨五聲；良知惟無物，始能盡萬物之變。無中生有，不以迹求，是乃天職之自然，造化之靈體。故曰：「變動不居，周流六虛。」「不可爲典要，惟變所適。」易即良知也。今疑此爲不足，而猶假聞見以爲學，是猶假色于目以爲視，假聲于耳以爲聽，如之何其可也？夫良知未嘗離聞見，而即以聞見爲知，則良知之用息；耳目未嘗離聲色，而即以聲色爲視聽，則耳目之用廢。差若毫釐，謬實千里！豈惟不足以主經綸而神變化，擠閉靈竅，壅閼聰明，將非徒無益，而反害之也！愚竊有隱憂焉。

雖然，孔門諸賢誦法孔子，皆以聖人爲學，雖不免意見之雜，然未嘗落于世情。今時之弊，則又十百千萬于此矣！蓋自伯術以來，功利世情漸漬薰染，入于人之心髓已非一朝一夕之故。吾人種種見在好名、好貨、好色等習，潛伏膠固，密制其命，不求脱離，終日倚靠意見，牽搭支撑，假借粉飾，以任情爲率性，以安逸因循爲自然，以計算爲經綸，以遷就爲變通，以利害成敗爲是非，以憤激悻戾爲剛大之氣，方且圖度影響同異，駕空獵虛，談性説命，傲然自以爲知學。譬如夢入清都，自身正在溷中打眠，全無些子受用。今日學問所以不能光顯于天下而致兹多口，在吾人誠有不得不任其咎者矣！

此事關涉甚大，豈可强爲？吾人欲與直下承當，更無巧法，惟須從心悟入，從身發揮，不在凡情裏營窠臼，不在意見裏尋途轍，只在一念獨知處默默改過，徹底掃蕩，徹底超脱。良知真體，精融靈洞，纖翳悉除，萬象昭察。緝熙千百年之絶學，以抵于昌大休明，使人不以西河致疑于夫子，始爲報答師恩耳。

某本貧人，無可受用，然説金處，自信頗真。執事，師門猗頓也，倘忘其乞食之嫌，相信弗疑，不以世情意見參次其間，則此學真如精金，將益光顯于世。德日崇，而業日廣。人心世道，庶乎有一變之機矣！

## 與潘笠江

去住匆匆，雖未盡請益之懷，吾丈拳拳款教之至情，飲茹多矣！

丈平時好養生之術，自謂已得其髓。吾儒之學未嘗不養生，但主意不爲生死起念。陽明先師「良知」兩字，乃是範圍三教之宗，是即所謂歷劫不壞先天之元神。上句旁註：佛。養生家一切脩命之術，只是隨時收攝保護此不壞之體，不令向情境漏泄耗散，不令後天渣滓攙和混雜，所謂神丹也。凡鉛汞、龍虎，種種譬喻，不出「性情」兩字。「情來歸性初，乃得稱還丹」，已一句道盡。外此皆旁門小術。吾儒「未發之中」、「發而中節之和」，皆是此義。其要，只是一念之微識取。戒懼慎獨而中和出焉，即火候藥物也。上句旁註：仙。中和位育，即宇宙在手，萬化歸身也。此千聖相傳性命之神機，在人時時能握其機，不爲情境所奪，不爲渣滓所染，謂之「還丹」。隨緣聚散，一日亦可，百年亦可，更無生死執吝。與太虛同體，與大化同流，此大丈夫超脱受用、功成行滿之時也。

微軀繫念，去道日遠；千聖過眼，良知吾師。毋謂吾儒與養生家各有派頭，長生念重，未肯放舍。望只專心定念，承接堯、舜、姬、孔一派源流，亦不枉却大丈夫出世一番。未脩僊道，先脩人道，到此辨别神僊有無，未爲晚也。

## 答萬履菴

區區「思慮未起，不與已起相對」之説，執事謂「如此立言則太玄遠，不免影響之疑。中庸言發而中節，不言不發也。但吾人戒懼之功，未發時尤爲緊要」云云，此是後儒通見，不足爲異。其實，未發不以時言。心無體，故無時無方。故曰「出入無時，莫知其鄉」。吾人思慮，自朝至暮，未嘗有一息之停。譬如日月自然往來，亦未嘗有一息之停，而實未嘗動也。若思慮出于自然，如日月之往來，則雖終日思慮，常感常寂，不失貞明之體，起而未嘗起也。中庸喜怒哀樂觀於未發之前，可以默識矣。不論鈍根利器，皆須如此行持，此萬古人心之本體。上乘如此用力，是即本體是功夫；下學如此用力，是合本體爲功夫。若有未發之時，則日月有停輪，非貞明之謂矣。學者果能日加點檢，如痛癢之切身，實犯手做，無一毫遮飾其間，雖分未發、已發，亦不妨有用力處。久久悟入，自當忘見。但既有所分，終非動靜無端破的之學。此是從一念立根基，無分無合，不可須臾離之日履。顧謂懸空妄想，捕風捉影，卒之修身應事無一得力，是徒泥典要，而反懼變動周流之爲虚幻也。執事謂不肖稟上品之資，若故爲玄遠之説以蕲人之信，不惟過情之譽非所敢當，亦非區區就正之初心矣。

## 與吕沃洲

見邸報，知爲聖心眷留。儒者得君，自合有此。存齋公同志，默主斯道之柄，道義夾持，夔龍滿座，兄以邁志玄覽，倡率鼓動其間，得朋之慶，不占有孚。弟去秋過江右，與雙江、念菴、少初、疎山群聚默證，頗受教脩之益。人生只有此一事，固不以出處有間也。念菴雖不出户，却儘耐煩，同善之心，比舊較切。惜東廓丈捐背，遠邇傷悼。弟冬仲適至安成，三千里同心之交，得盡永訣，人皆以爲奇事。東廓平生學博名高，禄位崇峻，子姓福澤盛長，世皆羡之，臨時一些帶不去。旁批：佛。可自信者，惟炯然一念光明，不令昏散，爲末後了手一着。其他種種，皆屬空華。旁批：佛。吾人未死之年，倘身外些子放不下，縱使勛業横四海，辯才超三界，皆是前塵影事，旁批：佛。與本來性命未見有纖毫干涉也。古云「一念萬年」，旁批：佛。平時感應，于物物頭上，萬境忘情，念念無雜，無昏無散，臨時始能不昏不散，不爲境轉。所謂「通晝夜之道而知」，知晝夜，則知生死矣！

弟年來于此件事頗覺切心，亦頗有悟入處。去年白下之會，草草未盡所謂。老師良知宗旨，虚靈寂照，乃是萬劫不壞真性。旁批：佛。此性無體，易于緣物，一切命術是錬性之法，不過收攝堅固此件而已。譬之日光普照，必得月魄爲之收攝，始能斂而不散，凝而不溢。相視而能久照，其機只在晦、朔之交。自朔至望，性歸于命；自望至晦，命伏于性。返照逆流，水火交姤，升降消息，自然之所爲，乃真境界。若非真性作用，皆旁門小術，儒者不道也。

## 與吕沃洲

獻歲譒知道履亨泰，爲慰。去年訟事，是吾丈魔障所遭，但降魔功夫尚覺有大動念處。

機雖已息，純白未免受傷。老年鋪面，只應收攝保愛，討個受用。經此一番狼藉，與泰然忘機境象，有差別否？蓋緣吾丈平生證入尚未離見，因見生機，因機作業，乘業發見，見復成境。蓋見地未忘，謂之「見剩」。以此爲對治之法，謂之法塵。此中須有一着大轉身處，未可只如此挨徘遣釋，以爲究竟法也。不肖受吾丈信愛，當不以率直爲嫌。吾人八十上下，煞該喫緊時候。應緣而來，緣盡而往，獨往獨來，討箇臨行脱洒受用，方不負大丈夫出世一番也。

## 與潘水簾

此件事是吾人隨身資糧，不可一時不究察，但其間煞有機竅。若不得其機，不入其竅，雖終日檢點矜持，只成義襲之學。且如司馬君實，平生無妄語，心事可質神明，名重四夷，豈非世間豪傑之士？但一念入微未得穩貼，每疚於心，時常念個「中」字，未免又爲「中」所纏縛。其擬玄作潛虛，亦是繫心之法，以其未得機竅也。人心本虛，本有「未發之中」，若悟得時，「中」不待念，虛不待潛，反身而求，無不具足。時時慊於心，是謂集義所生，孔、孟家法也。自古聖賢須豪傑人做，然豪傑而不聖賢，亦容有之。未免行不著，習不察，未爲聞道，以其未悟也。

陽和謂予曰：「學者談空説妙，無當於日用，不要於典常，是之謂『詭』。口周、孔，身章縫，而行商賈，是之謂『僞』。懲詭與僞之過，而遂以爲學可不講，友可不會，獨學自信，冥行無聞，是之謂『蔽』。間有『行比一鄉，智效一官』，自以爲躬行君子，安於小成而不求上達，是之謂『畫』。兹四者病雖不同，其爲無得于學，均也。上段評曰：好。陽明先生云『心之良知是謂聖』，揭出『致良知』三字示人，真是千古之秘傳、入聖之捷徑！時時提醒，時時保任，不爲物欲所遷，意識所障，易簡廣大，天下之能事畢矣。某非私一陽明先生，千聖之學脉的然在是，不可得而異也。」可謂卓然自信，勇於任道者矣！

舊有會所曰水西最盛，今廢矣！聞之惻惻動心。昔元老諭及友人屠坪石司成，謂「屠子好談理學，雅稱同志」，不惟不以爲諱，且從而縱臾之。當事者之心，蓋可諒矣！其意切切以虛談無實爲戒：「魚兔未獲，毋舍筌蹄；家當未完，毋撤藩衛。」蓋將以明之，非有所作惡而欲抑毀之也。上段評曰：好甚，好甚！但恐吠聲怖影之徒，巧於承望，遂致有所變置改毀，反使志學初心鬱而未暢，至動海内善類之疑。上句評曰：苦哉！譬之太虛清明中忽生片雲，未免有所點綴。世道污隆，學術興替，舉足重輕，關係不小。此等氣象乃末代陋習，非聖世所宜有。別嫌明微，當事者不可以不慎也。

## 與陸平泉

某不類，荷公教愛獨深，每憶龍池燕坐，超然默對之樂，恆不忘夢寐間。邇來靜中課業更何如？

所請中庸「未發」之旨，乃千古入聖玄機。虛以適變，寂以通感，中和位育乃其功用之自然，非有假於外也。世之學者不得其機，未免涉思爲，泥典要，甚至求假于刑名器數助而發之，充其知識，以爲儒者之學在是矣。語及虛寂，反鬩然指以爲禪。上句評曰：是。間或高明之士有得於禪者，復以儒者之學在於叙正人倫，未盡妙義，隱然若有伸彼抑此之意。上二句評：信佛。聖學何由而明乎？

先師良知之教，信手拈出，不學不慮，周於倫物之感應，千聖之絶學也。人孰不聞，能實致其知者有幾？能悟於言句之外者有幾？况海内同志凋謝，落落如晨星，一綫之脉，所存幾何？我公深信先師之學，又深有得於禪理，同異毫釐之間，辨之已久，幸有以終教之。

夫我公托疾，決志還山，人言有所不恤，是非有矯於世，亦非優游好遁求以適逸、薄君寵而不顧也。既爲此大事因緣出世一番，固將心存萬古，了此大事，思以繼聖修而開來學。此等苦心，豈士之譾譾者所能識？亦求自信而已。

不肖年逾七十，百慮盡灰，而一念求助之心，老而彌切。相觀相證，以衍此一脉之傳，固不自量之鄙懷也。既辱誤愛，亦豈能恝然忘情于不肖哉？

存齋公好學不倦，見處超然，誠睿聖之資。公既密邇，不惜時過周旋，了此究竟之説。譬寶珠入于猗頓之手，人將益信且愛，比之貧兒衣帶所繫，萬不侔矣！存齋公門第峻絶，雖極謙光，鄉人未盡孚協，此亦一大魔障，勢使然也。入得魔，降得魔，不作礙相，方是大佛作用。公會間幸默致此意，時時以武公不愧屋漏之學相詔勉，洒掃庭內，法行自近，以示訓于鄉人。即此便是中和位育真胚胎，使聖學彌有光于世，固吾黨大幸，亦大願也。

## 與陸平泉

我公靜養多年，驟當忙局，日應萬變，此心寂然，素定之徵也。向嘗請教入佛入魔之説，公已無逆於心。魔有二，有正道試法之魔，有陰邪害法之魔。若于此中識得破，打得徹，弗令試脱，弗爲擾害，方是超出三界大佛作用。上句評曰：好，好！我公深契師門宗旨，良知兩字是照妖大圓鏡，真所謂赤日當空，魍魎潛消者也。新天子踐祚，童蒙之吉，得公以剛中之德相應，助成聖功，亦千古大快事！然此未易言也。包蒙納婦，方爲克家之子。非有入魔真手段，未足以與此。幸默識之。

## 與陶念齋

天子新祚，睿知夙成，童蒙之吉。執事任養蒙之責，其功貴豫。竊意治有大本，有大機，大本莫切於明聖學，大機莫切於和人心。聖學明，蒙養之功始有所就；人心和，協恭之化始有可成。養正之術，全在内外得人。在外，須復祖宗起居注舊制，訪求海内忠信文學之士數輩，更番入直，以備顧問，以供燕遊。〔一〕在内，所賴全在中官。蓋幼主深處宮闈，舍此輩無與周旋、承事。此輩伎倆，染習雖深，然未嘗無是非本心，利害未嘗不明。吾輩無耻者，方倚以爲速化之術。其孑孑自好者，視此輩爲異類，若將浼己，絶不與通，則又若矯枉之過矣。今日欲事蒙養，須與此輩通一線之路。誠心相處，開其本心之明，示以禍福利害之機，使此輩知吾黨之可賴，當有忻然悦而趨向者。得此輩辦幾分好心腸，隨時引沃、輔理之益，奚啻外廷百倍！非有不二心之臣、圓機之士，未

〔一〕「在外」云云句，據蕭良榦本恢復，以保持文意的完整性。

足以語此。

周公輔成王，惓惓于綴衣虎賁之士。所謂綴衣，即今尚衣供奉之役；虎賁，即今持戟護屏之役，正指此輩而言也。蒙九二「包蒙納媍」之吉，其旨深矣！所謂明聖學以成養蒙之功者，有如此。唐虞之朝，同寅師師，相讓相親，視爲一體手足耳目，共爲腹心之用，以成正大光明之業，不必出于己也。後世一體之學不明，人各有心，交搆忿忌，上下爭馳于利，以相圮軋，欲成一體之治，不可得矣。所謂和人心以昭協恭之化者，如此。

不肖隱憂不忘，眠食之外，以心代力，纂輯中鑒録三册，寄麟陽世丈處，可索取觀之。倘以爲有補萬一，或抄録數册，擇此輩可與言者，無意中授以一册，遞相傳玩，少知勸阻，興其善念，拂其邪心，未必無少助耳。上段評曰：何等心腸！吾儒之學原與物同體，非止爲自了漢。此念本天授，不以世界窮達有加損、人類同異有揀擇。大丈夫爲大事因緣出來救世一番，皆吾分內事也。亮之。

## 與陶念齋

總評：通篇詞嚴義正，先生真其人哉！

致知無巧法，無假外求，只在一念入微處討真假。一念神感神應，便是入聖之機。孟子所謂集義，是時時求慊于心。纔有億度，便屬知解；纔有湊泊，便落格套；纔有莊嚴，便涉氣魄，皆是義襲，王伯誠僞之所由分也。唐虞之時，所讀何書？危微精一之外無聞焉。後儒專以讀書爲窮理，循序致精，居敬持志，隔涉幾許程途！揣摩依彷，將一生精神寄頓故紙堆中，忘却本領工夫，談王説伯，别作一項伎倆商量，晦翁晚年亦已自覺其非矣。所謂君子之過，聖賢之用心也。先師信手拈出「良知」兩字，不學不慮，以直而動，乃性命之樞，精一之宗傳也。

邇者浙江撫按連疏申舉先師從祀，以補聖朝之缺典，已蒙平泉宗伯題請。荷聖旨俞允會議，近今未見題覆。聖天子睿知夙成，童蒙之吉，柔中之德，臨之于上，諸大老以剛中之德應之于下，剛柔相濟，大義自定。雖有紛紛之論，無自而入也。吾世丈既已深信其學，又當可爲之時，會須明目張膽，一陳昌言，使此學曉然光顯于天下，已信者益堅其信心，未信者漸釋其疑慮；使忌者獻誠，慢者致恭。所謂萬代瞻仰，清明一盛事也。

夫學有嫡傳，有支派，猶家之有宗子與庶孽也。良知者，德性之知；性無不善，故知無不良。明睿所照，默識心通，顔子之學，所謂嫡傳也。多學而識，由於聞見以附益之，不能自信其心，子貢、子張，所謂支派也。蓋良知不由聞見而有，而聞見莫非良知之用，多識者所以畜德。德根於心，不由多識而始全，内外毫釐之辨也。顔子没而聖學亡，後世所傳者，子貢、子張一派學術，沿流至今，非一朝一夕之故。先師所倡良知之旨，乃千聖絶學，孔門之宗子也。漢、唐以來，分門傳經，訓詁註述之徒，所謂庶孽者，昂然列于廡下，而爲宗子者尚泥于紛紛之説，不得並列于俎豆之間，以承繼述之重，豈亦有似是而難明者乎？

向來臺諫言事者，每以薛文清與陽明先師並舉從祀。説者謂〔二〕，文清之學舉世皆以爲是，而陽明尚有議而非之者，久之以待其定。夫丈夫蓋棺事已定矣，何待於久！若以是

〔二〕「謂」原作「爲」，據丁賓本改。

非之有無爲高下，恐非所以卜人品而明學術也。自良知之學不明于世，人人失其本心，未免以毀譽爲是非。是其所非，非其所是，容有之矣。是非者，好惡之所從出也。孔子云：「不如鄉人之善者好之，不善者惡之。」若徒以毀譽爲是非，鄉愿之媚世反若賢于仲尼也，而可乎哉？世有冒認宗傳、以庶易嫡，是非無從而明者，則滴血以爲證。良知者，是非之則，千聖相傳真滴血也。

人品之高下，係學術之邪正；學術之邪正，係吾道之盛衰；吾道之盛衰，係世運之污隆。此在當局諸公主持世教之責，非區區阿好所得而私也。

答趙尚莘

使至，拜領手書，儼對顔面。所示日來工夫，想見兄日用行持煞肯用力，煞肯參究。此中正好商量。「嗜慾深痼，割情極難。」此已一句道盡。若非極下苦功，令本心時時作得主宰，未有不以從欲爲自然者。孔子年七十，方能從心所欲不踰矩，吾人豈可容易放過？

然此却非禁絶所能制，須信本心自有天則方爲主宰，須信種種嗜欲皆是本心變化之迹，時時敵應，不過其則，方爲煅煉。上句評曰：切。若不信得這些子，只在二見上湊泊支持，下苦工時，便是有安排；討見成時，便成無忌憚，未免墮落兩邊，其爲未得應手，則一而已。

## 與趙尚莘

承示本體、工夫合一之意，此本簡易明白，但吾人習于聞見，本體外别作一項工夫商量，故見其有不合處。要之，還是爲性命心未懇切，未免從見上轉。

## 與趙尚莘

去住匆匆，未盡合併，别後怏怏，如有所失。

包裹扭捏，是吾人通病。今亦不能于病上屑屑去得，只密察本來真性，時時令其直達流行，不從痛癢上起廻護見，則包裹自去；不從名色上起照管見，則扭捏自除。時時是真性直達，乃是真放下；時時是真性流行，乃是真舉揚。若作二義商量，未免墮落兩邊見解，于本性上未免有一紙之隔。上段評曰：切。所當深究而早辨者也。

不肖承兄誤愛，二人同心，其利斷金。一切毀譽之來，正可爲吾人切劘之助。若以此過動其心，則又惑矣。

## 答趙尚莘

領兄手教，知爲這件事甚着緊。吾人此生，原只有這件事，但世人凡緣染重，外境累深，未免將自己精神向外馳求漏泄，反把這件事作第二義看。間有覺破其弊、欲與收攝、自爲主張者，又未免從意見、好名色上扭捏轉移，不肯專專向一念上求生死下落。上句評曰：佛。是與終日馳求者雖稍不同，其爲不得真性流行，則一而已。

## 答茅治卿

向承以所見録示，足知信道之勇，求悟之切。細閲來教，見處不無，大都從意解上湊泊，不免纏繞文義，未見有超然悟入之趣。昔人謂「葛藤窠」，其信然耶？某非不欲答，恐分疏得明時，反滋葛藤之病，姑爾遲遲，非敢自外也。再辱手教，令人心目開明。「未得謂得，未證謂證」，是兄真實不誑語。某今則可以言矣。

來教謂：「道理本來具足，起心求之而愈遠，放下即是。天地設位，而易行乎其中。齋戒神明，洗心退藏，此也。」所見彌近，然亦從耳根入來，終費許多摹擬。只今且道所起是何心，所放是何事，行乎其中是何物，所齋戒、所退藏是何行持？若是真悟漢，言下便須了徹，才涉商量，劍去久矣！旁批：佛。

來教疑「致知」反在「格物」之先。夫先師格物致知之旨，本無先後。致知者，致不學之知，是千古秘密靈明之竅；格物者，格見在之物，是靈明感應之實事。故致知在于格物，則知非空知；格物本于致知，則物非外物。此孔門一貫之旨，無內外，無精粗，而不可以先後分者也。世固有以明心見性爲致知者矣，而遺棄人倫物理，則真性便有不遍之處，是謂落空；亦有以窮至物理爲格物者矣，而以知識爲知，反在事物上求箇定理，則內外便成對法，是謂玩物。二見紛紜而聖學始亡，道之不明于世，有自來矣。

來教云「湯、武以下用何工夫而至此」，云云。夫良知本來是真，不假修證，只緣人我愛憎分別障重，未免多欲之累，才有所謂學問之功。堯、舜清明在躬，障蔽淺，是即本體便是功夫，所謂性之之學。湯、武以下，嗜欲重，障蔽深，是用功夫求復本體，所謂反之之學。其用力雖有難易深淺不同，而于良知本來實未嘗有所加損也。然非獨聖賢有是也，人皆有之。雖萬欲沸騰之中，若肯反諸一念良知，其真是真非炯然未嘗不明，只此便是天命不容滅息所在，只此便是人心不容蔽昧所在。此是千古入賢入聖真正路頭，舍此更無下手用力處矣。

吾人甘心不學則已，學則當以顔子爲宗。顔子不遠而復，且道顔子是何學？迺孔門易簡直截根源，先天之學，非可以知解、想像而求者也。自此義不明，後世所傳惟以聞見臆識爲學，揣摩依仿，影響補湊，種種嗜慾，反與假借包藏，不肯歸根反源，以收掃蕩廓清之績，是殆壅閼靈明而重增障蔽也。沿流以至于今，其濫觴又甚矣，豈不可哀也哉！先師一生苦心，將「良知」兩字信手拈出，直是承接堯、舜、孔、顔命脉，而其言則出于孟氏，非其所杜撰也。世儒不此之察，顧一倡群和，鬨然指以爲禪，將易簡宗旨反墮于支離繁難而不自覺，豈不重可哀也哉！

## 與諸南明

吾兄處盛世，位清班，養望自高，霄漢事業可以立致。然區區所望於兄，更有進於是者。

人生貴聞道，始有安身立命之地。先師提出「良知」二字，乃是至道之精神。神感神應，真是真非，一毫不容自昧，乃易簡直截根源，千聖從入之真機。世之學者信此不及，以爲不足盡天下之變，反雜以知解、意識，或泥于格套、名義，揀擇假借，自討煩難，昧其機而不自覺耳。吾兄於此既有所悟入，安身立命當不假於外求。蓋良知之宗，寂而常照。舜之明物察倫，照之用也；由仁義行，寂之體也。是謂明覺之自然，是謂無爲而治。千古經綸之學，盡於此矣！纔有不寂，種種明察皆爲用知；纔有所雜，有所泥，種種事業皆爲義襲而取。真假毫釐之機，辨之於一念之微，所謂是非之則也。

我朝開國以來，狀元進位宰輔者無慮數十輩。再世之後，名消影息，皆蕩爲太虛，析爲浮塵。而世之所指而仰者，不過某某數人而已。然則所恃以不朽者，固在此而不在彼也。

與屠竹墟

天地間豪傑有數，此生倏聚倏散，能幾何時？自己真性命會須安立處。人生精力有限，自有嗜欲以來，破敗不少，古爲強仕之年，今爲始衰矣！若不及時回頭撙節保愛，終日經營身心之外，雖有美譽奇業，到底只成眼前空華，所濟恁事？上句評曰：此人好色。某不肖，不能早覺以祇于悔，今以悔心就質于有道，求助之望也。千鈞〔二〕之鼎，非烏獲不能勝。執事既已豪傑矣，豈肯將聖賢事作第二義？欲見宗廟之美、百官之富，須得其門而入。所謂「性命」兩字，乃入聖賢血脉門路也。自性自修，自命自固。爲性命之心重一分，嗜欲自然輕一分。全是性命之心，種種嗜慾自然淡息得下，所謂持衡之勢也。

## 與李中麓

吾人此生惟此一大事。旁批：佛。吾兄既已見得及，豈宜復爾悠悠？古云：「不雜學故精。」吾兄天性如許聰明，凡所學習便能悟入，不可及處在此，受病處亦在此。蓋纔能入便得趣，纔得趣便難歇手，不可以不早辨也。

堯、舜之知而不遍物，皋、夔、稷、契之才不相兼而用，蓋人之用心，一則精，二則雜。吾人些小精神，視昔堯、舜、稷、契何如？全體收攝，打歸一路，猶恐不濟事，而乃

〔二〕「鈞」原作「鈎」，據丁賓本改。

欲泛泛然遍其所不能遍、兼其所不能兼之務，亦見其惑矣！此中不無有心病，畢竟是好名好勝念頭未能忘却。雖種種力行好事，只在氣魄上支持；種種談説妙義，只在想解上湊泊。轉轉周羅，反從勝心裏增起一番藩籬，終身未見有出頭期也。若是真爲性命漢，言下便有決烈，便須通體放下，旁批：佛。以求日新。寧忍更作有漏因果，旁批：佛。甘心墮落爾耶？旁批：佛。

所議官〔一〕中事體，見兄意象紛紜，疑根未淨。畢竟在名色上轉，在對箄窠臼裏作活計。要之，還是致知格物之學未盡明透。此學鍼鍼見血，旁批：佛。不涉皮毛；真是真非，本來明白；隨所感應，條理自見。譬之赤日當空，容光必照；螭魅魍魎，從何得來？此原是聖門直截根源，旁批：佛。一了百當。旁批：佛。後儒却被聞見、知解纏繞，自討繁難，所以信不及。相沿既久，被他終身埋没，不自覺耳。

〔一〕「官」原作「宫」，據蕭良榦本改。

## 答羅念菴

讀來教，知日來於此件事殺有著落，吾道何幸！但此中不可生證解。良知非知覺之謂，然舍知覺無良知。良知即是主宰，而主宰淵寂，原無一物。旁批：佛。吾人見在感應，隨物流轉，固是失却主宰，若曰吾惟于此處收斂握固，旁批：老。便有樞可執，認以爲致知之實，未免猶落內、外二見。上句評曰：佛。固知吾兄見處圓融，雖精神著到而不著一物，然才有執著，終成管帶。旁批：佛。只此管帶，便是放失之因。比之流轉馳逐雖有不同，其爲未得究竟法，則一而已。兄且道孩提精神曾有著到也無？上句評曰：妙，妙！鳶之飛，魚之躍，曾有管帶也無？驪龍護珠，終有珠在；以手持物，終日握固，會有放時。不捉執而自固，乃忘于手者也。惟無可忘而忘，故不待存而存。此可以自悟矣！

所謂致知在格物，言致知全在格物上，猶云舍格物更無致知工夫也。如雙江所教，格物上無工夫，則格物在于致知矣。不肖虛實相生之云，本無深説。良知之體本虛，而萬物皆備，物是良知凝聚融結出來的。格物是致知之實，合內、外之道也。致知不在格物，便是着空。因兄見示，已曾有簡請質，并達雙江，豈期尚未至耶？有未當心，不惜頻教，求正之願也。

## 與羅念菴

兄見在行持，曲盡物理，已知不落格套，誠經綸之實際。但云見在良知必待脩證，旁批：佛。而後可與堯、舜相對，尚望兄一默體之。蓋不信得當下具足，到底不免有未瑩處。欲懲學者不用工夫之病，并其本體而疑之，或亦矯枉之過也。這些子似若不打緊，千古學術主腦毫釐之辨，關涉不小，故復以請正于兄，當在所諒察也。

得緒山兄書云，與兄商訂年譜，已有次序。學術、事功須混作一項，提掇學術處詳明曲盡，而于事功種種應迹，正是此學術下手處。使人讀之，則可以默證此學之精微，方是傳神手筆。不知兄以爲何如？先儒誌狀之外，或年譜遺處，皆有各人補傳別誌。凡兄所的聞，如與周龍江云云等類，還望作一「補遺」發明這件事，使後來有循據，不致謾地抹過，亦吾人之責也。

均役事，歲終想已完結。蓋爲鄉人作數十年福緣，不得不以身任之。然此亦是一時應迹。根極性命宗原，則百尺竿頭所進，還復有着腳處。古云「打破虛空」，未可盡委于外教之寓言也。旁批：佛。

## 與羅念菴

貴省自廓翁捐背後，青原、復古諸會所荒落殆甚，諸友悵悵，若無所歸。固知此輩未必盡發真心，未能盡爲性命。然風聲鼓動，彼倡此和，主盟斯道者不可無人。一人倡之，衆人從而和之；已而倡之者衆，和之者益衆。所謂道誼由師友有之，義重敘樂，求此道之不明，不可得也。若各各離居，火力不聚，漸至烟消，寖成灰息，求此道之大明，亦不可得也。吾兄素行超卓，真純粹白，同志素所信向。乃今閉關多年，高臥不出，于一己受用得矣，如世道何？兄見此輩發心不真，遂生厭離，不如自了性命，于計爲得；且見荆川出山，大業未究，遂有所懲，益堅遯世。竊計此亦過矣！大乘禪宗尚不肯作自了漢，況兄平生種下「萬物同體」真種子，世間痛癢，素所關心，天機感觸，隨處生發，豈容自已？若果夙疾未瘳，不妨隨時休息。春秋會時，還望爲衆出關，將身擔當此事，以爲之倡。務各各以實行相觀法，不徒知解辯説，滋長虚見，使諸會所煒然脩明，有光舊業，庶不枉大丈夫爲此一大因緣出世一番耳。旁批：佛。

弟雖老矣，不敢不如期趨晤，共効切劘之助。聞督學不喜講學，而獨敬信吾兄，此公人品非凡流。若果人人如兄，無係籍假道之嫌，彼豈甘心作惡也哉？是知榮辱在于自召，真假可以立決，困衡徵發，可以喻作，未必盡彼之過也。

## 與羅念菴

去秋，聞兄染痰厥之疾，手眼有攤攣處，不勝驚念。頃會艾陵，云兄大體已平復，右手微有拘掣，略妨揮灑。豈熙熙穆穆入神之技，上天亦有所忌耶？

吾兄身雖處于關中，心未嘗不與海内同志相應，不肖受兄之愛，何異骨肉？其所期望，不但爲完行君子，將使直超三代以上，爲此學之宗盟。而不肖亦豈忍安于自足，以負海内諸兄之望？文王尚「小心翼翼，亦臨亦保」，况吾儕乎？自今以往，尚期時時收攝，求以自淑，亦不敢更作言語抹過也。

病中更有新得，望不惜一言指示。兄舊時未信見在良知之説，關中鍛鍊，情義更覺何如？享用見在，固涉儱統；不信見在，又將何所用力耶？

## 與孫淮海

我公信道力學，爲道林、波石二兄入室宗盟。近見我公應酬諸作，其曰：「寂感，人心也，雖寂而未嘗不感，雖感而未嘗不寂，謂之一貫。譬諸洪鐘含聲，明鏡蓄照，不將迎於物，物至應之，適中天則。應已不留，非擬議形迹可逮。本體在此，工夫在此，天地萬物有不能違焉。後世學術，或失則內，或失則外。遺事以求心，將無入於空滅？逐吾心於事物，將無陷于支離？」此數言深契先師格致之微旨，可謂得其髓矣！

世傳當局者有不喜講學之説，愚竊以爲不然。講以身心與講以口耳，先正常有辨矣。雖有褊心之人，未嘗非顔、孟，毁周、程，吾人所當自省。若夫沉痼詞章之陋習，囊珍二氏之餕餘，甚者竊講之名號以傳呼于人，因爲矯迹希寵之具，毋乃緣堯、舜之聲稱，作桀、蹠之嚆矢耶？彼偏詖者既不馴於宫牆，而贗詐者復自叛于大道，道之不明不行，又何惑焉？審若是，吾人視之且汗顔媿心之不暇，况諸公以高明臨之，固有不能遁其情者矣！

雖然，當局者處勢重，屬望隆，一言向背，世道從違所關。且道學名號非盛世所宜有，先朝殷鑒，淑慝昭然。導之使從，猶恐其不吾信，况從而抑之乎？諸公雖無抑之之心，不幸有其迹矣！世人不原其心而泥其迹，將循覆轍而懲後車，不可以不慎也！

## 與耿楚侗

聖天子童蒙之吉，柔中臨之於上，元老以剛中應之於下，剛柔相濟，德業日彰。邇者元老有帝鑒，獨中官無鑒，似爲缺典。閒居無事，纂輯歷代中官傳，得其善與惡者若干人，録爲中鑒。間以數語引而伸之，開其是非之本心，警以利害之隱機，使知所懲發。若得此輩回心向主，比之外廷獻替，功可百倍。

聞京師已復同志大會，乃吾丈與一二同志倡之，浣慰可知。古云：「供千僧不如供一羅漢。」旁批：佛。求友之心，無間出處，惟丈自愛！

先師從祀一節，知元老注念，事在終濟。平泉以病去，履菴同志，可無差池。幸吾丈上下周旋，多方以贊成之，固所自盡也。

## 與耿楚侗

區區近來勘得生死一關頗較明白。旁批：佛。生死如晝夜，人所不免，此之謂物化。若知晝而不知夜，便是溺〔一〕喪而不知歸，可哀也已！孔氏云：「朝聞道，可以夕死。」道無死生，忘死生而後超之。旁批：老。吾人見在得喪、稱譏、榮辱、好醜，有一毫忘不盡，還有分別心在，總是未聞道，未可以死也。無閒忙即無死生，不待三十日到來始見，旁批：佛。所謂見在也。旁批：佛。

〔一〕「溺」原作「弱」，據蕭本改。

## 答耿楚侗

領手教，始知公已從大江而返。所示論學啓稿，謂「喜怒時更有不遷者在」，是皆未悉區區所論不遷原旨。先師謂：「顔子不遷，有未發之中始能。」此亦權法。夫未發之中是太虚本體，隨處充滿，無有内外，發而中節處即是未發之中。若有在中之中另爲本體，與已發相對，則誠二本矣。良知知是知非，原是無是無非，正發真是真非之義，非以爲從無是無非中來，以標末視之，使天下胥至于惛惛憧憧也。

不肖之意，亦非欲人極深一步領會。不識不知，良知之體本來如是，非可以深淺高卑抑揚而論也。不達此一關，終落見解分疏，終未歸一。山堂夜話「明鏡」之喻，已是太煞分明。譬諸日月之往來，自然往來，即是無往無來。若謂有箇無往無來之體，則日月有停輪，非往來生明之旨矣！

## 與馮緯川

此件事須耐心從萌芽養起，纔從氣魄上湊泊、知識上解會，皆是采枝摘葉功夫。雖使功業蓋世，根腳不穩，終成墮落。先師嘗云：「人在功名路上，如馬行淖泥中，腳起腳陷，須有超逸之足，始能絕塵而奔。」得意場中，能長人意氣，亦能消滅人善根。上段評曰：可與功名之人道。

## 答馮緯川

令姪至，領手教，知自反深切，所見卓然。其論慈湖「不起意」之説，若有取於鄙見，且以「相師」之喻爲有補於慈湖未盡之旨，可謂虛受哉！

來教：「不起意者，正以致其不學不慮之良知，不起非滅也。千思萬慮，莫非天則之流行，動以天也。此正是變化云爲、生生化化之機。而謂之寂滅死硬物也，豈足以知楊子乎？」此千古入聖之秘藏，兄可謂得其髓矣！

來教謂，區區以正心爲先天之學，誠意爲後天之學，若過于分疏。非敢然也。人之根器，原有兩種。意即心之流行，心即意之主宰，何嘗分得？但從心上立根，無善無惡之心即是無善無惡之意，先天統後天，上根之器也。若從意上立根，不免有善惡兩端之決擇，而心亦不能無雜，是後天復先天，中根以下之器也。區區先、後合一之宗，正是不可分之本旨，兄之所言是也。不得已而有分者，乃爲兩種根器而發，亦權法也。

先師謂：「未發在已發之中，已發在未發之中。」不論有事、無事，只是一個致良知工夫統括無遺。物是良知感應之實事，良知即是心之本體，未發之中也。明道云：「動亦定，靜亦定。」動靜者，所遇之時，定即良知之體也。塵俗即事，好惡即物，原無可離。若此體涵咏夷猶，率爲準則，未免二見。居塵出塵，即好惡而無所作，方是吾儒合一指訣。

吾兄所呈：「菴中獨坐，了了光景，只是氣機偶息，與中庸立本之旨不同。謂從靜景息塵，尋個端倪則可，謂一部中庸全在此則不可。」兄之所言是也。前後味兄見教，于先師良知之旨可謂篤信，然尚未免依通解悟。若是徹悟，只寸鐵傷人，旁批：佛。更無許多刀兵可弄也。白沙「靜中端倪」之見，乃是堯夫一派，與先師致知格物之旨微有不同。此非副墨所能盡，何時與兄山堂對晤，究竟此言也？

## 答吳悟齋

首秋領兄鎮江發來書，亹亹數百餘言，辭嚴意懇，惟恐吾人緇于習染，陷身于有過，重爲此學之羞。世之疵詬講學者，不特暴棄之徒指爲口實，雖賢智同講者亦且病之。真如洊雷驚耳，令人脩省之不暇！非兄直諒誼深，篤於一體之愛，能如是乎？佩服，佩服！細繹來教所論致知格物之旨，尚有可商證處。此古今學術同異之辨。苟徒謷言相酬，以示無逆，似反以薄待兄，非捶撻相期，一體之初心也。敢舉崖略以請。

來教云：「園中對晤信宿，多所悦服。其略牴牾，不在本體上，正在行持保任上。千載學脉，原自昭朗，學者不自昭朗耳。」意謂先師提點良知，令人言下直見本體，若無難者。學者只緣在格物上看得太輕，忽於行持保任工夫，使人不信其行，并不信其言。不若一等高明操勵之人，猶足以立此身於無過之地。是則然矣。乃不肖所欲汲汲求正之意，却正在本體上，是非忽於行持保任也。真見本體之貞明，則行持保任自不容已，不復爲習染之所移。譬之飲食養生，真知五穀之正味，則蒸溲漬糝自不容已，不復爲雜物之所汨。凡溺於習染者，不知貞明者也；淆於雜物者，不知正味者也。孟氏云：「是集義所生者，非義襲而取之也。」集義只是致良知。良知不假學慮，生天生地生萬物，不容自已之生機。致良知是求慊於心，欲其自得也。苟不得其機，雖日從事於行持保任，強勉操勵，自信以爲無過，行而不著，習而不察，到底只成義襲之學。豪傑而不至於聖賢者，以此。古今學術同異毫釐之辨也！上段評曰：義襲即是大過，非襲即是保任。

來教謂：「文公篤信舊聞，不敢自立知見，故以窮至事物之理訓格物，推極知識訓致知。」所謂「窮理」者，易文也。知識與良知之旨未嘗差別。是義也，先師與人論學書、區區與雙江議辨，言之詳矣。吾兄殆忽而未之省耶？易曰：「窮理盡性以至于命。」心一也，以其全體惻怛而言謂之仁，以其得宜而言謂之義，以其條理而言謂之理，以其明覺而言謂之知。仁極仁而後爲窮仁之理，義極義而後爲窮義之理。不外心以求仁，不外心以求義，獨可外心以求理乎？繫辭所謂「窮理」，兼格致誠正而言，聖學之全功也。故曰：「只窮理，便盡性以至於命。」若專指格物爲窮理，而求理於事事物物之中，不惟於繫辭之義有偏，亦非大學之本旨矣。心之知一也，根於良則爲德性之知，因於識則不免假於多學之助，此回、賜之學所由以分也。果信得良知及時，則知識莫非良知之用，謂吾心原有本來知識亦未爲不可。不明根因之故，沿習舊見，而遂以知識爲良知，其謬奚啻千里而已哉！

來教云：「格物者，吾心靈明上格天，下格地，明格人物，幽格鬼神，大而五典，小而三千三百，無不貫通透徹。無有內外，無有動靜，何在非物，何在非格？曰『體物而不遺』，曰『感而遂通天下之故』，皆所謂格物。格物者，致知之實地。吾儒所以異于禪家者，此也。」此説似是而非。蓋緣平時理會文公或問慣熟，宛轉通融，附成己見，即「天地之所以高深，鬼神之所以幽顯，物理固非度外，人倫尤切於身」之意也。先師自謂：

「格物之旨，其於或問兩條、九條之説皆已包羅統括於其中。但爲之有要，而作用不同，特毫釐之差耳！」若曰「何在非物，何在非格」，求端用力之地，果何所事事耶？良知不見不聞，微而顯以體天地之撰，而後謂之格物；良知無思無爲，寂而感以通天下之故，而後謂之格物。致知在格物，而格物本于致知，合内、外之道也。其曰：「儒、佛之異，在於格物，則誠是矣，但未知作用之同與否，果何如耳？」佛氏遺棄倫物感應而虚無寂滅以爲常，無有乎經綸之施，故曰「要之，不可以治天下國家」。孰謂吾儒窮理盡性之學而有是乎？大人之學，通天下國家爲一身。身者，家國天下之主也；心者，身之主也；意者，心之發動；知者，意之靈明；物即靈明感應之迹也。良知，是非之心，天之則也。正感正應，不過其則，謂之格物，物格則知至矣。是非者，好惡之公也，自誠意以至於平天下，不出好惡兩端。是故如惡惡臭，如好好色，而毋自欺，意之誠也。好惡無所作，心之正也，無作則無辟矣。身之脩也，好惡同於人而無所拂，家齊國治而天下平也。上四句評：妙，妙！孰謂問學通徹之人不可以治天下國家乎！其施普於天下，而其機原於一念之微，是故致良知之外無學矣。此爲之之要，經綸之用也。

來教云：「某之所謂格與陽明所謂格者稍似而不相似，大都悟入之途雖異，而所悟之宗旨則同。某之格與晦庵、陽明之格二説皆具，不必專主此説爲是，而盡謂彼説爲非。」兄欲調停兩家之説，使會歸于一，自謂己之格二説皆具，其用意誠厚矣，但未知所爲稍似而不相似與所悟之同異，果從何處得來？文公云：「天下之物皆有定理。」先師則曰：「物理不外於吾心，心即理也。」兩家之説，内、外較然，不可得而强同也。孟氏云：「規矩，方員之至。」規矩誠設，則不可欺以方員。而方員之理，舍規矩孰從而定之哉？縱得其情，亦不過多學之億中耳，其於「屢空」之學、「變動不居，周流六虚」、「無方員之規矩，而天下之方員從此而出」，相去何遠哉！此入聖之微機，無典要之大法，不可以不察也。或謂：「心之良知，非假事物之理爲之證，師心自用，疑於落空。」此正所謂毫釐之辨也。夫萬物皆備于我，非意之也。目備萬物之色，耳備萬物之聲，心備萬物之情，天然感應，不可得而遺也。目惟空，始能鑒色；耳惟空，始能别聲；心惟空，始能類情。苟疑其墮於空也，而先塗之以黑白，聒之以清濁，淆之以是非，存爲萬物之准，豈惟不足以取證，聰明塞而睿知昏，其不至於聾聵而眩者，幾希矣！此學公於天下，公于萬世，非一家私事。望兄舍去舊聞，虚心以觀兩家之説，孰是孰非，必有的然之見，有不待辯而自明矣！

來教云：「今時講學之弊有二：其一以良知本來無可脩證，纔欲修證，便落二乘，其弊使人懸空守寂，截然不着事物工夫；其一以知即是行，一切應迹皆可以放〔二〕過，其弊使人見這光景自以爲足，不復修行，乾没於僞欲而不自以爲非，是看格物爲不要緊工夫。二者緣於良知本體未曾徹悟，非教使之然也。」此二者之弊，世間無志甘于染習與稍有志而狃近利、泥虚見者，或誠有之。先師設教之旨與吾人相與講學之意，則殊不然。兄以爲傳流之誤，雖若爲吾人出脱罪過，亦時使然也。良知不學不慮，本無修證，格物正所以致之也。學者復其不學之體而已，慮者復其不慮之體而已，乃無修證中真修證也。若曰懸空守寂，無所事事，則格物果將何所屬耶？知即是行，非謂忽于行持，正以發「不行不足謂之知」之意，使人致謹於應迹也。若曰見這光景自以爲足，没於僞欲而不自知其非，烏得謂之良知也哉？末謂緣于良知本體未曾徹悟，可謂一句道盡。乃復曰不在本體上，不

〔二〕「放」字據蕭本補。

自相牴牾也耶？

來教謂區區所議「文公讀書窮理尚隔幾重公案」爲過情。「持此進修，可以寡尤，不失爲躬行之君子。若倒這公案，任意糊塗，其弊爲無忌憚之中庸。講者多不修，修者多不講，總於大道未聞也。」夫千古聖學，惟在理會性情，舍性情則無學。未發之中，性之體也，其機在于獨知之微，慎獨即致知也。此脩道之功，復性之基。大本立而達道行，天地萬物皆舉之矣。孔子稱回之好學，惟曰「不遷怒，不貳過」；而其用功，惟曰「有不善未嘗不知」，「未嘗復行」。未嘗求之于外，可謂約矣。子貢從事于多學而識，以言語觀聖人。夫子誨之曰「汝與回也孰愈」，蓋進之也。顔子没而聖學亡，後世所傳乃子貢一派學術。濂溪「主靜無欲」之旨闡千聖之秘藏，明道以「大公順應」發天地聖人之常，龜山、豫章、延平遞相傳授，每令觀未發以前氣象，此學脉也。文公爲學則專以讀書爲窮理之要，以循序致精、居敬持志爲讀書之法，程門指訣至是而始一變。迨其晚年，自信未發之旨爲日用本領工夫，深悔所學之支離，至以爲誑己誑人，不可勝贖。若文公，可謂大勇矣！或謂先師嘗教人廢書否？不然也。讀書爲入道筌蹄，束書不觀，游談無根，何可廢也？古人往矣，誦詩讀書而論其世，將以尚友也。故曰：「學于古訓乃有獲。」學于古訓，所謂讀書也。魚兔由筌蹄而得，滯筌蹄而忘魚兔，是爲玩物喪志，則有所不可耳。較之程門公案已隔幾重，回、賜之所由以殊科也。兄謂守此進修可以寡尤，此固然矣，然必有志而後能守。苟甘於暴棄，無所忌憚，雖有公案，且將視爲長物，孰從而持？躬行君子必本於慎獨，道修性復，始可謂之躬行。若依仿古人之迹，務爲操勵，以自崇飾，而生機不顯，到底只成義襲作用，非孔門之所謂君子也。講學正所以修德，改過、遷善，講學之事也。若曰「講而不修」，所講又何事耶？

來教欲吾人「翻槽洗臼，從格物上講明，以身爲教，無俾良知爲空談，學者有所率循，中人以上者由之可以超悟，下者亦可不失尺寸」。此昔賢忠告之道，敢不祗領？孟氏云：「百里奚之適秦，年已七十矣，曾不知食牛于主之爲污也？」賢者與鄉黨自好，分明是兩條路徑。賢者自信本心，不動情于毀譽。自信而是，舉世非之而不顧；自信而非，得天下有所不爲。若鄉黨自好，不能自信，未免有所顧忌，以毀譽爲是非，于是有違心之行，其所自待者疏矣。上段評曰：分明罵他鄉愿！不肖於師門晚年宗説幸有所聞，數十年來皇皇焉求友於四方，豈惟期以自輔？亦期得一二法器，相與共究斯義，以綿師門一脉如綫之傳。此學原爲有志者說，爲豪傑者說。自古聖賢須豪傑人做，然豪傑而不聖賢者，亦容有之。或任氣魄承當，或從知解領會，或傍名義，恃以爲清脩；或藉〔一〕玄詮，負以爲超悟；或鄙末學之卑陋，侈然自以爲高；或矜舊見之通融，充然自以爲足。種種伎倆，有一於此，皆足爲道障之因。此豪傑之病也。上句評曰：分明説他不是豪傑。夫道有本而學有機，自萌蘖之生以至于扶蘇，由源泉之混以至于洋溢，終始條貫，原無二物。故曰：「天地之道可一言而盡：其爲物不貳，則其生物不測。」此千古聖賢之學脉也。上三句評：要緊。

凡可以言顯者，大旨不出于此。若夫不可以言而顯者，在兄默成而自得之。此固報賜之情，亦捶撻相期之初心也。

〔一〕「藉」原作「籍」，據蕭本改。

# 答吳悟齋

再領手教，亹亹千餘言，反覆開諭，宛如面命，且將提其耳而誨之。世之相愛，孰有如兄之懇到者哉？感慰何可云喻！兄自謂于陽明先師始若仇敵，一變而若吾宗師，不期親而自親。始疑而終信乃深，此豈世人依托名義、藉其聲援者可得比而同哉？然竊窺教意，尚覺於師門宗説契悟有所未盡，未免憑執己見，強爲差排，故於不肖所請之説亦未免牴牾，有所未合，非漫然同異而已也。所謂未盡之旨，大端有三：曰良知心之本體，曰知行合一，曰意之所用爲物。先師一生苦心，精密校量，簡易浩博，自謂可以考「三王」而不謬，俟後聖而不惑，千古學脉也。

何謂良知心之本體？良知者，性之靈，性無不善，故知無不良。良知即是未發之中，只此二字，足以盡天下之道。良知之外更無知，致知之外更無學矣。兄謂：「吾心原自有一片不見不聞、無思無爲明白地，乃人之靈氣結而爲心，所謂中也。當是時，何有良知可言？若良知，則是此點靈氣微顯之機，寂感之通，乃人之生機。故曰良知良能皆屬用，非靈根也。」此正所謂後儒之餘唾，特異其名耳。夫心無動靜，故學無動靜。後儒以不見不聞爲己所不知，屬靜；以獨知爲人所不知，屬動。或又以不見不聞爲天根，獨知爲天機，是即動靜之説也。若先師之意，則以爲不見不聞正指獨知而言，微之顯，誠之不可掩也。所謂未發在已發之中，而已發之前未嘗別有未發者在，無前後内外而渾然一體者也。易稱「復，其見天地之心」，程子謂「靜見天地之心」，非耶？邵子指「天根」，亦以一陽初動而言。蓋窮上反下，一陽初動，所謂復也。天根如樹之根，天機如根之生意，名雖異而實則一，不可以動靜分疏。若以天根爲未發之體，天機爲已發之用，分動分靜，存養省察，二用其功，二則支而離矣。兄自謂：「初悟時，其于此一片明白地，皎皎然在其胷中亦且三月，其後不能行持保任，漸漸磨滅，恨不能再見此也。」兄平生以此學自任，一二十年勤苦脩鍊，不肖豈敢以未證爲證，致議于兄？然竊窺兄之獘，尚未免以光景爲妙悟，若存若亡，入於恍惚杳冥而不自知。所以有漸漸磨滅之根，終是信良知未及。良知是斬關定命真本子，旁批：佛。若果信得及時，當下具足，無剩無欠，更無磨滅，人人可爲堯、舜。

不肖以爲千聖學脉，非誇言也。

何謂知行合一？有本體，有功夫，聖人之學，不失其本心而已。心之良知謂之知，心之良能謂之行。孟子只言知愛知敬，不言能愛能敬，知能處即是知，能知處即是能，知行本體原是合一者也。上句評曰：愛敬是能，知愛敬是知，知、能有二乎？「知之真切篤實處謂之行，行之明覺精察處謂之知。」知行功夫，本不可離。只因後世學者分作兩截用功，故有合一之説。知非篤實，是謂虚妄，非本心之知矣；行非精察，是謂昏冥，非本心之行矣。夫知行合一發于先師，而非始于先師。中庸曰：「道之不行、不明，知者過之，愚者不及也；道之不明，賢者過之，不肖者不及也。」此便是孔門知行合一真指訣。孟氏曰：「智譬則巧，聖譬則力。」智與聖，知行之謂也。巧者力之巧，力者巧之力。引弓發矢，巧、力俱到；巧有餘而力不足，力有餘而巧不足，皆不足以言中。此合一之説也。先師曰致良知：「良知是知行之本體，致是知行之功夫，格物正所以致之也。」先師一生教人喫緊處，只有「在格物」三字；吾人一生學道切要處，亦只有「在格物」三字。若以良知本體屬知，以致知工夫屬行，知之體員，易于流動而不居，格則有矩存焉。格物者，行其所知也。謂今之論學者只在知上發明，未曾在行上發明，則是能知而不能行，知行分而爲二。而謂鄙人之説纏繞，反成穿鑿，亦無怪其然也。

何謂意之所用爲物？大學之要，務於誠意；誠意之功，在於格物；誠意之極，在于止至善；止至善之則，在于致知，一也。心之虚靈明覺，所謂本然之良知也。其虚靈明覺之良知，應感而動也，謂之意。有知而後有意，無知則無意矣。意之感動必有所用之物，有是意斯有是物，無意則無物矣。良知者，寂然之體；物者，所感之用，意則寂感所乘之幾也。有物必有則，良知是天然之則。格者正也，物者事也，格物者，致吾心良知之天則于事事物物之中也。吾心之良知，所謂理也，物得其理之謂格。正感正應，不過其則，則物得其理矣。故曰：「至善無惡者心之體也，有善有惡者意之動也，知善知惡者良知也，爲善去惡者格物也。」如好好色謂之爲善，如惡惡臭謂之去惡。戒自欺而求自慊，惟在察諸一念之微，所謂慎獨也。舍慎獨之外，更無所謂格之之功矣。若曰：「何在非物，何在非格？當克己即克己，克己一格物也；當窮理即窮理，窮理一格物也；當應感即應感，應感一格物也。格於上下，上格天，下格地也。有耻且格，格君心之非，明格人物也；神之格思，幽格鬼神也。」則是未有是意，先有是物，善何從而爲？惡何從而去？且意無所用，又何從而用其致知之功乎？天地間只有一感一應而已，應感是誠意真脉路，不可須臾離也。克己窮理正是爲善去惡，乃誠意日可見之行，而概以「當」字並舉而貫之，含糊泛漫，不知何取於義而云爾也。至于天地人物鬼神格物之説，分明是或問舊見解，兄特習之而不自察耳。先師自謂格物「其於或問九條之説皆包羅統括于其中」，兄亦自謂格物「其於九條之説皆包羅統括于其中」，是則然矣。但爲之有要而作用不同，正所謂毫釐之差，不可以不察也。

文公曰：「人之所以爲學，心與理而已。心雖主乎一身，而體之虚靈實以管乎天下之理。理雖散在萬事，而用之微妙，實不外人之一心。」是其一分一合之間，已不能無啓學者心、理爲二之弊。若先師於格物之旨，則是物理不外于吾心，虚靈不昧，衆理自此而具，萬事由此而出，合心與理而爲一者也。文公謂：「天下之物，方員、輕重、長短皆有定理，必外之物格而後内之知至。」先師則謂，事物之理皆不外於一念之良知，規矩在我，而天下之方員不可勝用。無權度，則無輕重、長短之理矣。毫釐千里之謬，不于良知察之，亦將何所用其學乎？是不以規矩而欲定天下之方員，不以權度而欲定天下之輕重、長短，揣摸依彷，乖張錯戾，日勞而無成也已。文公分致知格物爲先知，誠意正心爲後行，故有游騎無歸之慮，必須敬以成始，涵養本原，始於身心有所關涉。若知物生于意，格物正是誠意功夫，誠即是敬，一了百了，不待合之於敬而後爲全經也。

兄于斯三者果能契悟得徹，則凡來書所謂本體功夫之說、求仁一貫之說、理會性情讀書窮理之說、良知知識體用之說、天道人道大小之說，皆可迎刃而解。其於不肖所請之意，有若函蓋之相值，不期合而自合矣。孔子告顏子「克己復禮」，告曾子則曰「一貫」，一貫即所謂復禮，非有二也。不可分一貫爲天道，復禮爲人道。天道人道，一而已矣。子貢曰：「夫子之言性與天道，不可得而聞。」性與天道，夫子未嘗不言。聞非耳聞，聞與不聞存乎學者之自悟。性與天道非一貫而何？曾子既唯一貫之傳，及語門人則曰：「夫子之道，忠恕而已矣。」忠恕，夫子所以告仲弓者，忠恕即一貫之異名。及門之士未嘗不聞，但有悟與未悟之殊。曾子用心於內，學將有得，故夫子呼告之以速其悟。其次，子貢穎悟可幾於道，故夫子亦呼告之以開其疑。一如樹之根，貫如樹之枝葉。曾子用心於內，知在根上用功，但由之而不自知耳。夫子只與點破，遂應之速而無疑。説者謂曾子隨事精察而力行之，但未知體之一。一者，心也，精察即是心去精察。若曰夫子至此方與栽根下種，恐未必然。説者又謂曾子一貫以行言，子貢一貫以知言，是癡人前説夢，可慨也已！

「良知」與「知識」所爭只一字，皆不能外於知也。良知無知而無不知，是學問大頭腦。良知如明鏡之照物，妍媸黑白，自然能分別，未嘗有纖毫影子留于鏡體之中。識則未免在影子上起分別之心，有所凝滯揀擇，失却明鏡自然之照。子貢、子張多學多見而識，良知亦未嘗不行於其間，但是信心不及，未免在多學多見上討帮補，失却學問頭腦。顏子則便識所謂德性之知。識即是良知之用，非有二也。識之根雖從知出，内外真假毫釐，却當有辨。苟不明根因之故，遂以知識爲良知，其謬奚啻千里已哉？此段總評：良知與知識，發得十分明透。

發育萬物，峻極于天，良知也；禮儀三佰，威儀三千，格物以致其良知也。發育峻極者，德性之體；禮儀威儀者，學問之功。學者學此也，問者問此也，正所以尊之也。孔門博文約禮，博文是約禮之功夫，無非此義。兄謂：「發育峻極，吾心之性之靈，所以生萬物之真機，大德之敦化也，天之道也。禮儀威儀，吾心之天之則，貫于事物之中，小德之川流也，人之道也，凡人道所以承天也。」似以天道屬本體、未發之中，而以人道屬良知之用，將大小分作兩截，不遂以良知爲本體。至於先師博約説，亦以爲附會牽強，反失聖人本旨，是皆所謂毫釐之辨也。

兄謂：「陽明先生學問有功來學，所以深信者在此。自謂此意理會有年，實見得原自有個真未發氣象。良知屬用，不可以良知爲本體。」噫！難言之矣。良知如明鏡，萬物畢照而鏡體未嘗動也。若謂良知非本體，別有未發之中，是反鑑而索照也。前於「良知心之本體」條下已言之詳矣！

兄謂先師：「讀書之法何可廢也？然居敬持志亦不可少，但在見獨不見獨耳。」不見獨而讀書持志，固爲冥修；若見獨仍須是讀書，仍須是居敬，仍須是持志，此則不肖所未解也。慎獨即是誠意，居敬持志即是誠意之功，讀書是意之所用之事，非有二也。若以慎獨與居敬持志、讀書仍須分作幾路，不知獨從何處見在？於「意之所用爲物」條下亦已言之詳矣。古本序云：「不務於誠意而徒以格物者，謂之支；不事於格物而徒以誠意者，謂之虛；不本於致知而徒以格物誠意者，謂之妄。支與虛與妄，其於至善也遠矣！」此三轉語，大學本旨，千聖之絶學。於此參得透，悟得徹，從前種種辯説盡成葛藤剩語，可以忘言矣。

兄謂：「遍宇宙，窮古今，只此一點真心。舍此不成宇宙，不成世界。」此兄自信大擔子。萬里程途，非神驥莫能達，敢不策勉以從馳驅？吾人講學，第一怕有勝心與執己見。此學原自古今公共之物，非吾人所得而私。若以勝心行乎其間，是自私也，所講何學？格致之旨，本體作用，大同中惟有小異，故極諫竭辯，共求合并，原非以求勝也。凡有辨析，所見未合，不妨暫舍，以虛相受，棄短集長，以明此學。朱、陸兩家紛紛異同，數百年未已，只是不能忘見，吾人不可不以爲戒也。

# 卷之六　書

## 與馮南江

吾兄處困圜中，三年於茲，動心忍性，必有增益之實。其游戲翰墨，不過一時遣懷釋累之具，昔人所謂有托而逃焉者也。南山顧以此病兄，過矣。弟之所未滿于兄者，却不在此。

夫天生吾人，不徒浪生，亦不徒浪死，必須有個安立處。此是吾人一生大主意。主意既定，一生精神命脉盡皆歸管。從此一路作用發揮，自愛自脩，自成自道，無懷可遣，無累可釋。所謂貧賤患難，無入而不自得也。此得不從外來，直須自信本心，從無些子倚靠處確然立定脚根。一切務外好名、凡情習態，全體斬然放下，一毫不使縈絆胸中，始爲有用力處。若從精采上馳逞，氣魄上湊泊，想像聞見上求解悟，皆是前病改頭換面作障緣，皆非所謂自得也。

吾兄見在自信覺果何如？密觀兄精神似不受困，然尚浮而未實也。悟入處不爲無見，然尚涉於億説，未免閒圖度也。辭氣容貌若能脱洒無累，然未能凝定沉和；翕斂發散，多從作意爲之，未見天則也。審若是，則其所謂自得者得其似而已，素位實際未得相應；審若是，則其所謂增益者只在皮膚影響之間，不過於前病上添得一層粉飾藩籬，古人動忍實公案或未止此也。夫以吾兄如許聰明，如許力量，於聖賢路逕如許信受，天之所以玉成於兄者何如！四方同志所以繫望于兄者何如！先師拳拳所以注念於兄者何如！兄之自待自恕乃止若是，是以隋侯之珠而彈雀，持千鈞之弩而發機于鼷鼠也，豈不重可惜哉！

臨别之情，不嫌直致，况恃一體道誼之愛，尚忍忌而不言？兄之奇節美行聳動京國，豪傑之譽溢在海内，尚可俟弟之獻諛以重執事之病也乎？率爾就正，未論中病與否，一番拈動，未必無一番補益也。弟病方深，求藥於倉公甚切，倘有秘方，即望檢賜，用資服食。弟病去時，兄之病亦脱矣，一體故也。

## 復顔沖宇

所論：「我朝理學正傳，惟薛文清、陽明先生二人。文清之學切問近思，似曾參；陽明之學直截簡要，似曾點。」尤見吾丈留心學術，將水以自鏡，非有假于方人爲者。若論千聖學脉，自有真正路頭，在于超悟。文清只是敦行君子，與曾參之唯非同科。先師龍場一悟，萬死一生中磨煉出來，矗矗地一根真生意，千枝萬葉皆從此中發用，乃是千聖學脉。世謂點之學不如由、求、赤，此後儒臆見，非通方之論也。堯、舜事業蕩蕩巍巍，莫非道心發用之實學，所謂一根真生意，非待作爲而後有也。充曾點浴沂之見，便是堯、舜氣象，由、求、赤詎可同日語哉？顔子没而聖學亡，元公獨得千載不傳之秘。明道、伊川再見茂叔，有點也浴沂氣象，此學脉也。

愚謂我朝理學開端，還是白沙，至先師而大明。上句評曰：是。白沙之學，以自然爲宗，「從靜中養出端倪」，猶是康節派頭，于先師所悟入處尚隔毫釐。此須面證默識，非言説可盡也。學以見性爲宗，若見得性之全體，所造自別，亦存乎心悟而已。

寄至試録，多造理之言，必是吾丈手筆。格物致知策語謂「人心以虛爲德」，尤見精造。良知者，性之靈，天之則也。致知，致吾心之天則也。物者，家國天下之實事。物理不外于吾心，致吾心之天則于事物之間，使各循其理，所謂格物也。此聖門合一之學也。若曰「理在天下，格其平之之理；理在國家身心，格其齊治脩正之理」，則未免分爲兩事，心外猶有理也。雖與後儒之説稍有不同，其爲未得精一之旨，則一而已。

## 與沈鳳峰

我公天性純篤，雖處高年，未失赤子之心，只此便是道根。吾人所以與道相遠，只此機巧伎倆作祟。且道赤子喜便喜，啼便啼，行便行，坐便坐，轉處未嘗留情，曾有機巧否？曾有伎倆否？我公具如此道根，未能超凡入聖，只是信此未及，未免行不著，習不察，自壯至老未能超然，只尋常挨排過了。若信得此及，只從道根真生意培植長養將去，自當有水到渠成時候。武公年九十尚不忘箴儆，不肖承公厚愛，漫此奉告，可效朦誦萬一。不敢謂室中之鑒、暮夜之燭，聊致愛助之忱耳。亮之，亮之！

## 答洪覺山

官舍回，辱教章之及。聞道履所經，汲汲以會友爲務。凡遇精舍會聚之所，必爲數日之留，或復簡書招徠，以盡合併。風聲鼓動，渢渢洋洋。此非真以性命爲重，視萬物爲一體者，肯若是乎？

伏繹來教，令人心神豁然。聖賢之學只是良知一路。一是百是，一勘百破，更遮瞞些子不得。得此歸併，足慰相觀之益矣。何幸，何幸！

吾人知良知之學，而猶不免有走作之病者，雖是看得良知太容易，亦只是致知工夫未能誠一真切，所以流入欲念。種種染着漏泄，寖成多欲之累，實非良知有咎也。除却良知，更無下手着落處矣。「夫學，慎獨而已。」吾兄已是一句道盡，予復何言？良知即是獨知，獨知即是天理。獨知之體本是無聲無臭，本無所知識，本是無所粘帶揀擇，本是徹上徹下。獨知便是本體，慎獨便是功夫。此是千古聖神斬關立腳真話頭，便是吾人生身受命真靈竅，亦便是入聖入神真血脉路。只此便是未發先天之學，非有二也。

明道云：「有天德便可語王道，其要只在慎獨。」可謂一言以蔽之矣。吾人慎獨功夫被知解、意識假借遮攔，不能覿體反觀，復還先天之體，才有許多包藏粘帶、窒塞偏枯不停當處。若謂「良知只屬後天，未能全體得力，須見得先天方有張本」，却是頭上安頭，斯亦惑矣！吾人今日見在，豈敢便自以爲無欲？然須信得萬欲紜紜之中，反之一念獨知未嘗不明，只此便是天之明命不容磨滅所在。故爲今日之計者，謂慎獨功夫影響揣摩，不能沉機密察，掃蕩欲根以歸于無，則可，謂獨知有欲，則不可；謂獨知即是天理，則可，謂獨知之中必用天理，爲若二物，則不可。此等處差若毫釐，謬實千里，不可不早覺而明辯者也。

所謂「實篤行矣，而以爲義襲」，實近思矣，而以爲計較」，亦只是信得慎獨功夫未及。若信得及時，時時是著察，時時是自然，又寧有是病乎？所謂「隨處體認，須令動容周旋中禮」，此非人爲之合，乃天德自然。忠信所以進德，只慎獨便是立誠功夫，便是達天德。只此便是收拾處，亦便是歸宿處，非可以他求者也。

楊子折衷近得請觀。慈湖立論，誠有過當處，其間精義亦自在，不以瑕瑜相掩可也。所示「日用應酬，一番滯礙，一番從容」，足知安分限、不放過功夫。若果在一念獨知上徹底洗濯，一番剥落，一番精純，渣滓愈消，神明愈顯，此便是無盡藏修行，原無分限可拘也。恃一體之愛，率此請益。此中更有向上一關，存乎心悟，旁批：佛。非筆舌可能盡也。

## 答毛瑞泉

吾兄樂道忘勢，風動臺司，此固出于秉彝之同。然有道者處此，正須有義可精。若便守此爲聖賢家法，慨然以風神及人之遠爲己任，顯然有當于莘野、南陽之趣，則非弟之所敢知也。

吾人學術不純，大都是「功利」兩字作祟。昔人謂：「如油入麪，未易出頭。」亦善名狀。先師哀憫吾人，將「良知」兩字信手拈出，種種病痛，到這裏再欺瞞些子不得，可謂對證真藥物矣。但吾人之學未免各以質之近爲事，見解格式，妄意承當，不能覿體相應。要其極處，適足以增功利之藩籬，于聖賢精義未見有分毫交涉處也。且執事獨不聞畏壘之事乎？潛龍之學，以無悶爲宗，今視此何如也。

有教不吝往復。亮之！

## 答王鯉湖

承手教云：「一念之發，知其所不安而勉強制之，而後念又復萌。」此却是滅東生西之病，聖門慎獨宗旨當不如是。

夫獨知者，非念動而後知也，乃是先天靈竅，不因念有，不隨念遷，不與萬物作對。

旁批：佛。譬之清淨本地，不待灑掃而自然無塵者也。慎之云者，非是強制之謂，只是兢業保護此靈竅，還他本來清淨而已。在明道所謂明覺自然，慎獨即是廓然順應之學。悟得及時，雖日酬萬變，可以澄然無一事矣。然此却非知解意識所能揣擬，格式所能支持。上

段評曰：要緊。紫陽云：「非全放下，終難湊泊。」只今且道放不下的是恁〔一〕麼念頭？于此勘得破，便是用力處，亦便是悟入處。

大易「艮背行庭」之旨，煞有精義。靜中時時默觀有得，更以見教，求助之願也。

## 與胡栢泉

旌鉞莅信州，公務就閒，講下生徒有能承教求益者否？功利之毒入人已深，雖號爲賢者，鮮能自拔。道義與功利常相勝，昔之人以無所爲、

〔一〕「恁」原作「任」，據丁賓本改。

有所爲兩言決之，而其機存乎一念之微。神感神應，動之以天。凡在名目上揀擇，形迹上支撑，功能上湊泊，而非盎然以出者，皆有所爲而然也。吾丈日逐應感，精察入微，受用處更覺何如？

吾人不論出處、顯晦、逆順，惟此一件是日用本領功夫，此外種種好醜，皆過眼陳迹也。

## 與唐荆川

聞兄入省，發舟西渡，則前旌已迅發矣。領所留手教，知赴援甚急，不遑寧居，且云克齋兄借兵不減于秦庭之哭，可謂岌岌矣。及見克齋來柬，忽有止兵之説。倏緩倏急，倏鼓倏罷，倉卒舉動，有同兒戲。吾兄老婆心切，救世念重，但恐未免尚被虚聲聳動，只此便是道學障，便是應機欠神處，不可以不察也。

吾兄自信此學已得手，徹底乾淨，不知一切應感果皆出于本色，無意見攙雜否？一切逆順、稱譏、好醜，盡能平懷應之，不起爐竈否？于自己一切利害得喪盡能忘却，不作見解伎倆遣釋否？一切好惡盡能緘藏，使人無所揀擇否？若于此有未透脱，還是些子有礙在，未可便恃以爲徹也。

矧兵機應感，呼吸存亡，孔子尚臨事而懼，以爲未嘗學，况吾人乎？兄既督領麻兵，師行旅從，乃事之宜，還須整隊押發，防其沿途搶掠，庶爲有制之兵。赴難雖急，獨帶此數百門鳥銃，將安用之？區區一體休戚相關，情不容已，知兄諒予，不以爲迂。

## 與唐荆川

竊觀吾兄近來舉動，乍出乍没，倏往倏來，若神龍之變化，似欲使人不可測識。略出有意，却未免涉于輕躁，反使人情惝恍，不能快然。此是學問關係，非徒形迹加減而已也。况兵家應感，呼吸安危，尤忌播弄。奇正開闔，虚實進退，藏于九地之下，動于九天之上，隱見叵測，主張處全賴于機。機圓則應始神，方則礙。大抵鎮靜則得之，輕躁則失之。吾兄見在感應，凝目注思，微覺有礙，當機便不能神，便會蹉過。生死利害，反覆毫釐，皆決于此。凝目注思，固將以矯輕躁之失，此正在形迹上加減，似鎮靜而實未必然也。上二句評：妙絶。

千古聖學，本于經世，與枯槁山木不同。吾人此生，不論出處閑忙，亦只有經世一件事。如吾兄今日處在兵中，金革百萬，與山中飲水曲肱、萬變在人，原無二事。徹頭徹尾只在機上理會，原無二學。此機無寂感，無閒忙，有無之間不可致詰，是謂圓機。日應萬變而常寂然，方是大鎮靜，方是經世之實學，固兄所稔聞也。但恐救世心切，如張忠定之救火，當局對境，復作二見。傍觀不嫌於饒舌耳。

昨聞兄請兵，意氣横發，君臣朋友之義，以身相許，誓欲與同生死。竊意此尚從俠氣帶來。俠者之重然諾，輕生死，終涉好名，與聖賢本色作用未免毫釐，亦在機上辨之而已。兄常自謂已忘得名根，試驗之：纔遇差別境界，便會觸得動；纔涉嫌疑，便思分疏，忍耐不下；纔經指摘，便覺懊惱，不快活。只此便是不能忘處。大抵豪傑不落卑污，多受此病。非從學問理會，時時自反，常見不足，常見有過可改，幾于無我者，未易以氣魄承當。

吾兄性根原來暢達，矯懽抑情處似涉安排，坦懷任意，反覺真性流行。其帶些子俠氣，疑于輕躁，亦在此。此正是學問血脉路未分曉在。若信得及時，全體精神收攝來，只在此一處用，針針見血，旁批：佛。絲絲入理，神感神應，機常在我。如馭之有轡啣，射之有彀率；如舟之有舵，一提便省。一切嗜好，自然夾帶不上；一切意見，自然攙搭不入。豈止用兵如神，千古聖學亦不外于此矣。何如，何如？

兄任事真，經世心切，愛人根重，每事盡心，寧可犯手，不肯些子放過，但恐應機處少有所礙。如前所云，實同心隱憂也。易無妄繇辭曰：「其匪正有眚。不利有攸往。」既無妄矣，尚有匪正之眚，何哉？此正是研幾之旨，夫子求免大過之心，幸默察之！

## 與譚二華

前有啓候，曾入記室否？

閩中成此大捷，人皆以爲奇功，此特救急之事，治標之道。休養元和，鎮定安輯，正須費九分精神，以圖久安，此治本之論也。譬之久病積邪，暫得發汗，其元氣全體傷敗，無復根腳可依。若非妙手時其虛實，漸次調攝以挽生意，雖使攻擊暫得效，祇益其斃而已。吾兄沉幾默運，自有長筭，當不以區區爲迂談也。上段評曰：方有成功，誰肯進此話耶？

吾兄妙用亦望隨時默察，以盡人之情態。恩至而罰不行固爲姑息，若罰過于恩，使衆心恐恐，不謀朝夕，亦取怨之道也。何如，何如？

## 答譚二華

辱手教示慰，教我多矣。公所示「擊石出火」，真是延命之術。所謂教外別傳，軒轅派頭也。堯、舜、姬、孔，只是致良知。良知，盡性之學，性盡則命亦自至。見圓明之體，成無爲之用，爲天地立心，生民立命，不離人倫應感，日著日察，而聖功生焉。其于外家之術，所謂知之而能不爲者也。

弟于「良知」兩字實未致得盡，尚有許多疏漏在。果能覿體承當，便須一了百了，尚何彼此分別之有？竊意公于此兩字雖已信得無他路可走，却亦未能致得盡，未免將意見攙入其間，眼前尚有許多好醜高低未平滿處。若徹底只在良知上討生死，譬之有源之水，流而不息，曲直方圓，隨其所遇，到處平滿，乃是本性流行，真實受用，非知解意見所能湊泊也。所云「豎不起，放不倒」，亦是知見作礙，密察自見。

附去所答荆川、吉陽二三條，亦是相知㲉口漫説，公乃以爲對病之藥。張公吃酒李公醉，可謂瓦礫真金矣。公有玉盃，還借鐵如意打破。纔作此念，當下即破，更無等待也。公自謂已過入山之限，此念亦落等待。若必入山纔好了手，見在種種應感之迹，又作何勾當耶？

## 答李漸庵

不肖久辱公道誼之愛，此别匆匆，殊不能已於情。道力、業力，本無定在；相勝之機，存乎一念，覺與不覺耳。不覺則非昏即散，纔覺則我大而物小，内重而外自輕。此持衡之勢也。區區暮年行持，於此頗有證入。生死如晝夜，人所不免，任之而已。

## 答李漸庵

易曰：「貞吉悔亡。」悔生於動，自信良知，直心而發，天則在我，是謂「貞吉而悔亡」。譬之日月之明，自有往來，未嘗有所動也。纔涉安排，即爲憧憧，萬起萬滅，是謂「朋從爾思」，非自然之往來也。試於默坐反觀時密加體究，動與不動，只從一念入微處決之。此乃本心寂然之靈樞，非可以意識承領而得。

孔氏云：「未知生，焉知死。」此是究竟語，非有所未盡也。生之有死，如晝之有夜，知晝則知夜，原非有二。于此參得透，方爲盡性，方爲立命，方是入聖血脈路。若不從一念微處徹底判決，未免求助於外以爲賁飾，雖使勛業格天，譽望蓋世，揀盡世間好題目，轉眼盡成空華，與本來性命未有分毫交涉處矣。

## 答劉凝齋

拜公琢教，深領虚懷樂善之誠。起知於意見，湊泊於聲聞，自是吾人通病，非敢責諭于公。但謂不肖守師門之學，思以易天下，故推尊而發明之，豈可變也？自謂不妨舍是而直學孔、孟，如此分疏，從何處來？非不肖所敢聞也。良知不學不慮，寂照含虚，無二無雜，如空谷之答響，明鏡之鑒形。響有高下，形有妍媸，而谷與鏡未嘗不寂然也。正是推明孔、孟相傳之絶學。公謂舍是而别有所學，則是於虚空中忽起分别之相，正是意見聲聞心魔作祟。道，天下之公道；學，天下之公學，百姓日用同於聖人成能，原無門户可守。見在不了，冀辨於百世之下，尤非不肖所敢知也。豈言其所不能行，以欺人欺天者哉？但毫釐千里，其辨甚微，認賊爲子，甘心委任自家寶藏盡被盜洩而不自覺，未可知也。

不肖與公，此志相應，若少避忌依違，是負公之心知。如果不肖執見未忘，而公更有妙悟，亦望以牖我，自當速改，以終善道，不敢有所吝也。

## 與劉凝齋

公于此事已信過八九分，但一念入微處尚欠穩實，一切應感尚涉擬議揀擇，未見有泰定收功之期。此事非難非易，非起心管帶，亦非灰心忘懷，固不可舍穢而取淨，亦不可逐妄而迷真。酬酢變化，自有天則，毀譽順逆之來，能如風之過樹，一不動心否？夢之與覺，能一如否？六根互用，無攝無散，不落動靜二見否？直饒透過諸關，猶是色身邊事，與本來面目尚隔一塵，不出五陰區宇。旁批：佛。此是究竟語，幸密參之。

## 答劉凝齋

伏讀來教，獎許太過，鄙人不敢當，而惓惓任道之心，溢於言外，則又不覺油然心領也。

夫吾人以經世爲學，乃一體不容已本心，非徒獨善其身，作自了漢。經綸之學原於立本，與天地同其化育，一毫無所倚，其機不外于一念之微，此學脉也。古人之學，不求聲名，不較勝負，不恃才智，不矜功能。此四者，念中一有所着，皆倚也。公自信自考，以爲何如？

師門良知之旨，千古絶學。本心之靈性是神解，不同妄識託境仗緣而知。譬之明鏡之照物，妍媸黑白，一照而皆真，所謂知也。妍媸黑白，照中分別影事，所謂識也。若執妍媸黑白以爲鏡體，則靈知反爲所蔽矣。此古今學術毫釐之辨也，幸密察之。

## 答劉凝齋

來教云：「無惺睡，無囂寂，無晝夜，無存無亡，無受無不受，不暇辨儒、老、釋之異同，皆究竟語。」其自信如是，可爲超悟矣，更復何言！不肖尚以爲未離見解，得無有逆于心乎？夫悟與見，虚實不同，毫釐千里。有真修然後有實悟，一念明定，覿體承當，方是寂然本體。會通以行典禮，方是一了百當。纔涉見解，便落揣摩，非實際也。學然後知不足。未得謂得，未證謂證，昔人所戒。了證之悟，存乎自得。有所了者，尚未離四相，豈易易言哉？

## 答王敬所

首夏，領吾兄山中手教：中夜囫地一聲，不知此身在何處。揮頓闡發，便入法門。展轉玩繹，便是大慧一通法語。得禪理者，不諱禪名，以雪山、少林爲不我欺，以德山、臨濟只成賣弄。此是呵佛罵祖伎倆，亦何奇也？亹亹數千百言，有契于衷，與未契者，略疏以請，幸裁教之。

兄謂：「自來學道者瞞人自瞞處多。山中日夜逼拶，始知從前意解盡屬情識。」夫意者，心之用；情者，性之倪；識者，知之辨。心本粹然，意則有善有惡；性本寂然，情則有真有僞；知本渾然，識則有區有別。苟得其本，盎然出之，到處逢源，無所待于外。意根于心，是爲誠意；情歸于性，是爲至情；識變爲知，是爲默識。不揣其本而惟末之求，縱滅意去情而離識，本末睽絶，衹益虚妄耳，皆瞞人且自瞞也。

兄謂：「知之一字，云衆妙之門，亦云衆禍之門。如不自得手，隨人妍媸，止是口舌上功果。」誠然，誠然！良知虚體，不變而妙應隨緣。玄玄無轍，不可執尋；淨淨無瑕，不可污染。一念圓明，照徹千古。遇緣而生，若以爲有，而實未嘗生；緣盡而死，若以爲無，而實未嘗死。通晝夜，一死生，不墜有無二見，未嘗變也。惟其隨緣，易於憑物。時起時滅，若存若亡。以無爲有，則空裡生華；以有爲無，則水中撈月。上二句注：佛。臨期一念有差，便墮三塗惡道，皆緣應也。自其不變言之，凡即爲聖；自其隨緣言之，聖即爲凡。冥推〔一〕密移，決諸當念；入聖入凡，更無他物，不可不慎也！

兄謂：「知上加一致字，在曾子已屬葛藤。前所見教，亦不顧領。」可謂自信之過矣。古人立教皆爲未悟者設，不得已而有言。若論父母未生以前，本無污染，何須修證？天

---

〔一〕「推」原作「權」，據丁賓本改。

自信天，地自信地，有言皆是謗，六經亦葛藤。齒是一把骨，耳是兩片皮，更從何處着言與聽也哉？夫教有顯有密：凡有言可筌，有思可得，列爲六經，散爲百行，種種色色，可倪可像，所謂顯也；父母未生以前，玄玄淨淨，言思路絶，不可執尋，不可污染，所謂密也。不明顯密之機，不墮於相，則淪於空，非善教，亦非善學也。

兄謂：「三十年盤桓，至此實有所見，不是拾人剩語。此段心肝，惟翁可與剖判。不然，幾枉過一生。」此悟後真實語，不肖敢謂兄未有所見？自此以往，工夫盡無窮，尚須有理會處，不但已也。文殊表智，普賢表行，善才在文殊會下已得根本智，及在普賢會下遍參行門，尚被迷失。譬之良馬之履康莊，方是起腳第一步，過都歷塊，尚涉千里程途，遂囂然自信，視千里爲咫尺，猶未免掠虚意思在，非實際也。兄自此能一切差別景象不離當下，旁批：佛。㘞地一聲，全體放得下，全體提得起，掃盡意識情塵，直至不迷之地，所謂「信手拈來，頭頭是道」，方許爲實得耳。

兄謂：「佛陀百千義海教門，止是法身中一帳簿，直饒經綸盡大千世界，亦是腦後餘光。」此等見解，從何處得來？今既如此勘破，此後經綸事業又從何處下手，方免滲逗？

平地行船，虛空走馬，可與知者道，不然又成剩語矣。

見教不肖八十歲餘，今日不了，何時了？望我誠切，愛我誠至，敢不拜教！古云：「了尚不可得，豈有能了之人？」撒手同行，披襟一咲，直出天地之外，登須彌山頂，旁批：佛。以望世間。此世出世法，無足而至，無翼而飛，誠非拏雲掣電手，不足以了此一着。期與兄終勉之耳。此件事須心肯意肯，自證自悟，直下承當。若待呼始上船，已隔幾重公案。兄謂：「此一番悟是重生光景，恐落窠臼，亦欲掃除。」其信然也。不肖亦曾記古德有偈云：「彩雲堆裏仙人見，手把紅羅扇遮面。急須着眼看仙人，莫認仙人手中扇。」且道與豔辭是同是別？請細參之。

## 與莫中江

吾兄決意還山，豈徒優游好遯，求以適逸？遐覽遠期，尚友千古，如鳳之翔，如龍之潛，神變隨時，固有非衆人之所能識者矣。

吾兄素信此學，但平時記撰功深，鑽研力久，未能即忘聞見之心。若光光只信良知自足以盡天下之變，恐亦未能脱然無疑也。良知是性之靈竅，本虚本寂。虚以適變，寂以通感，一毫無所假於外。譬之規矩之出方員，規矩在我，則方員不可勝用；泥方員而求規矩，則規矩之用息矣。此學未嘗廢聞見，但屬第二義。旁批：佛。能致良知，則聞見莫非良知之用；若籍聞見而覓良知，則去道遠矣。顔子德性之知，子貢多學之識，毫釐之辨，在孔門已然，况後世乎？

吾人此生，只此一事。學未入竅，終涉皮膚。即今請究知與識何辨、回與賜孰賢，反諸一念之微，細細别白，所謂第一義者何在？得個真的路頭，姑舍所已得者，務求其所未得者。教學相長，日著日察，使此學燁然光顯於世，于師門庶爲有補，方不辜負丈夫出世一番耳。旁批：佛。惟兄念之！

## 答孟會源

大學一書，乃千聖心脉，徹首徹尾，徹體徹用，只「好惡」兩字盡之。吾丈揭此兩字以爲聖學之宗，可謂一口道盡，至博而至約者矣！

孟子論夜氣，好惡與人相近，正是指出良心本來真頭面。箕子陳範，以「無有作好」、「無有作惡」爲王道錫民之極。平旦虛明之養，養此而已；皇極之建，建此而已，非有二也。大學者，大人之學。天地萬物本吾一體，慎獨致知一循乎好惡之自然而無所作，位育之微機也。故自意、身、心以至國家、天下，皆以好惡發之，首尾相承，體用一源也。中庸戒懼慎獨誠意之功，莫見莫顯，必有所感之物。慎獨者，正所以致知而格物也。好惡本于性情，無有作好作惡，正是未發之中、發而中節之和。未發之中，正心之屬；中節之和，修身之屬。致中和則本立而道行，天地自此位，萬物自此育，家齊國治天下平，而王道備矣。此聖修之極功，大學之能事也。

後儒以誠意之前另有致知之功，分知行爲先後，則中庸由教而入者爲無頭學問，將何所藉〔二〕而從入乎？吾丈謂「格物致知原非缺漏，無待于補」，可謂得其旨矣。但謂「明德是慎獨之功，未與物接，至親民始與物接」，似未免于分析之過。夫明德是萬物一體之體，親民是明德應感之迹，正所以達其一體之用也。聖人之學，恆寂恆感，無間于有事無事，而豈限於物之接與未接乎？大學論「絜矩」之道，惟曰：「所惡於上，毋以使下；所惡於下，毋以事上。」上、下，所感之物也。所惡於上、下，是謂良知；毋以使下事上，即是格物致知。平天下之要，本諸好惡；好惡之真，本諸良知而已。大人事業，可當兒戲？惟丈其重圖之。

## 與汪周潭

同宷中可與共此者幾人？大舜自耕稼以至爲帝，無非取善于人。若使人皆玄德而後取

〔二〕「藉」原作「籍」，據蕭良幹本改。

之，則所取亦有限矣。所謂舍己從人，非但不善始舍，有善亦舍，方爲忘己之學。吾人日用應感，纔見己有是處、人有不是處，便是有我之私，非所以示大同也。幸密察之！

弟春暮往赴江西之約，期與東廓、念菴諸兄會于青原、白鹿之間。蓋以會爲學，務求取善之益，非敢以學爲會也。

## 與張陽和

區區近來勘得生死輪廻一關頗較明切，皆從一念妄想所生。道有輪廻，便是覓空中之華；道無輪廻，便是撈水底之月。有無之間，不可以致詰，默契之可也。總評：佛。

## 答張陽和

承手教惓切，知憂時爲道委曲苦心。吾人虛辭繆張，而實踐未至，激成紛紛，所謂

「新法之行，吾黨有過」，非剿説也。吾輩講學原爲自己性命，雖舉世不相容，一念炯然，豈容自昧？况世間豪傑無地不生，言之危與巽，雖若隨時，而一念默默，互相省覺，乃是救取自己性命，呼吸不相待也。沍寒極凍，正吾人來復之時，不因時有所加損。聞館中亦數輩能信此學者，吾世丈須留意，隨機觸發。六陽從地起，以彙而征，原是一體不容已之心，非徒招朋類，助門面，爲此勞擾也。人生不知學，猶不生也；學而不聞道，猶不學也。

## 答張陽和

來教所述張弘山論學之言，其義頗精。有曰：「耳本天聰，目本天明，順帝之則，何慮何營。」有曰：「人心不死，無不動時；動而無動，是名主静。」其與徐魯源論學之言謂：「古之聖賢，以一心建立萬法，未嘗有所摹擬于前，况於動静語默、食息起居之微，又安能一一摹擬之而後謂之學乎？陽明先生揭出『致良知』三字，真是千古之秘傳。時時提醒，時時保任，不爲物欲所遷、意識所障，易簡廣大，入聖之捷徑也。」可謂卓然自信，勇於任道，確然不易乎世者矣。

頃者友人屠坪石轉致荆州公所諭書謂：「屠子好談理學，雅稱同志，意必實有所得，非空言者。」不惟不以爲諱，且從而從臾之，當事者之心可諒矣。務空談而乖實行，庸或有之，自是吾黨不善學之過，非師教使然也。上句評曰：苦切。其謂：「魚兔未獲，毋舍筌蹄；家當未完，毋撤藩衛。」未證謂證，學之通病，尤有裨於聲教。此良工苦心，蓋將以明之，非故有所抑而欲廢毁之也。但恐吠聲怖影之徒，巧于承望，有所更易變置，因噎而廢食，反使初志鬱而未暢。世道污隆，學術興替，舉足重輕，關係不小。别嫌明微，不可以不慎也。所望秉執化權，宣昭義問，以翼吾道，使海内善類以心相應，顯然知所歸向，無復懷疑，師門一脉不致泯泯無傳。所謂萬代瞻仰，在此舉也。

## 與朱金庭

此件事無巧法，只從一念入微時時求慊于心，便是集義真功夫。一切任名義，仗氣魄，倚見解，凡有題目可揀，皆是義襲之學。此便是學術誠僞之辨。吾弟天資本超潁，詩與字已壓群彦。詩爲心聲，字爲心畫。心體超脱，詩與字即入神品；體格粘帶，詩與字即墮俗套。所謂只此是學，非可以他求也。

## 與李見亭

此行望吾丈全體擔荷，隨上隨下，隨閑隨忙，孳孳切切，以發明此學爲事，做個出世間大豪傑。眼面前勘得破，不爲順逆稱譏所搖；脚跟下劄得定，不爲得喪利害所動，時時從一念入微醖釀主張，討箇超脱受用。纔有所向便是欲，纔有所着便是妄。既無所向，又無所着，便是絶學無爲本色道人。旁批：佛。一念萬年，更有何事！區區日用行持亦只如此，出處雖殊，此志未嘗不相應也。

竊窺吾丈此生志向，安身立命，已無别路可走。但日用應感，尚涉悠悠，欠發疑，欠受苦。進學全在疑，大疑大進，小疑小進，不疑不進。譬之行路，既有必到長安之志，纔舉足起途，便有三叉路可疑，疑了問，問了又走，不肯半塗而廢，必到長安而後已。若終日悠悠，坐謀所適，或雖行路，而不肯發狠，自由自在，終無有到長安之期也。吾人既在路上盤桓，風波之逆順，盜賊之縱横，即次懷資之得喪，困心拂意，有多少苦在！若是到長安之志不肯休歇，境愈苦，志愈堅，衝前冒險，求遂其志。若欲自討安便，纔遇些小苦境便生退心，亦終無得到之期也。

今者則何以異此？兄既要做千百年大豪傑，不要只討見前窠巢快恬受用。内翰清高，無菑無難，亦易養壞人，有志者當生懼心。必須大疑大苦一番。疑者信之因，苦者樂之基，經此大疑，沉着研究，若無湊泊，方能有諸己而信。不然，知解儱侗而已。旁批：佛。受此大苦，轉展磨礱，若無聊賴，方能反諸身而樂。不然，情境假借而已。舉千鈞之鼎者，非烏獲不能勝。區區於丈日有望焉。

東廓乃孫聚所，青年嗜學，不墮家聲，望加意周旋，以求益友之助。學問之於朋友，如魚之於水，纔一相離，便生枯渴。此生可與性命相許者，眼前寧復幾人？種種力行好事，只是揀得好題目做。縱使文名蓋世，勛業格天，轉眼便成空華。若真爲性命，默默自修自證，以畢此生，當不以此而易彼也。

嘗謂吾人在世，須享用餘年。顔子三十二而卒，三十二以外，便是餘年；孔子七十三而卒，七十三以外，便是餘年。若於此不知享用，營營逐逐，尚有歇不下念頭，真天刑不可逃也，可不哀哉！京師同志有詢及不肖者，即可以此相勉。

## 與祝成吾

先師云：「言語、政事、文學，大率以收斂爲主，發散是不得已。」所謂收斂，非徒槁心僻處避事之謂，能于一切應感，直心以動，不作世情陪奉勾當，常感常寂，内有主而外不蕩，方是真收斂。幸默察之！得此一路入頭，豈惟養生有益，千古聖學血脉亦可窺矣！

## 與林益軒

承詢孔門「可與共學」之旨，往復商究，若有契于中者。非執事樂取人善、不存畛域，能若是耶？

夫有必爲聖人之志，然後可與共學。吾人爲世情功利所染着，自開方便門，悠悠度日，不肯出頭擔荷，只是無志。總使要好，亦只在世情功利上揀得些好事去做。且如守官清白，豈非好事？若未忘得要做好官之心，雖不爲富，却亦爲貴也。總使忘得富貴之心，汲汲然要求好聲譽、好勛業，只此便是功名之心未忘得在。此必爲聖人之志所以爲難能也。

吾人今日且未説到可與權地位，只可與共學，亦未易能。若果可與共學，從前種種世情功利熟路，便須頭頭斬斷，一心一意只在道德上討入頭。此可與共學之志，方是適道之基。譬如有志要到長安，不得不尋大路走；尋得大路，一心一意只在此大路上行，方是可與適道。力行不息，腳跟下站得定，不復爲世情功利所移奪，方是可與立。到此已能強立不反矣，然猶未忘得固守堅持之意。到得可與權地位，方能從容自在，變動不居，無可無不可；珠走盤中，了無滯礙，此是入聖究竟受用處。

吾人于聖人之志且未歸一，便欲懸想究竟受用，何異孩提之童初學行步，未免倚牆傍壁，放步且未能，而遂使之縱步遠適，不至傾踣而仆者，幾希矣！雖然，始學之與聖人，只有先後、淺深、生熟之殊，本無二事。只如學步之步與縱步之步，先後階級，一毫不容自紊，然足之所履，實未嘗有異也。自聖學不明，道術爲天下裂，謂無可無不可爲聖人事，初間且要有可有不可。夫伊尹、夷、惠，豈不是學？孟子以爲不同道，而所願學乃在孔子。孔子無可無不可，自謂異于逸民。逸民固有可有不可者矣。

夫無可無不可者，良知也；有可有不可者，意見也。良知變動周流，惟變所適；意見可爲典要，即有方所。意見者，良知之蔽，如火與元氣，不容以並立也。學者初間良知致不熟，未免用力執持，勉而後中，思而後得，到得工夫熟後，神變無方，不思不勉而自中道。淺深誠有間矣，然此中所得無所滯礙之體，實未嘗不同也。若憂良知不足以盡天下之變，必假意見以助發之，是憂元氣之不足，而反藉于火以爲之用，非徒無益，其爲害有甚焉者矣。蓋不知淺深生熟，是謂淩躐；不知始終只一事，是謂支離。衡之有權，造衡自權始，非至于終而後有權，亦非用權之始必假一物以益之而後能也。發端既殊，歸宿亦別。孔子之于三子，始終條貫，可以默識矣。

邇者屬下士友方興開講之會，首揭先師立志説、拔本塞源論以爲學的。鵝湖之後，此風寥寥。今日之舉，豈必人人皆有真志，淘金于沙，亦爲之兆焉耳。夫成己成物，原非兩事，盡人物之性只是盡己之性，在執事既秉風化之權，貞教淑人，恐不能忘情于振德之助，在加之意而已。

## 答宗魯姪

辱翰惠遠及，良感不遺。展讀，云：「晨起授衣，昏暮乃入，無有餘力及於學問。」

夫所謂問學，乃見在日履，不論閑忙，無非用力之地。若外見在别有問學，所問所學又何事耶？大禹八年在外，三過門而不入，勤勞如此，却只行所無事。不鑿於智，便是禹之問學。顔子陋巷屢空，不改其樂，便是顔之問學。若外此别有所學，忙時是着境，便生厭心；閑時是着空，便生怠心。又何得爲同道耶？

昔者有司聞先師之教，甚以爲好，但爲簿書期會所絆，不得專業體領。先師云：「千聖學脉不離見在，故曰致知在格物。致知者，致吾心之良知，非推極知識之謂也；格物者，體究應感之實事，非窮至物理之謂也。自聖學不明，儒者溺於所見，不能反身，陷於支離而不自覺，正是古今學術同異所在。」老姪試取陽明先師傳習等録、論學諸書，反覆潛玩，自當沛然無所疑矣。

## 與田竹山

内弟張子叔學志於古道，博習遐覽，興意超然，聞左右以誌事屬之，可謂得人矣。

夫誌者，史之流也。史貴實，不貴華；貴公，不貴私；貴能傳信於千百世，不貴粉餙鋪張，以眩曜一時之耳目。史固如是，惟誌亦然。至於賦役，尤宜詳且慎焉。昔英宗時，開館擇才，將成大明一統誌，一人欲詳田賦，一人欲詳科目，兩相忿爭不已。其欲詳田賦者則曰「此非天下試録也」，其欲詳科目者則曰「此非天下黄册也」。當時傳議，以爲科目之不詳，猶之可也；田賦之不詳，其能無關於國家之命脉哉？上段評曰：好。今執事修誌，必能權輕重之宜，酌華實之中，決不致混淆無倫。顧一得之見，不敢不申於執事也。

且石子重、黄文獻諸名賢均有著述之功，固當表章以開後學。而先師文字散逸在故家舊俗者，望采集收録，以爲新邑文獻之光，尤不可不加之意也。

答劉抑亭

歲終領手教，具悉惓惓憫時憂道之心。一失人身，任所漂泊，累劫而不能償。旁批：

佛。迷人見種種情慾，以爲實有，依戀營爲，終身而不知反。所謂言道者多，知道者少。此非吾丈生死心切，誰肯興言及此？豈勝警惕！

不肖夏秋以來，臥病半載，耳加重聽，一切交際亦省息。豈上天憐予攬聽多言，以此示戒？不敢不深省。衰齡殘質，後來光景已無多，生死一念較舊頗切。旁批：佛。古云：平時明定，臨期自無散亂。有生死，無生死，皆不在計度中。一念惺惺，冷然自照，縱未能超，亦任之而已。

吾丈謂不肖殫力窮年，主持道脉，此豈可以意氣承領而得耶？各各自反自力，所謂默成而信，實非言説可了了也。

## 與鄭石淵

夫道有本而學有要，良知之訓，海内誰不與聞，然能實致其知者有幾？每不肖過南譙，學中同志會者不下百餘人。自南玄捐棄，漸致零落，而不肖亦罕至。今法堂前不止草深一丈矣。大抵世情是熟境，名利是舊習。譬之猿猴，偶被循訓，著衣冠，以爲能揖客，能捧茶，纔見眼前果核，依舊跳蹶裭毁，復其故態矣。今者則何以異此？吾執事既不廢舊學，還望群集〔一〕舊日諸友，作南譙十日之會，以終大業。不使人以猿猴目之，亦師長分内事也。

## 與李見羅

所云「德修罔覺」之意，曾細參否？良知本無知，如鳶之飛，魚之躍，莫知其然而然。即此便是必有事，即此便是入聖之機。精采無可逞處，氣魄無可用處，知識無可湊泊處。略涉精采、氣魄、知識商量，便非無聲無臭宗旨。此是學術毫釐之辨。吾人終日操持，懸崖放不得手，只是少此一悟。或以爲要妙，或以爲荒唐，在知道者默而存之可也。

〔一〕「集」原作「習」，據丁本改。

## 與李見羅

見所著大學古義，以修身爲本，以知本爲宗。壹是以修身爲本，天下國家皆末也，故曰物有本末。此謂知之至也。吾世契所見，非有異於師門致知之旨，蓋彼此各從重處提掇。知是身之靈明主宰，身是知之凝聚運動，無身則無知矣，無知則無身矣，一也。區區晚年於此更覺有悟入處，但無由與世契一面證耳。

## 與殷秋溟

聞近處毀譽之衝，能平懷視之，一毫不動念，乃是上天以此檢驗吾人定力。纔被勘脱，便是功行有滲漏處。所謂即此是學，非徒挨排遣適而已也。

古有任生死，超生死者。死生只在眼前，眼前毁譽利害，有一毫動念、一不來處，便是生死一不來樣子。只此一條路，更無躲閃處。上句評曰：任。平時澄靜，臨行自然無散亂；平時散亂，臨行安得有澄靜？孔門所謂「未知生，焉知死」，已一句道盡。是謂範圍曲成，通乎晝夜之道而知，軀殼非所論也。若夫超生死一關，生知來處，死知去處，宇宙在手，延促自由，出三界，外五行，非緣數所能拘限。與太虛同體，亦與太虛同壽，非思想言説所能凑泊，惟在默契而已。

## 與林介山

吾兄心事，弟輩所素信，固不待白而後知。但致知工夫無有盡藏，時時只知自反，時時見得有過可改，一毫不起怨尤之心，方是格物實受用處。世人齷齪誹謗，如含血噴空，固自污染不上。中間客氣童心，任情作惡，病痛能保其必無否？此便是兄所當速改，不待終日者也。且兄處此多難，能自遣釋，比之戚戚沉溺苦海者，奚啻什伯？若只從清虛意見上抹過，便信以爲無累，與聖賢反己改過實作用，却恐未得相應也。

古人云：「天下何事最苦？眼前不明大事最苦。」旁批：佛。吾兄當此一番境界，若果能真證實悟，了得此一着大事，將無入而不自得矣。官之有無，名之得喪，何異風之過耳哉？

## 與吳中淮

區區暮年來勘得生死一關頗較明白：生死如晝夜，人所不免。四時之序，成功者退。人生天地間，此身同於太虛。一日亦可，百年亦可。做個活潑無依閒道人，方不虛生浪死耳。惟是老師所傳究竟一脉，未得人承領，日夜疚心。世間不無豪傑，明爽者或失誠實，篤厚者或失穎慧，上句評曰：嗚呼，盡之矣！所以注念於吾執事，尤耿耿不容已。不知近來行持更復何似？知吾丈愛我信我，當不以爲繆悠也。

## 答程方峰

「天泉證道」大意，原是先師立教本旨，隨人根器上下，有悟有修。良知是徹上下真種子，智雖頓悟，行則漸脩。譬如善才在文殊會下得根本知，所謂頓也。在普賢行門參德雲五十三善知識，盡差别智，以表所悟之實際，所謂漸也。此學全在悟，悟門不開，無以徵學。然悟不可以言思期必而得。悟有頓漸，脩亦有頓漸。著一漸字，固是放寬；着一頓字，亦是期必。放寬便近於忘，期必又近於助。要之，皆任識神作用，有作有止，有任有滅，未離生死窠臼。若真信良知，從一念入微承當，不落揀擇商量，一念萬年，方是變識爲智，方是師門真血脉路。上段評曰：透入禪關，全是禪學了也。可説有毫釐之差乎！

世丈謂區區妙悟神契，獨先得之。區區實無所得，蓋常折肱於此，偶有所徵耳。竊念世丈種種行持，只幹辦此一事，知無别路可走，然尚未脱意根。種種參會，養此良知之體，使光潔圓淨，能寂能照，觸處似無所疑，不爲無見，然尚未離見解。若欲度脱生死，會通世出世法，更須百尺竿頭進步。從何處着脚？忘意忘見，庶幾得之？

## 與魯晝堂

執事宰劇邑，撫疲民，一切經綸注措，足以孚衆情而當上意，足占幹局之良矣。顧吾人一生惟有此學，無論閒忙順逆，皆是圓明一竅中流出，日應萬變而不窮。苟此中不得機竅，只在境上隨緣抹過，忙時便慄，閒時便昏，順則恣情，逆則拂意，了無自得之處。然自得在於深造，而其要莫先於澹。世情澹得下，則不從軀殼上起念，欲障漸除，真機自然透露。人我兩忘，好惡不作，平懷順應，坦坦蕩蕩，無入而不自得矣。此古人平天下之大道，不可以襲取而僞爲者也。向與執事别時，曾談其梗槩。見執事憮然若有所契於中，故爲申告之，亦一體相成之意，不容自已也。

不相會許時，近來會聚之興何如？

## 與完璞會中諸友

督學使者不喜此事，意見不同，無足爲怪。但此事原是追復先賢道場，又經四五撫按與學憲詳議處分，已有成案。縱欲變更，豈肯甘心自外于名教？但願諸賢牢立腳根，默默自脩，養晦待時，終當有清泰之期。損益盈虛，時乃天意。天意欲玉成諸賢，故生出此一番艱苦，以爲堅志熟仁之助。若諸賢不能自立，隨世起倒，雖使終身處在順境，只成支吾粉飾過日，於鍛煉磨礲未有分毫補益處也。烈火中方見真金，若只是鍍金假貨，隨火銷鑠，則自討敗露，亦不足惜也。立與不立，只在一念轉移，真假可以立辨。且彼作惡，亦是吾黨依藉假途有以致之。若真脩行自立，如周如程，彼豈作惡也哉？望諸同志各各自靖，不爲虛聲浮響所撼動，以身明此學，方爲出世偉男子耳。

## 答梅純甫

吾弟此生行持，知無別路可走，但向來尚從見解而入，不離識神。雖時參校外典，尚在言詮上討求。日逐應感，精神尚有怠緩。雖處靜時，不能當體凝寂，未免假借於物以相勝，勉強支持，非昏沉，則散亂。旁批：佛。無可奈何，任之而已。若如此挨排過日，雖百年，有何了期？此皆是識神用事，旁批：佛。往來起滅，總是生死之本。若能深求密究，討箇變識爲知路徑，旁批：佛。更須一着喫緊用力處。

夫識與良知，同出而異名，所爭只毫釐。識有分別，知體渾然；識有去來，知體常寂。故曰：「良知如太虛，萬變紛紜隱見於太虛之中，而太虛之體廓然無碍，其機只在一念入微取證。」此是吾人隨身規矩，不可須臾離也。學有緝熙光明，只此便是不容歇手公案，顔子所以欲罷而不能也。大匠能與人規矩，不能使人巧。巧之一字，乃最上一機，存乎心悟，非見解所及。何時再晤，終此究竟？

## 與梅純甫

承遺吊，深領道誼一體至情。年老遭此，頗覺難堪。吾弟談虎色變，休戚所同。情之所感，自有天則。此亦吾弟驗過真實語。因此勘破世間皆假合之緣，雖父子骨肉，亦無三五十年聚頭。哀、樂二境，如寒暑代謝，亦順之而已。

來教謂：「一切俗事，絶念無營，而精神意思尚欠凝聚，學問功力尚屬悠緩。」只此欠凝聚、悠緩，便是世情根子未淨所在。若果朝夕究竟只此一事，便是单刀直入舍性命行徑，旁批：佛。豈容更有礙膺之物耶？旁批：佛。

## 與周順之

有簡候，計已入照。老年遭變，情覺難堪。因念世界缺漏，豈能平滿，亦安之而已。

來教謂：「不理人口，幾陷不測。」此等處不可一毫責人，正是吾人精義所在。譬之人被蛇蠍所傷，只好自反，不能遠避，豈可動一毫作惡之心？況吾人立于天地之間，須令我去處人，不可望人處我。省愆視履，以求無忝，此是本分勾當。天之玉成吾人，不如此不足以任大而遠到也。千萬自力！上段評曰：好話，好話！

## 與吳從本

此學無奇特相，無些子伎倆可倚靠。致良知之外另有出世勾當，即是異學。致良知功夫不出倫物感應。上下交承，不能慎動，令人見疑，非有所挾，即有所爲，非隨緣順應家法也。執事密察自見。

精舍賴同志數人撐持，方得久大。執事是個中人，同志中頗有齟齬。子方自恃以爲至寶，人莫能知，而人乃視之爲燕石，或莫之與，將焉賴哉？不肖此番至水西匆匆，而執事視之亦磊磊，未見有虛懷求益之意，殊不可曉。此事如覆卵，非氤氳醞釀則不能成變化。

執事視此果何如耶？

## 答沈宗文

僕衰年艱於途涉，爰念令弟宗顏大捷，喜不自勝；且聞玄略之變，情不容已。忻戚交集，匍匐遠來，深擬與吾契晤言信宿，以罄鄙懷。不意從者祭告入鄉，不及一面，悵然而行，彼此歉缺之情可知矣。

相傳吾契聞報之時，初意亦欲斂靜，因親友相強，遂致縱恣勞擾，支費不給，至稱貸以益之。鄉人嘖嘖，無不嘆羨以爲榮。有識者則以爲過於喧囂，若在所深惜也。上句評曰：此老何曾不修行！予見羅念菴登第時，其家處之寂然，無所加減，宗黨至今傳頌不衰。邇舍親羅康洲、張陽和居家亦甚貼泰，凡事務從省約，父兄相安，不事矜耀。家人稍有生事作好者，痛責而遣之。鄉黨相狎，若儒素之家，略無驕貴氣味。此皆區區所親際而目睹者也。況君家累世積善好修，尊翁未盡之志發於令弟，正宜承家守訓，以光世德。倏爾張皇開托，至爲庸流所歆，達者所嘆，意尊翁九泉慰慶之餘，亦或有感然於衷也。

區區兩世通家，不得不以此言相聞，望吾契速改以終善道。令弟在京，亦望以此意相達，盡去格套繁縟之習，凝靜澹泊，益勉於學，以慰四方同志之望。不惟保終令德，亦以篤祐而綿福也。諒吾契素所信愛，當無逆耳之嫌。所需令尊翁墓表，便中脱稿即當付刻也。

## 與沈宗顔

頃見題名，大對第一，可爲聖朝得人之賀。不肖辱賢父子兩世交承，相信相愛之情甚篤，於宗門宗説契悟亦深。邇者彙征之會，六陽從地起，仰以成泰，風聲鼓召，上下相聯，於世道亦將有賴，非徒通家識私喜而已也。

夫學之於明友，如魚之於水，不可一日離。京師舊有同志月會，相傳已久，近因時好差池，漸成避忌。消息盈虚，時乃天道，不足爲異。但吾人此生發心原爲自己性命，自性自修，自命自立，無所待於外。若以時之向背爲從違，所學何事？非所望于豪傑也。

近見録文有談性説命，假禪幻以爲表異之説，令人惕然發深省。吾黨之學，果有假于禪幻，自當創悔懲艾，以圖自新。若爲自己性命，將以尚友千古，不墮此窠臼，則當益求自信。順逆境界，莫非動忍增益之助，非時議所能益也。

元老於師門之學原亦相信，近因吾黨不能以實意將之，微致規切，意在相成，非有所作惡也。世人過於承望，形聲相軋，釀成紛紛之議，遂使信學之初心混迹疑似，隱隱約約，闇而弗彰。此等氣象，豈聖世所宜有！宋之末世，殷鑒不遠，憂世君子所當亟反而圖之者也。明良相遇，自古所難。聖上睿哲天授，元老仰承翊贊，世方以「尹之一德」説之，啓心望之，不徒一時彌縫粉餙爾也。夫有伊、傅學術，方能成伊、傅事功。若非洗滌心源徹底瑩淨，使上下孚格，出于譽望聲色之外，德從何一，心從何啓？此在當事者所當自愛，非杞人之過計也。元老與吾契有年家之雅，故以相聞，幸默存之，爲此亦爲彼也。上段總評：通篇是江陵公忠臣。

所云月會之議，還望終始自信，約三五同志續而舉之。此件事不論在朝在野，原是一體同善不容已之心，非強餙門户，求以矯抗于時也。

## 與沈宗顔

前有啓候，計在照存。吾契志本高遠，才本弘偉，家學相承，此生知無别路可走。從前偶有出入，乃是習氣未除。譬之千里神駒縱步康莊，時有迴旋，行當返駕，不足爲累。又如昨夢，只今惟求一醒，諸夢自除。况在今日，又是轉身大覺之時，徑超直入，一念萬年，堅志達才，寧復有所牽掛爾耶？

我朝二百餘年，魁首者六七十人，歷稽往牒，百年前者已入鬼録，五十年前者或存或亡，已如塵夢。中間可稱述，或以綱常立命，或以性命安身，一峰、念菴二三公之外，不復多見。丈夫置身天地間，自當有安立處，不在灼然一第之榮而已也。區區八十老翁，於世界更有傜放不下？惟師門一脉如綫之傳，未得一二法器出頭擔荷，未能忘情。切切求友於四方者，意實在此。年來勘得此件事更無巧法，只從一念靈明識取。此一念靈明是千古入聖真脉路，吾契已平時信得及，更望深信密體，不作知解言説抹過，使此學日光日顯，日孚于衆。擔荷有人，不致泯泯，老懷始有所慰耳。

## 與鄧子和

吾輩今日不在知識之多、解悟之深，其大病惟在脚跟下不肯著實理會，未免在功利世情上作活計。終日談説良知，種種玄機解悟皆成戲論。譬一器，先受烏頭砒信，後雖投以甘露，亦皆變爲毒藥矣。只緣平時所受的是實病，潛伏流注，已非一日；今日所聞的是虚見，脚跟下原是貼襯不起。以虚見勝實病，雖時時發狠，徒長勝心，未見有分毫補益處也。吾輩欲討真受用，更無巧法，須將此器所受毒藥徹底洗滌令乾淨，寧可一生冷淡寂寞，不在世情上討些子便宜，良知本來面目始有十分相應處，方爲不辜負初心耳。此吾與賢契所當共勉者也。

## 答周居安

古之豪傑，未有不從病困中進德。大抵處順境則意氣易於飛揚，處逆境則精神自會收斂。貞下啓元，天之道也；剥而後復，易之道也。只怕吾弟及令器未是大豪傑，未免爲病魔所降。若果信得良知及時，不論在此在彼，在好在病，在順在逆，一念萬年，恆久而不已矣。吾弟天質本篤厚，但入悟處微欠超脱，所以未免擔閣過世界。不肖與吾弟脩合此方，乃是丹府一粒，服之可以立躋聖位，非但去病而已也。

## 與張叔學

得手書，知日來向道甚切。吾弟天資本和平，但用心覺疎，處事微欠剛斷。種種應感未免纏繞，漸至因循；因循不已，便成墮落。揆其病原，只是最初一念欠決烈耳。若只如此揩抹過時光，豈惟道念不進，雖舉業亦成擔擱。譬如人在夢中，只爭箇覺與不覺。今既有將覺之機，會須猛省，振衣一起，以收開復之功。若再悠悠，又將做夢矣。

## 與張叔學

此番雖得入試，然神思却甚憊矣。凡百可省心息慮，如不欲戰相似，以無意應之，庶幾有補。若再以得失念參之，翻成惑亂，無益！吾弟文字，比之往時已知入路，然氣格尤欠嚴密，詞句亦少清溜。顯處似入於淺，隱處似涉于晦。要之，還是念頭上欠精明之故。大抵場中文字如走馬看錦，雖七篇都要匀稱，然須有一二篇着意處，所謂萬緑枝頭一點紅。主司以此爲進退，不可一概忽過。

## 與張叔學

此行受久庵公真切之教，向來凡情習氣，頓覺消滅，可謂不虛行矣。同志中多言此公未盡精藴，區區向來亦有此疑。細細體究，殊覺未然。且道先輩長者肯以此學自任終身者有幾？肯以此學諄諄誨人、惟恐不能及者有幾？吾輩但當領其懇切之心，間或議論見解有未同處，且當存之，不必深辨。但云老師處似未盡愜，又以濂溪、明道未免爲上乘禪宗隱於心，誠有不安，然亦當姑置之。惟日逐修身改過，盡去凡習，以還真純，是爲報答此公耳。

一路讀仲時詩稿，喜不自勝。不惟辭句清亮，思亦悠悠。大抵作詩須當以玄思發之，方不落言詮。瑣瑣步驟，未免涉蹊徑，非極則也。

# 卷之七　序

## 陽明先生年譜序

年譜者何？纂述始生之年，自幼而壯，以至于終，稽其中之行實而譜焉者也。其事則仿於孔子家語，而表其宗傳之自，所以示訓也。家語出于漢儒之臆説，附會假借，鮮稽其實，致使聖人之學黯而弗明，偏而弗備，駁而弗純，君子病焉。求其善言德行、不失其宗者，莫要于中庸。蓋子思子憂道學之失傳，發此以詔後世。其言明備而純，不務臆説。其大旨在于「未發之中」一言，即虞廷「道心」之微也。本諸心之性情，致謹于隱微顯見之幾，推諸中和位育之化，極之乎無聲無臭而後爲至，蓋家學之秘藏也。孟軻氏受業子思之門，自附于私淑，以致願學之誠。於尹、夷、惠則以爲不同道，於諸子則以爲姑舍是。自生民以來，莫盛於孔子，毅然以見而知之爲己任，差等百世之上，若觀諸掌中。是豈無自而然哉？所不同者何道？所舍者何物？所願學者何事？端緒毫釐之間，必有能辨之者矣。漢儒不知聖人之學本諸性情，屑屑然取證于商羊萍實、防風之骨、肅慎之矢之迹，以遍物爲知，必假知識聞見助而發之，使世之學者不能自信其心，倀倀然求知於其外，漸染積習，其流之弊歷千百年而未已也。

我陽明先師崛起絶學之後，生而潁異神靈，自幼即有志于聖人之學。蓋嘗泛濫于辭章，馳騁于才能，漸漬于老、釋。已，乃折衷于群儒之言，參互演繹，求之有年，而未得其要。及居夷三載，動忍增益，始超然有悟於良知之旨。無内外，無精粗，一體渾然，是即所謂「未發之中」也。其説雖出于孟軻氏，而端緒實原于孔子。其曰：「吾有知乎哉？無知也。」「蓋有不知而作，我無是也。」言良知無知而無不知也，而知識聞見不與焉。

師以一人超悟之見，呶呶其間，欲以挽回千百年之染習，蓋亦難矣。寖幽寖昌，寖微寖著，風動雷行，使天下靡然而從之。非其有得于人心之同然，安能舍彼取此，確然自信而不惑也哉？雖然，道一而已，學一而已。良知不由知識聞見而有，而知識聞見莫非良知之用。文辭者，道之華；才能者，道之幹；虛寂者，道之原；群儒之言，道之委也，皆所謂良知之用也。有舍有取，是内外精粗之見未忘，猶有二也。無聲無臭，散爲萬有，神奇臭腐，隨化屢遷，有無相乘之機，不可得而泥也。是故溺于文詞則爲陋矣，道心之所達，良知未嘗無文章也；役於才藝則爲鄙矣，天之所降，百姓之所與，良知未嘗無才能也。老、佛之沉守虛寂則爲異端，無思無爲以通天下之故，良知未嘗不虛寂也；世儒之循守典常則爲拘方，有物有則以適天下之變，良知未嘗無典要也。蓋得其要，則臭腐化爲神奇；不得其要，則神奇化爲臭腐，非天下之至一，何足以與于此！

夫儒者之學務于經世，但患不得其要耳。昔人謂以至道治身，以土苴治天下，是猶泥于内外精粗之二見也。動而天游，握其機以達中和之化，非有二也。功著社稷，而不尸其有；澤及生民，而不宰其能；教彰士類，而不居其德，周流變動，無爲而成，莫非良知之妙用，所謂渾然一體者也。如運斗極，如轉户樞，列宿萬象，經緯闔闢，推盪出入于大化之中，莫知其然而然。信乎！儒者有用之學，良知不爲空言也。先師纘承絶學，接孔、孟之傳以上窺姚、姒，所謂聞而知之者，非耶？

友人錢洪甫氏與吾黨二三子，慮學脉之無傳而失其宗也，相與稽其行實終始之詳，纂述爲譜，以俟將來。其於師門之秘未敢謂盡有所發，然亦不敢假借附會，以滋臆説之病。善讀者以意逆之，得于言詮之外，聖學之明，庶將有賴，而是譜不爲徒作也已。

## 重刻陽明先生文録後序

道必待言而傳，夫子嘗以無言爲警矣。言者，所由以入於道之詮。凡待言而傳者，皆下學也。學者之於言也，猶之暗者之於燭，跛者之於杖也，有觸發之義焉，有栽培之義焉，有印正之義焉，而其機則存乎心悟。不得于心而泥於言，非善於學者也。

我陽明先師倡明聖學，以良知之説覺天下，天下靡然從之。是雖入道之玄詮，亦下學事，載諸録者詳矣。吾黨之從事於師説，其未得之也，果能有所觸發否乎？其得之也，果能有所栽培否乎？其得而玩之也，果能有所印正否乎？得也者，非得之於言，得之於心也。契之於心，忘乎言者也。猶之燭之資乎明、杖之輔乎行，其機則存乎目與足，非外物所得而與也。若夫玩而忘之，從容默識，無所待而自中乎道，斯則無言之旨，上達之機，固胡子重刻是録，相與嘉惠，而申警之意也。不然，則聖學亡而先師之意荒矣。

## 讀先師再報海日翁吉安起兵書序

伏讀吾師吉安起兵再報海日翁手書，至情溢發，大義激昂。雖倉卒遇變，而慮患周悉，料敵從容，條畫措注，終始不爽，逆數將來，歷歷若道其已然者。所謂良工苦心，非天下之至神，何以與此！而世之忌者猶若未免于紛紛之議，亦獨何哉？

夫宸濠逆謀已成，内外協應；虐焰之熾，熏灼上下人皆謂其大事已定，無復敢攖其鋒者。師之回舟吉安，倡義起兵也，人皆以爲愚，或疑其詐。上句評曰：真。時鄒謙之在軍中，見人情洶洶，入請於師。師正色曰：「此義無所逃於天地之間，使天下盡從寧王，我一人決亦如此做。」人人有箇良知，豈無一人相應而起者？若夫成敗利鈍，非所計也。

宸濠始事，張樂高會，詗探往來，且畏師之擣其虛，浹旬始出。人徒見其出城之遲，不知多方設疑用間，有以貳而撓之也。宸濠出攻安慶，師既破省城，以三策籌之：上策直趨北都，中策取南都，下策回兵返救。或問計將安出，師曰：「必出下策。駑馬戀棧豆，知不能舍也。」及宸濠回兵，議者皆謂歸師勿遏，須堅守以待援。師曰：「不然。宸濠氣焰雖盛，徒恃焚劫之慘，未逢大敵。所以鼓動煽惑其下，亦全恃封爵之賞。今出未旬日輒返，衆心阻喪，譬之卵鳥破巢，其氣已墮。堅守待援，適以自困。若先出鋭卒，乘其惰歸而擊之，一挫其鋒，衆將不戰自潰矣。」已而果然。人徒知其成擒之易，不知謀定而動，先有以奪其心也。

師既獻俘，閉門待命。一日，召諸生入講曰：「我自用兵以來，致知格物之功愈覺精透。」衆謂兵革浩穰，日給不暇，或以爲迂，師曰：「致知在于格物，正是對境應感實用力處。平時執持怠緩，無甚查考，及其軍旅酬酢，呼吸存亡，宗社安危所係，全體精神只從一念入微處自照自察，一些着不得防檢，一毫容不得放縱。勿助勿忘，觸機神應，是乃良知妙用，以順萬物之自然而我無與焉。上二句評：輪刀陣上，亦得見之。夫人心本神，本自變動周流，本能開物成務。所以蔽累之者，只是利害毀譽兩端。世人利害不過一家得喪爾已，毀譽不過一身榮辱爾已。今之利害毀譽兩端乃是滅三族助逆謀反、係天下安危。只如人疑我與寧王同謀，機少不密，若有一毫激作之心，此身已成齏粉，何待今日？動少不慎，若有一毫假借之心，萬事已成瓦裂，何有今日？此等苦心，只好自知。譬之真金之遇烈焰，愈煆煉愈發光輝。此處致得，方是真知；此處格得，方是真物，非見解意識所能及也。」夫死天下事易，成天下事難；成天下事易，能不有其功難；不有其功易，能忘其功難。此千古聖學真血脉路，吾師一生任道之苦心也。上段評曰：決宜如此，真宜如此！纖既讀是書，并述所聞，綴諸卷端，歸之嗣子正億，服膺以爲大訓。是豈惟足以祛紛紛之議，千古經綸之實學亦可以窺其微矣。繼述之大，莫善于此，嗣子其圖之！

## 精選史記漢書序

嘗聞之：古文之與時文，其體裁相去若甚遠，而其間同異之機不能以寸，要皆於虛明一竅發之，非明者莫能辨也。故曰：「師其意，不師其辭。」吾有取焉爾。讀者悟夫作者之意，而不失其用虛稽實、紆徐縱閉變化之態，時文猶古文也。不得其意而徒辭之狗，句句而研之，字字而較之，摸擬摘實，如優人之學孫叔敖，適足以來明者之一噱而已。

予友荆川子嘗讀史、漢書，取其體裁之精且變者數十篇，批抹點裁，以爲藝文之則。夫子長法國語、左傳，孟堅法史記，固也；然其文皆自爲機軸，而不相沿襲，殆師其意者非耶？子長之文博而肆，孟堅之文率而整。方之武事：子長如老將用兵，縱横蕩恣，若不可羈，而自中於律；孟堅則遊奇布置，不爽尺寸，而部勒雍容，密而不煩，制而不迫，有儒將之風焉。要之，子長得其大，孟堅得其精，皆古文絶藝也。

荆川子是編，自謂深得班、馬之髓，而於漢書尤精，蓋所謂得其竅者也。昔有關中士人嘗持所作請證於陽明先師，先師謂曰，某篇似繫辭，某篇似周誥，某篇似檀弓，某篇絶似穀梁。其人甚喜。因諭之曰：「十歲童子作老人相，拄杖曳履，咳唾傴僂，非不儼然似也，而見者笑之。何者？以其非真老人也。苟使童子飭衿〔二〕肅履，拱立以介乎其間，人自

〔二〕「衿」原作「矜」，據蕭本改。

竦然，不敢以幼忽之。何者？以其真童子也。」上段評曰：妙絶！嘗以語荆川子，荆川深領之，謂可以爲作文者之法。且夫天下萬事，未有不從虛明一竅中出，而能得其精者也。因述所聞，而爲之序其端。

## 歐陽南野文選序

予友歐陽南野子文集行於世久矣，門人督學少洲馮君慮其浩博，授集于予，選其尤有關於學者若干篇，屬會稽陽山莊尹，將梓以傳。而門人宗伯石麓李君亦以所選集寄至，遂參互校輯，共得文若干篇，釐爲四卷云。序曰：

通天地萬物一氣耳，良知，氣之靈也。生天生地生萬物，而靈氣無乎不貫，是謂生生之易。此千聖之學脉也。我陽明先生慨世儒相沿之弊，首揭斯旨以教天下，將遡濂、洛以達於鄒、魯，蓋深知學脉之有在於是也。海内同志之士，見而知之與聞而知之者，莫不知有致良知之説，然能卓然自信、實致其知者有幾？能超然自悟於言教之外者有幾？

良知本無知，凡可以知知，可以識識，是知識之知，而非良知也；良知本無不知，凡待聞而擇之從之，待見而識之，是聞見之知，而非良知也。是皆不能自信其良知，疑其不足以盡天下之變，而有所待於外也。道本自然，聖人立教皆助道法耳，良知亦法也。果能自悟，不滯於法，知即良知之知，識即良知之識，聞見即良知之聞見，原未嘗有内外之可分也。

南野子蚤歲即從先師於虔，所謂見而知之者也。沉粹慧敏，才足以達，素爲先師所授記。凡振牖淬錬，蓋無所不至，而其顯體默究，孳孳亹亹以繼其志，亦無所不用其情。予不肖，辱交於南野子三十餘年，受其切劘之益最深。師門晚年宗説，每舉相證，未〔二〕嘗不爽然稱快，以爲聞所未聞，若飲醇醴，盎然且溢於面。所謂交相益者，非耶？

先師嘗謂「獨知無有不良」，南野子每與同志論學，多詳於獨知之説。好好色，惡惡臭，乃其應感之真機。戒自欺以求自慊，即所以爲慎獨也。集中無非斯義，所謂卓然之信、超然之悟，蓋庶幾焉。

〔二〕「未」原作「夫」，據蕭本改。

儒臣得君，自古爲難。昔者河汾之學不行於身，而見貞觀之朝。蓋房、杜、王、魏諸賢爲之表章，有以致之也。先師之學不啻河汾，南野子身際明聖，宣昭禮樂之化，過於房、杜諸賢。即其所履，益信儒者有用之學，於師門與有光焉。惜乎！天不慭遺，使大業不得終顯於世，吾黨不能無遺恨耳。讀是集者，知所考鏡，以信以悟，反求而自得之，發明此學於無窮，其機有不容自已者矣。

## 鄒東郭先生續摘稿序

嘉靖乙酉秋，予偕緒山子赴沖玄之會。道出睦州，少府對崖周子示予以東郭先生之集，曰「此第三續稿也」，且屬之言。予惟先生之集傳于人久矣，初稿刻于廣德，次刻于維揚，今復刻于睦州。雖其前後所見不無淺深精粗之異，而修詞命意，一惟師説之守，則先後反覆，未嘗少有所變也。

先師之説，以良知爲宗。良知者，本性之靈，誠之原，而物之則也。意者，其幾也；

物者，其日可見之行。觸機而應，應而常寂；因物而感，感而常靜。虛實相生，有無相形，不可以致詰。是義也，及門之士孰不聞之？孰不能言之？然能實致其知、守而不變者，蓋鮮其儔。以先生之才力譽望，有足自命，使其更加一說以抗之，亦足以章教而鳴世，而先生之心則有所不忍也。

夫學之不明，千百年于兹。世之學者，沿習于意見之偏，測度假借，非溺于虛妄，則入于支離。中行既鮮，法守無稽。而先師首倡良知之説，以一人呶呶其間，寖幽寖明，僅僅以有今日，蓋亦艱矣。所幸良知在人，不容自泯，苟非泥于意見，先横不然之心，未有聞之而不信者。吾人相與一意發明，宣暢而引長之，猶恐告者之瀆而信者之未至，況忍更加一説以滋其惑乎？

昔者孔子之門人，各以其所見爲學，而後散之四方，莫相統一，故傳之不能無弊。求其深信不失其宗者，顏、曾之外無聞焉。是雖同爲誦法孔子，而意見之私有以累之也。今日之弊，亦居然可見矣。先生服膺良知之訓，緣聞而修，求入于悟。寡欲以爲靜，非爲虛也；應物以爲常，非爲支也。教學相長，以教爲學，不以所得爲有餘，而以習見難舍，未能通微以復完本體爲不足，其用心可謂勤矣。譬之克家之子，日勤幹蠱，謹守家法，惟恐有所更改廢墜，以陷于不孝。此正同門之所不能及，學之日躋于精深而未已也。常語學者曰：「後世講學自習染之後言之，退然以聖人爲不可及，而不察良知本體原與堯、舜無異，是自畫也，或失則餒；其或傲然自謂與堯、舜同體，而不悟嗜慾污染之所因，是自欺也，或失則誣。皆非所謂善學也。」然則先生之所自信與其所自立者，有可知矣。

## 王瑤湖文集序

儒者之學務爲經世，學不足以經世，非儒也。吾人置此身于天地之間，本不容以退托。其曰爲天地立心，爲生民立命，固儒者經世事也。然此非可以虛氣承當，空言領略，要必實有其事矣。欲爲天地立心，必其能以天地之心爲心；欲爲生民立命，必其能以生民之命爲命。今吾人之心與所謂命者，果何物哉？道喪千載，絕學悠悠，天地自天地，生民自生民，吾人自吾人，睽分渙裂，漠然不相聯屬。噫！弊也久矣。自陽明夫子倡道東南，首揭良知之旨以覺天下，天下之人皆知此心之靈貫徹天地，而生民之疴癢疾痛始與吾人休戚一體相關，爲之維持撫摩，以求盡其心而致其命者，始烱然不容于自已，所謂生生之仁也。夫良知在人，聖愚未嘗不同；然而有能有不能者，利害毀譽有以蔽之也。吾人誠有意于經世，豈忍一日悠悠，甘于退托，漠然視之而已也？天地萬物，一體相通，生生之機，自不容已。一切毀譽利害之來，莫非動忍增益，以求盡吾一體之實事。隨其力之所及，在家仁家，在國仁國，在天下仁天下。所謂格物致知，儒者有用之實學也。

豫章瑤湖王君，其殆庶幾乎！君與吾黨同事夫子，面承良知之教，從事于斯，專志不貳，居官居家，隨處發明此意，求所以自立。其官于泰也，以州里之休戚爲己任；其官于浙也，以師門之休戚爲己任。一以爲慈父，一以爲幹子，一切以身狥之，不以毀譽利害惕乎其中。其退而家居，孜孜求友，以敎學相長，後進多賴之。時出赴同志之會，以求交修之益。晚年築室靜養，益務邃密。凡毀譽利害之來，不惟無所惕，且將資之以爲助。即其日可見之行，庶幾所謂無忝于所學者，非耶？

嘉靖乙丑春，予赴吊念菴子，與諸友會于洪都，厥子緝録君遺文一編示予。予展而讀之，多與同志問答觀法切劘之説，及詠歌酬應之詞，與夫當官興革宜民之疏。雖不屑屑以文名家，要皆以真志發之，以求不悖于師説，非苟然者。觀其請質于師，有曰：「斯道廣大，無少欠缺，動靜窮達，無往非學。但反觀于內，猶未是夭壽不貳根基，毀譽利害之間未能〔一〕脱然。」師手書答曰：「足知用功之密。只此自知之明便是良知，致此良知以求自慊，便是致知矣。」食臠一匕，已知鼎味、生平所得，不可概見已乎！因弁數語于册，授而歸之。夫吾人既有見于良知立心立命以繼絶學之傳，豈分外事耶？讀是編者能逆志以究其所學，亦將有炯然不容自已者矣。

## 讀雲塢山人集序

珠川子鋭志詞章之學有年，既裒然富且工矣，一日聞陽明先師良知之説，恍然若有見，憮然嘆曰：「斯其根本之學也乎！吾之所習，特枝葉爾已。」間以其説發爲文詞，則衆譁

〔一〕「能」原作「免」，據蕭本改。

然非而咲之：「此道學頭巾語也。習之將奚以爲？」珠川子亦牽於舊習未能舍，其于良知之説又不忍棄也，二者往來于中，久未能決。

今年秋，予赴沖玄之會，過信江，珠川子出雲塢山人集示予。予讀之，則前之所謂富且工者是已。及詢所謂道學頭巾語，則曰：「舊曾有常州集，因人之咲，弗欲以見也。」予曰：「有是哉？子于此既不能舍，于彼又不忍棄也，則如之何？夫欲之燕則北其轅而已，欲之越則南其轅而已。既欲之燕，又欲之越，是惑也，轅將安適哉？」珠川子曰：「吾亦病夫志之勿立耳，是以不能進于是也。子何以輔吾志？」予曰：「可哉！夫君子之學，莫先辨志，未有志于根本而不達于枝葉者也，亦未有徒志于枝葉而能得其根本者也。今之所謂良知之學者，夫亦通其説而已，未嘗實致其良知也。名爲根本，而實未嘗忘于枝葉也。子而果欲實致其良知，非徒通其説而已，則當自其一念靈明者，專志而求之。弗憚于非笑，弗眩于多岐，必也忘世情，忘嗜慾，并其詞章之念而忘之，而後道可幾耳。良知者，天地萬物之靈也，子而果能實致其良知，範圍曲成將于是乎賴，而況于文詞之藝乎哉？故曰『通乎晝夜之道而知』，語知至也。昔有求工畫者，不在乎吮笔含墨，而在于解衣盤礴以坐之人，惟能忘于畫而後畫始工耳。今者則何以異于是？世之所謂頭巾者，皆泥於良知之迹而未得其精，滯而未化者也。先師之集傳于人久矣，子試取而讀之，果有頭巾氣否乎？然則子之惑可以解矣。苟欲致知而務文詞之工，是猶以隋珠而彈雀，亦末也已。」

是集凡若干卷，諸體裒然咸備。子既已志于根本，亦將以爲枝葉而忘之矣。不然，是固詞章之雄也，而可少乎？因書以畀之，且以徵子辨志之學。

## 國琛集序

國琛集者，予同年一菴唐子所紀開國以來人才之盛，集之以爲世寶者也。集凡四科，蓋取魯論聖人、君子、善人、有恆之義，不以時，不以類，不以品，小大偏全，錯而陳之，各擅其所美。其要主於發明此學以蓄德而廣才，固非病于方人也。

夫學，心學也。人心之靈，變動周流，寂而能感，未嘗不通也；虛而能照，未嘗不明也。此千聖以來相傳之寶藏，人人之所同有，惟蔽於私而始失之。學也者，學去其蔽而已矣，非有加也。何也？夫心之通明謂之聖，聖人者，生而知之，學之的也。君子以修言，善人以質言，有恆以基言，皆學而知之者也。而惟有恆，則可以進於善人、君子而入於聖，小者大，偏者全。唐子所謂斯四科者，不於文，不於行，皆自其心論之，非其心則弗取也。隆殺賓主之義存乎本述，願學之意存乎注腳。譬草蛇灰線，而生氣行乎其間，在明眼者取而觀之。此紀集之本意也。

粵自明興以來，學術漸著，肇於薛敬軒，沿於吳康齋、胡敬齋，而闡於陳白沙。敬軒以行修，康齋以悟入。敬齋祖薛而得證於吳，白沙宗吳而尤主於自得，學將有所歸矣。延綿衍溢，至於陽明夫子，首提良知之旨，示之學的，而後燦然大明。國將興，必有兆以開其先，蓋徵之也。此千古血脉流行，生化之機，不以意測，不以識求。以此畜德，則德日新；以此廣業，則業日富。轉移人心之要，綱維治化之原，學之大全也。

夫自良知之説傳流海内，人孰不聞，然能實致其知者有幾？唐子欲以討真心爲刺贄，真心孰從而討之？夫真心者，言乎有恆之心。天地之道恆久而不已，吾人果能持其有恆之心，究夫虛寂流行之機以求其所入，而不以意識參乎其間，聖學庶有賴也已。若曰執權衡以較輕重，而以方人病之，淺淺乎知唐子矣。茫茫太虛，孤懸一掬，其誰幸以助予？此唐子苦心也，故敘而終焉。

## 三錫篇贈宮保梅林胡公

嘉靖庚申春，宮保制帥梅林胡公以平倭偉績，受天子明命，署以青宮之銜，錫以圍玉，蔭以錦衣，寵至渥也。凡在交承之下者，咸旅進于庭，所以頌公之德，表公之功，彰公之寵，殆將無所不用其情矣。予復何言哉？竊惟居德者忌，居功者怠，居寵者危，古人深所戒也。爰述三錫篇，以爲萬一之助。上段評曰：難言哉！

嘗讀易師之九二曰：「在師中，吉。王三錫命。」謙之九三曰：「勞謙，君子有終。吉。」公以師中之德荷三錫之命，則既以承天之寵矣，勞而能謙，乃克有終，固公所宜自盡，期以圖報於將來者也。夫虧益流變，福害好惡之應，天地鬼神於盈謙之戒，昭昭矣。

禹爲大將，出師以討蔓爾逆命之苗，宜無所不可。而伯益矢謨，至有「滿損謙益」之戒，禹又從而拜受之，蓋深知夫天道之不可違也。今夫禄位名壽，皆天之所以命於人，而人之所以自奉其身者也。大德之人必得，若執左券以索寄然者，是非有心於得之也。舜之大德，量如太虛，未嘗有一毫外慕之心。其視禄位名壽之加於其身與去於其身，如萬象交變出没於太虛之中。神奇臭腐，無所揀擇，亦無所增減。故飯糗終身，袗衣固有，太虛之體固如是也。吾人德不加舜，量不如太虛，未能忘乎外慕之心，而於外物之奉身者，乃欲屑屑焉求備，以自蹈於盈滿之戒，亦見其惑也已。夫角與而齒缺，翼附而足虧，在物且然，而況於人乎？歷觀三代以後之大臣，善處成功之際，而能保命以終吉者，有幾？禄盛者或晦於名，位尊者或劣於胤，名高者或嗇於壽，而壽永者或儉於禄。豈惟德之不逮於古，固亦氣化之漸薄，夫人乘之，自不容於求備也。與奪翕張，或裒或益，大化默司其柄。吾人終身浮沉於大化之中，特不能以自覺耳。

公自巡察而轉中丞提督，未幾而轉司馬總制，人言藉甚，忌且謗者紛紛未已。今日之事，公於科第、才望、勳名三者，皆足以自致通顯。但一旦驟遷，同儕盡屈其下，心不能以盡平。況乎權位重而責愈備，經費浩而迹愈疑。以一人之情，擅六七省之刑賞，而德怨易至於横生；以一人之力，答千萬人之祈望，而恩澤每病於難溥。夫以不平之心，加之以求全之意，則夫忌嫉疑謗之來，固宜有所不免，而亦非人之所能趨避也。上段評曰：好，好！説着了。

公自任事，數年於兹，經理浩穰，心殫力竭，雖屢獲奇功，而亦屢蹈危機。自古豪傑當大任、成大功者，未有不從憂患中得之。惟公心慈量宏，生平以厚自處，未嘗有讐物害人之心。履信思順，鬼神實相之，故每遇凶而獲吉，因敗以爲功。公誠福人也哉！方新命未下之時，當事者尚有屯賞之議；及既下，人情亦有靳於使相之疑，公皆不得而與也。公之處此，惟當兢兢自反自艾，益修厥德；鑒於易書之戒，審於氣化之徵，揆諸成功、處功之迹，謙抑貶損，中心歉然，如不能勝；非惟不當有榮觀之萌，而亦不當有求益之望，始足以答人言而回天命，所謂君子有終而吉也。

公天性本來近道，内夷城府，外弛邊禔，雖處兵革紛冗之中，亦未嘗廢學。居常油然，情雖暢而不綴；臨變惕若，志雖鬱而不撓。度能容衆，似混而辨；機能料敵，似顯而藏。

至於忙中批答，醉中應酬，即倉遽憒擾之餘，可以覆覈，什百未嘗遺一。非其主宰凝定而條畫分明，未易以涉斯境也。

公自謂學問未能入細，不欲吾儕以精微之説瀆之，此尤見公得其大處。先師有云：「學貴有序，先須理會大略，然後精微可得而盡，如孔明讀書先觀大旨，未爲無見。不然，反易溺於瑣碎，非善學者也。」然則公殆所謂善學者，非耶？雖然，精微則烏可以不盡？舜之德同於大虛而無累於外物者，以其能察於危、微，而致其精一之功也。微者，聖學之宗。不雜於人心之謂精，純乎道心之謂一；精一而後能致虛，致虛而後能忘累。故曰「舜有天下而不與」，言有而不居也。公之學果能進於是，亦將與舜爲徒，而三命之寵與諸福之物，亦將申錫於無疆矣。

走也知公最深，故望公彌切。區區漫述，固亦矢謨之意，期以襄德于有終也。公亦將有以受我否耶？

# 贈梅宛溪擢山東憲副序

總評：好一篇文章。

昔者孔門言志，由、求、赤志在得國而治，斷斷于兵賦禮樂之事。曾點之志，浴沂風詠，不出日用之常，若無所事事者。而夫子所與顧在此而不在彼，豈其深有契乎其中爾耶？儒者之學務于經世，然經世之術約有二端：有主于事者，有主于道者。主于事者以有爲利，必有所待而後能寓諸庸；主于道者以無爲用，無所待而無不足。入者爲主，出者爲奴，見使然也。惟見有小大，故有無之迹乘之：見之小者泥于有，見之大者超于無。斯固點之所以爲狂，而異于三子者之撰也。

昔有求工畫者，衆皆吮墨伸紙，奔走以待用。一人獨解衣盤礴而坐，此真工畫者也。夫知工畫者不在于吮墨伸紙而在于解衣盤礴之人，則知夫子與點之意矣。「三十輻共一轂，當其無，有車之用。鑿户牖以爲室，當其無，有室之用。」人知有之爲利，而不知無之所以爲用也；人知用之爲用，而不知無用之所以爲用也。而世之儒者，未免溺于有、無之迹而二之。其有者以兵賦禮樂爲神奇，浴沂風詠爲臭腐，是不鑿牖而求室之用也；其無者以兵賦禮樂爲臭腐，浴沂風詠爲神奇，是去輻而求車之用也。上句評曰：妙妙。間有略知二者之偏，而思有以易之，其言曰：「道之真以治身，其緒餘以爲國家，其土苴以爲天下。」似矣。夫既曰以道治身，所治孰非事耶？既曰以其緒餘、土苴爲天下國家，緒餘、土苴孰非道耶？夫道與事未嘗相離也，有無相因，以應于無窮。二者混而爲一，是謂經綸無倚而達諸天。故曰：「上天之載，無聲無臭。」此孔門家法也。

宛溪子志于儒者之學有年矣，今之守越也，秩二千石，九極之堂，施黄以表觀；畫封履畝，圜其民于中者殆方千里，不可爲非得國而治矣。一切張弛操舍，以政爲學，練兵稽賦，崇飭禮樂之教，盤根之所割，大窾之所批，聲光風采矯然振于一時，不可謂無所事事矣。是將有所待與否，何如也？立乎不倚之地，而行乎無轍之塗；動於靡闢之門，而藏于無扃之鑰；悠閒容與，童冠詠歌，出于注措經綸之外，隱然若有當于古之狂者。所謂以無用爲用，殆庶幾乎非邪？

予不肖，無足以契乎其中而與子，而子之志則遠矣。三年治成，擢副山東觀察，行有日矣。屬令葉君某、陳君某輩，奉其道術之教施于八邑，恨其將去而惜無以承之也，以予爲有一日長，徵言于予以道志。夫儒者之效缺然不見于世許時，于兹山東夫子之鄉，沂雩之遺風猶有存者，而兹行適當暮春之景，浴于斯而風于斯，俛仰千百年之上下，可以陶然而詠矣。

## 贈益泉陳侯被召北上序

予嘗觀前史循吏傳，爲無赫赫之名而有肫肫之實，竊以爲史臣之溢美爾。世豈有實不副而名乃過之者哉？今得吾益泉陳侯之爲政，乃知史臣之書誠有所未易測者。陳侯起進士，嘗出宰會稽，以憂去，邑人思之。山陰與會稽接壤附郭，惠政所均，邑士夫請于當路，復得宰山陰。吾侯之於山陰也，約己裕衆，時以文學餙吏治，期年而治洽，三年而政有成。仁惠流傳，士民安之。銓司廉得其實，疏名于朝，以檄召行有日矣。吾邑士民咸曰：「陳侯良吾父母，世豈多有如陳侯之惠我者哉！」問其政，嗒然莫知所對。予然後知循吏之不可及，而史臣爲不誣也。

古今論治不同，其大要不越于刑政、教化本末之間而已。世道下衰，議政則遺化，議刑則遺政，拂其所性，而民之心益離。嗚呼！人情不大相遠，治之者顛本末之序，往往至拂其所性，此循吏之書于史者常少也。三代以後，爲君者莫盛于文、景，爲循吏者莫盛于西京之世，然編史者于文、景無可紀之德，于循吏無可迹之政。何哉？教化之盛如慈母之煦子，如春膏之潤物，發于至誠，泯于無朕，而受惠者莫能爲之辭也。上句評曰：好。

或者曰：「侯之政簡而不苛，紓而不怠；又當兵興之日，百役具舉，侯以耐心措注其間，事集而民不知擾，此豈非所迹者哉？」予曰：「然哉！斯固幹局之良也。而予之所取于侯者，則以其有仁者之心。政敷而刑緩，教彰而化協，率其心之所安以宜民，而不自以爲功也。」傳曰：「肫肫其仁，其庶也乎哉！」古人之學，至誠經綸而無所倚，侯也有志于是，是謂經綸天下可以達天德，區區漢之循吏有不足擬者矣。予固因諸士夫之請，相與述民之情爲侯贈，且將以進侯于古也。

## 送王仲時北行序

昔者子思子憂道學之失傳而作中庸。中庸傳道之書，孔氏之家學也。其終篇「尚絅」之云，惓惓于君子小人、闇然的然之辨，而歸「淡」之一言，蓋惡文之著而思反其質。質，其道之本乎！夫自周末文勝，學者溺于浮華奢泰之習，務功利而忘忠信，人心日壞。孔子身任傳道之責，將以挽回世教而無從也，乃志于「從先進」以求之于野。其曰「十室之邑必有忠信，不如丘之好學」，明學所以全忠信，而忠信之外無學也。然則「尚絅」云者，其諸從先進之志乎？所謂「淡」者，其諸忠信之義乎？故曰中庸傳道之書，孔氏之家學也。夫忠信之在人，譬之五味之淡，五色之白，五音之希聲。淡者，味之本也；白者，色之本也；希者，聲之本也。故禮尚玄酒，易著白賁，而樂貴朱絃，以存本也。君子于此可以觀學矣。

自漢而下，世教日衰，學者安于所習而不知返，蓋千百年于兹矣。吾師陽明夫子生于絶學之後，憫人心之溺而忠信之益薄，首倡良知之説，思以易天下而挽回之，呶呶焉濱於危且困而弗恤也。良知之説始于孟氏，而傳之子思，即中庸所謂「獨知」者是也。數十年來，此學之信而從者幾遍海内，蓋良知之在人心，感觸神應，有不容自已耳。

吾子仲時，師門之嗣子，尤海内同志所屬望，而家學將有賴焉。吾子質慧而好修，志於學，馴其所至，知其必爲君子，必不爲小人，無疑也。而幼遭多難，南北奔馳，依依外氏之庇，操慮日危且深，殆庶幾早達者，非耶？夫吾師德在人心，而業在天下，崇報之典鬱而未彰，蓋久將有待也。迺者聖天子推恩，賢宰執贊議，重以申錫之命進吾子于太學，將養之以需其成，兹其兆矣。

雖然，吾子此行，入仕之始，世味方濃，而聲色之移人尤甚。口體耳目一溺于所好，其流弊將有不可勝言者，識者不無隱憂焉。昔之人有聽古樂而睡，聽鄭、衛之音而不知倦，此無他，好有所溺則人心變矣。存亡之幾，辨之在早，而反之在力。吾子其務弘乃質，崇乃志，懋乃學，反諸獨知之良，祛其所謂的然者，就其所謂闇然者，以無忘尚絅之意。寧過于野，無寧過于文，一洗功利浮華之習，以全其忠信而不爲聲色世味之所溺，則幾於道矣。愼斯以往，德將自此日崇，業將自此日廣，善于繼述吾師未盡之志，將有所托而傳。追惟子思子之家學，庶幾有光而無忝也。上句評曰：難矣，難矣！是豈徒不失望于海內之同志而已乎！吾子行矣。

## 原壽篇贈存齋徐公

萬曆丁丑歲，存齋徐公壽七十有五。秋九月二十日，值其懸弧令辰。走羈俗緣，未能如期赴候，首述卮言一編，屬通家門人陸子光宅洎季兒應吉往畀賓筵，用申觴祝之敬。

吾人生于天地間，百歲爲期。天地賦我以形，道爲之紀。日可見之行，惟出與處，其道無所不在也。出則以其道格于上下，輔世長民，以兼善天下；處則以其道獨善其身，守先王之法，以開來學。若無一善狀，徒以其七尺之軀久生于世，非有道者之所貴也。上一句評：誰肯，誰肯！古之至人，達而壽者莫如文王，處而壽者莫於孔子。其曰：「周王壽考，遐不作人。」曰：「不知老之將至。」此壽徵也。曰：「穆穆文王，緝熙敬止。勉勉我王，綱紀四方。」曰：「辟如天地之無不持載，無不覆幬，萬物並育、並行，而不害不悖。」此德符也。德以基壽，壽以昭德，夫人之所知也。若夫積德以凝命爲壽之原，譬之北海玄珠得於罔象，非夫人之所知也。

先師有云：「心之良知是謂聖。」天地之靈氣結而爲心，心之靈明謂之知。清虛昭曠，百姓之日用同於聖人之成能。此萬化之綱，千聖學脉也。意者心之用，識者知之倪。心體粹然，意則有善有惡；良知渾然，識則有是有非。善惡則好惡形，是非則取舍見。萬病皆起於意，萬緣皆生於識。心之良知，本無善惡，本無是非。譬之明鏡之鑑物，妍媸黑白，皆其所照之影，應而無迹，過而不留。意與識即所謂照也。真心無動，而意有往來；真知無變，而識有生滅。以照爲明，奚啻千里！知此則知文王、孔子致壽之原矣。

昔人頌文王之德曰「不識不知」，紀孔子之學曰「無意無必」。意者，病之所由以生；識者，緣之所由以起也。意根於心，則善惡自無所淆，而意爲誠意；識變爲知，則是非自無所眩，而識爲默識。無識則知亦忘，無意則心亦冥。譬諸太虛之體，不和諸相，而亦不拒諸相。旁批：佛。萬象往來於太虛之中，而廓然無礙，文王、孔子所以順帝則而達天德也。夫意與識非二也。識有分別，意爲之主；意有期必，識爲之媒。是謂一病兩痛，交相成也。孔門惟顏子爲善學，有不善未嘗不知，未嘗復行，不遠而復。孔子稱其庶幾，以其屢空也。子貢而下，未免多學而識，以億爲中。空者，虛明之體，億識則非空矣。此回、賜之學所由以分也。顏子没而聖學亡，後世所傳惟子貢以下一派學術，漸漬染習，認賊爲子。雖在豪傑，翹然以知學自命者，亦且陷於其中而不自覺，可慨也已。自陽明先師提出良知爲宗，孔、周之絶學賴以復續，信而從者遍海内。學者牿於舊見，且鬨然指爲異學，豈非亦有似是而難明者乎？

不佞於公出處之概，重有感焉。公深信師門之學，力肩斯道，爲善類所歸向，非一日矣。出也以其學行於朝，秉國之鈞，承天之寵，經綸密勿，定大計，決大疑，以天下安危爲己任；倡明正學，淑人心而開泰運，視群邪之訕如狂瀾之撼砥柱，矻然無所撓也。其處也以其學行於家，宅心淵默，應緣無滯，篤於倫理，重朋來之樂。徜徉峯泖之墟，修身以見於世，視群小之慍若飄風之過耳，漠然無所入也。尚友千古，道合志應，其於文王穆穆勉勉，孔子合德於天地，殆庶幾乎慕焉而若有契也。夫文王望道而未之見，孔子俛焉而不知年數之不足，至人不已不厭、惟日不足之心，有如此者。

走也辱公之愛最久，而荷教最深。八十衰儂，徒以不肖之齒稍長於公，步趨追從，絶塵以奔，蓋若瞠乎其後也。惟公孳孳亹亹，法天之行，時向邁而德日新，年有加而學無盡，如神龍遊於昭曠之域，出則爲見，處則爲潛，將與孔、周相忘於千載之下。絶意去識，啓心之靈，以綿道脉於無窮。與太虚同體，亦與太虚同壽，百年之期有未足多者矣！此固區區同心之願也。

## 壽鄒東廓翁七袠序

自聖人之學不明于世，世之學養生者務爲異術，譸謬泥執，併老氏之旨而失之。是非養生者之過，聖學不明之過也。聖人之學，復性而已矣。人受天地之中以生，而萬物備焉。性其生理，命其所乘之機也。故曰「天命之謂性」，此性命合一之原也。戒慎恐懼，其功也；不睹不聞，其體也。良知者，性命之則，知是知非，而微而顯，即所謂獨也。戒慎恐懼而謹其獨焉，則可以復性矣。故存之無不中，而發之無不和，先師所謂「戒慎恐懼而中和出焉」是也。中和致，則天地此位，萬物此育，而無外内顯微之間，此聖學之的也。知此，則知東廓先生所受之學矣。

先生之事先師四十餘年，于先師之學，終始發明，惟歸一路，未嘗別爲立説以眩學者之聽聞。先生生平以翕聚同志爲己任，東南學者之會以十數，每會必如期先往，後期而歸。虚受并包，務期獎掖朋友。有過未嘗顯斥，微示之向，而使人之意自消。辯論有未合者，未嘗必其強同，稍爲分疏，使自思得之。故人皆得盡其所請，而樂爲之親。擔負聖學，卓然爲海内儒宗，同志賴焉。志純履謙，所見者日邃，嘗曰：「吾始也戒慎于事爲，已而戒懼于念慮，其後則乃戒懼于本體。夫戒懼于事爲者，點檢形迹，所志末矣。戒懼于念慮者，雖防于發端，尚未免于生滅之擾。若夫戒懼于本體，則時時見性以致于一。念慮者，本體之流行；事爲者，本體之發用。圓融照察，日以改過爲務，無復本末内外之可言矣。」此先生之學也。

是年，先生壽七十。春二月某日，值其懸弧之辰，宣州水西門人周子怡率其同門之友若干輩，將旅進于庭以壽先生，而屬言于予。予惟欲觀先生之壽，當觀先生之學，知先生之本，而先生之壽益有足徵矣。先師嘗曰：「戒慎不睹，恐懼不聞，則神住；神住則氣住，精住。而仙家長生久視之說，不外於是。」是說也，人孰不聞，亦曰有爲之言耳。先生獨信之不疑，不淆于異術。故行年七十，視聽不衰，而精氣益強，非一于神守能若是乎？而世之養生則異于是：裂性命爲兩端，分内外爲二物；或迷于罔象，或滯于幻行，甚至顛溟錯亂，惟軀殼渣滓之爲狥。豈惟不知聖人之學，所謂并老氏之旨而失之者也。「常無欲，以觀其妙；常有欲，以觀其竅」、「萬物芸芸，以觀其復」，非老氏之言乎？觀妙即「未發之中」，性宗也；觀竅即「發而中節之和」，以情歸性而機在我，命宗也；觀復即「慎獨常明」之旨也。不睹不聞即本體之藥物也，戒慎恐懼即功夫之火候也。種種名義，特假象之寓言耳。故曰得一而萬事畢。此殆先生之所自信自改，俛焉孳孳而不知其老者乎！

雖然，得一爲難，忘一尤難。知忘是非，知之至也，忘則無住矣，是謂無心之得。仙家亦有「神還于虛」之説，然則先生之學，住耶，忘耶，虛耶？先生處家，内外和翕，子姓昌明，人道之福方至未艾，所以滋壽而徵諸學者無窮。同志所依以從事，亦將賴以無窮也。爰述先生之所受者，因以質於先生。

## 壽史玉陽年兄七十序

玉陽子志于聖學有年，中年好長生，復習爲修命之術。既築玉潭仙院以見志，晚乃更求幽勝于句曲之墟，作圜室若干楹，翼以飛樓，繚以石壇，塹以深渠，總爲護真堡，狀若蓬島，聚粮其中，外内限隔。期過七十，即將捐室家，絶交遊，屏棄世緣，入室練養，以觀無始，而求遂其所欲，約五、七年功成而後出。其迹可謂太奇矣！

夫玉陽子之爲此也，豈以儒者之學止于了性，故别求修命之術，蕲于兩全而得之乎？予固不得而知也。夫儒者之學，以盡性爲宗。性者，萬劫無漏之真體。衹緣形生以後，假合爲身，而凡心乘之，未免有漏，故假修命之術以鍊攝之，使滌除凡心，復還無漏之體。所謂借假修真，修命正所以復性也。即以養生家言之，性以心言，命以身言；心屬于乾，身屬于坤。心、身兩字，即火即藥。一切斤兩法度、老嫩淺深，皆取則于真息。真息者，性命之玄機，非有待于外也。是故盡性以致命者，聖人之學也；修命以復性者，學者之事也，及其成功一也。若謂儒者之學不足以養生，而別取于命術，是自小也。且老氏嘗有長生之説矣。大都人生以百年爲期，五情苦樂，四體安危，古猶今也，百年猶以爲多，則所謂長生者，自有所指，非執吝形骸之謂也。後世養生之説未免滯于形骸，即爲凡心有漏之因，并老氏之旨而失之矣。

今玉陽子年已七十矣，行將入室有期。室家果可得而捐乎？交遊果可得而絶乎？世緣果可得而棄乎？吾知有所未能也。苟凡心未了，縱使入室，未免坐忘而坐馳，爲累更大，吾知有所未遂也。孔子曰：「吾非斯人之徒與而誰與？」則知儒者之學未嘗外于人道，但不爲其所累耳。若棄之絶之，孑然遺世而獨立，是豈人之道也哉？孔子年七十，曰「吾從心所欲而不踰矩」，先之曰「五十而知天命」。知天命者，志與天通，其動以天，無復凡心之爲累，故能從心所欲而不踰矩。矩者，天命之則；未能知命，心不可得而從也。所望于玉陽子，惟在益堅爲聖人之初志，以知命、從心爲的，默識玄機，以觀無始，不爲後世養生之所滑。使世之學者曉然知玉陽子之爲人，志于學孔者也，不務爲奇迹者也，不外于人道而能無所累者也，豈不偉然大丈夫哉？同心之言，不嫌規勸，因書以畀之賓筵。

## 松原晤語壽念菴羅丈

君子之學，以盡性爲宗，以無欲爲要，以良知爲訣。「人生而靜，天之性也。」天性本無欲，凡有欲皆生于動。故曰：「感物而動，性之欲也。」良知者，性之靈而物之則也。雖萬欲紛擾之中，良知未嘗不知致知者，所以寡欲而復性也。自孔、孟以來，性學不明于天下久矣。我陽明先師首揭良知之旨以教天下，世之學者莫不知有良知之説，其能卓然自信，實致其知者有幾？予曷慰學者之望哉！

良知本虛，天機常[一]活，未嘗有動靜之分。如目本明，如耳本聰，非有假于外也。致知之功，惟在順其天機而已。有不順者，欲爲之累。如目之有翳，耳之有垢，非聰明本然

〔一〕「常」原作「嘗」，據蕭良榦本改。

也。累釋則天機自運，翳與垢去，則聰明自全矣。離婁之明，師曠之聰，天下莫加焉，然其耳目初未嘗有異于人也。世之人不能自信其耳目，而謂聰明即與師曠、離婁異者，謂之自誣；不務去其翳與垢，而謂聰明即與師曠、離婁同者，謂之自欺。噫！今世學術之弊居然可見矣。

予不類，辱交于念菴子三十餘年。兄于良知之教所謂能自信而致之者非耶？兄與荆川子齊雲别後，不出户者三年于兹矣。海内同志欲窺見顔色而不可得，皆疑其或偏于枯静。予念之不能忘，因兄屢書期會，壬戌冬仲，往赴松原新廬，共訂所學。至則見其身任均役之事，日與閭里之人執册布筭，交涉紛紜。其門如市，而耐煩忘倦，略無一毫厭動之意。夜則與予聯床趺坐，往復證悟。研二氏，究百家，意超如也。自謂終日紛紛，未嘗敢憎厭，未嘗敢執著，未嘗敢放縱，未嘗敢褻侮。自朝至暮，惟恐一人不得其所之心，康濟天下可也，尚何枯静之足慮乎？

因舉乍見孺子入井怵惕，未嘗有三念之雜，乃不動于欲之真心，所謂良知也，與堯、舜未嘗有異者也。若于此不能自信，亦幾于自誣矣。苟不用致知之功，不能時時保任此心，時時無雜，徒認現成虛見，附和欲根，而謂即與堯、舜相對未嘗不同者，亦幾于自欺矣。蓋終日應酬，終日收斂安靜，無少奔放馳逐，不涉二境，不使習氣乘機潛發，此兄歸宗得力真功夫，所謂實致其知者也。其謂世間無有現成良知，知非萬死功夫斷不能生，以此較勘世間虛見附和之輩，未必非對病之藥。若必以現成良知與堯、舜不同，必待功夫修正而後可得，則若未免于矯枉之過。曾謂昭昭之天與廣大之天有差別否，此區區每欲就正之苦心也。

夫聖賢之學，致知雖一，而所入不同。從頓入者，即本體以爲功夫。天機常運，終日兢業保任，不離性體。雖有欲念，一覺便化，不致爲累，所謂性之也。從漸入者，用功夫以復本體。終日掃蕩欲根，祛除雜念，求以順其天機，不使爲累，所謂反之也。若其必以去欲爲主，求復其性，則頓與漸未嘗異也。稽之孔門，顔子竭才，不遠而復，便是性之様子；仲、雍居敬強恕，邦家無怨，便是反之様子。

吾人將何所法守耶？世間薰天塞地無非欲海，學者舉心動念無非欲根，而往往假托現成良知，騰播無動無靜之說，以成其放逸無忌憚之私，所謂行盡如馳，莫之能止。此兄憂世耿耿苦心，殆有甚焉，吾輩所當時時服食者也。嘗憶荆川子與兄書，有云：「偶會方外一二人，其用心甚專，用力甚苦，以求脱離欲海，祛除欲根，益有慨于吾道之衰。蓋禪宗期于作佛，不坐化超脱則無功；道人期于成仙，不留形住世則無功，此二者皆不可以僞爲。聖賢與人同而與人異，皆可假托混帳，誤己誑人，以世間功利之習心而高談性命，傲然自以爲知學，不亦遠乎！」甚矣，荆川子之苦心有類于兄也。

是月十有四日，爲兄五十九年初度之辰，因漫次其語，納諸松原以致壽祝。夫一動一靜之間，天地人之至妙者也。世人不能久生，只是多欲。兄以盡性爲學，將寡欲以至于無，已能不落動靜二境，終日收斂順適，耳目聰明，一念明定，將與天地無疆。壽兄祝兄，宜莫出于此者。若夫桑榆之景，相許莫逆，而繼以調笑，予弗能也。

## 從心篇壽平泉陸公

萬曆戊寅歲仲春九日，實惟平泉陸公七十誕降之辰。門人陸子光宅謂余曰：「陸先生之年稀矣，海内遠近交遊皆致辭以侑觴祝，吾師爲石交，況嗣子應吉與宅同事先生，其義尤篤，情尤不容已，可無一言以致之？」余曰：「可哉。」余自八十以來，心戒不爲應酧文，乃者同心之言，非戒例也。

夫學莫先於立志，尤莫切於辨志。志有大小，孔子自謂「吾十有五而志於學」，學者，大人之學，以天地萬物爲一體。志有定向，由辨之早。辨也守之，十五年而後能立。習氣不能淫，其志凝矣。又守之十年，而後能不惑，衆言不能淆其志，熙矣。又守之十年，而後能知天命，志與天通也。至於六十而耳順，順與逆對，耳順者，無復逆耳之言，志忘順逆也，忘斯神矣。殆至七十，始超然自命曰「從心所欲而不踰矩」。從心者，縱心也，神斯化矣。不神不化，心未可得而縱也。矩者，先天之則也；欲者，後天以奉天時，天地萬物有所不能違焉。惟欲即矩，惟矩即欲，天縱之也。譬之學射，天地萬物示其的矣，審固以期於中。繫心一緣，習之法也。久習則巧，後雖無心，縱矢所發，無不中的，不習而無不利矣。然此只是志到熟處，非有所加也。所謂終身經歷之次第，即其近似以自名也。

以余觀于公之所履，有足以啓予者。公自幼有志于學，以孔子爲師，辨之已早。弱冠發嵬科，晉陟膴仕，優游進退，經綸大業，日就光顯。簡在帝心，群望所屬，天下以其出處卜世道污隆。不淫于習，不淆于衆，其動以天，不以順逆介於衷，幾於忘矣。晚年踐履益熟，所得益深，蓋其學大人之學，而其心天地萬物之心也。乃今壽躋七十，心若可以縱矣，公方日以莊嚴自持，兢兢以循天則，一毫不敢以自逸也。昔者魯男子以其不可，學柳下惠之可，孔子以爲善學。若公者，所謂善學孔子非耶？公深于竺典，余嘗戲曰：「公入得佛，入不得魔。」意其莊嚴之過。若以世爲魔境，衆爲魔黨，不屑混迹同塵，相忘於一體，佛與魔尚爲對法，非究竟義也。蓋能忘分別之意，以無心應世，魔即是佛；纔起分別之心，非背即觸，佛縱成魔。譬之虚谷之答響，明鏡之鑒形，響有高下，形有妍媸，分別熾然，而谷與鏡未嘗有心以應之也。良知知是知非，而實無是無非。知是非者，不壞分別之相；無是非者，無心之應也。立志之辨，辨諸此而已。

夫自七十以上至於耄期，壽無盡，學亦無盡，不但已也。會須脱去莊嚴氣象，渾同世出世法，即五濁世界爲道場，從衆生心行作佛事，坦然平懷，入于神化。無佛可成，無魔可遣，是謂得無所得而忘無可忘，顧同心交修之願，非徒一時情義之好而已也。公也念之哉！

## 壽近谿羅侯五袠序

嘉靖甲子春暮，予赴近谿使君之期，相會于宛陵。晨夕證悟，頗盡交修，且得觀菁莪之化，聞弦誦之聲，若身際武城而神游中阿之曲，可謂千載一時矣。浹晨，復過水西，與諸友爲信宿之處。貢子玄略、周子順之、王子惟禎輩，率諸友請于予曰：「近谿公莅吾宣州，以萬物同體之學施化于六邑，其視六邑之人若一家之子弟，無不欲煦養而翼誨之。其於水西諸生尤嘉惠栽培，若楚之有翅，將藉此以爲六邑之倡也。諸生感德于公尤深且至。五月二日，值公五袠初度之辰，諸生稱觴致祝，不敢後于六邑之人。公之知心莫如先生，敢蘄一言以侑觴祝。」予曰：「可哉。斯固予之情也。」既歷天都、黃山，假館于紫陽之墟，方期搆思屬稿，忽假寐，若告予曰：「子欲爲羅君壽乎？『鳶飛戾天，魚躍于淵。』詩人詠歌，可以致辭矣。」予醒而訝之：「有是哉！」信乎精誠之通也。

使君之學粹瑩沖和，同體萬物，中心洞然，無扃府之隔外境，超然無形迹之滯，燕笑容與，意度融豁，信有淵魚之活潑。其施化于六邑也，彥而秀者，既授之館而強教之；在野而凡者，復爲之約而訓飭之。雖窮鄉僻壤，使君之精神無不流注。若三尺之童，垂白之叟，無不被使君之膏澤，而思有以自淑也。蓋使君之心，以六邑之心爲心。六邑之人有一不化于善，使君之心歉然有所未盡也。一時作人之盛，所謂「成人有德，小子有造」，庶幾近之矣。信乎夢之爲覺，而精誠之通有以也。

使君自南宮中選，不就廷試十年，庭除唯諾，諭親以道，訓子弟以義，方修身以教于家者。植根既深且久，故其發之于用，暢達扶蘇，有同于甘棠之蔽，而人自德之。嘗觀使君教人，使人當下識取，不作擬議，不涉安排，不間以凡心。蓋一念真機，神感神應，非人力可得而與也。纔作擬議，纔涉安排，即非神機之感應。使君以此得悟，即以此教人。出之有本，不徒聲音笑貌之爲。以故六邑之人皆能信使君之心，薰炙于道義，而感之尤速也。

吾人知使君之化，方知使君之學，所以爲使君之壽者，不外學而得之矣。水西諸生果能以使君之學爲學，盡去其凡心，神機盎然，不犯人力，足以倡于六邑之人，所謂遍爲爾德而壽考。顧于使君者不在于言而在于身，使君之心斯慰耳。若面從其教而身違之，耳聆其訓而心悖之，使使君之化闇而不章，鬱而不暢，則雖盛筐篚，侈歌頌，充溢于使君之庭，亦徒爲觀美而已，使君之心知有所不樂也。

區區此言，雖未足以盡發使君之蘊，庶幾爲知使君之心，授而書之，以告諸人。使君其復以進我否耶？

## 壽東丘吳君七袠序

新安休寧有東丘吳君，商山隱君子也，宋文肅公儆之後。自文肅迨君凡十四世，世多聞人。公天性穎異，自幼志于古人之學，嘗聞學於陽明夫子，與聞良知之旨。補郡文學，晉太學生，選授閩藩司理。期年，相繼丁内、外艱，深以不得侍親終爲恨。服闋，遂不復起。已，乃辟園圃，葺亭榭，蒔花木，爲逸老之計。建書院于里之東丘，群友講學，聚諸弟子卒業其中，訓之曰：「人生須以古人爲期，知得天之所以與我何在，方爲不負所生。」因自號「東丘」，隱然以愚自況，表見希聖之意，其志可謂遠矣。

歲丁丑，壽届七十。夏六月十七日，值其懸弧之辰，友人等乞言于予，以侑觴祝。予嘗講道斗山、福田，往來白嶽間，知公行履甚悉。仲子繼後久從予遊，雖微諸友之請，固所樂道而不容已也。予平生不爲過情之譽，請以所聞與其所自況者，爲公道之，輔成其志。

良知知是知非，而實無是無非。無是無非者，無知也；無知，所謂愚也。世之士人不能入于道者，只爲根性太利，知見太多，聰明太露，不能收斂翕聚，反還淳朴，所以失之。以拙爲道之質，當學敏捷；以鈍爲道之鄙，當學對筭；以蒙爲道之塞，當學智能；以冥爲道之昧，當學便慧。曰拙曰鈍曰蒙曰冥，皆愚之名也。精神愈泄，機械愈深；是非愈明，純白愈傷，而去道愈遠。人知神之神，而不知不神之所以神。不神之神，即無知之知。故曰迅雷風烈，莫不蠢然。蠢然者，即所謂愚也。審其幾，謂之不睹不聞；充其至，謂之無聲無臭，而其要不出于一念之微。此天之所以與我之真性，聖、愚之所同也。顔子之「四勿」，睿而爲愚者也，故能有見于卓；曾子之三省，魯而爲愚者也，故能有契于唯。此孔氏家法，師門之的傳，區區數十年學而未能者也。君果有志于此，不以世情機智參滑其間，不惟養德，而所以保壽命之源亦不外此。君居家孝友，儉于自奉，富而能施。與人交，不立城府；鄉人有犯，容而不報，宗黨稱爲長者。其他懿行種種，皆人所難及。公不欲以此自多，予亦不欲以此爲譽也。公年七十，予亦耄矣，于世間更有何事放不下？請揆諸一念，共進此道，固千里交修之望也。

## 西川朱君壽言

江山白岩柴子偕朱生夏訪予稽山草堂，談學之餘，縱言及于養生之説：莊生有云「恬、愉不可得而兼」，旨哉！膏粱之士，宅身繁膴，慮危涉患之機多，故厚其生而滑其志。遯世山澤之臞，志若可以自得，而窘約憔瘁，每嗇于外養以苦其生。欲全天年以保壽命之和者，必恬與愉相滋而後爲養之備，斯亦難矣。

柴子俛焉若思，起謂予曰：「予鄉有朱君西川瓏者，迹其所自立，殆庶幾于是耶？」

予曰：「何居？請言其凡。」

柴子曰：「朱君髫齡穎異，常習舉子業。傷于貧，慮無以自養，不能植生以養其親，非人道也。遂棄去，與其弟姪挾資走齊、魯，蹈楚與蜀，周流萬餘里，貿遷經營。務以忠信爲本，爲衆所依，資乃大進。其兄料理家政，每以所入佐之，不屑屑然也。性寬厚樂施，宗黨有貧乏者，隨力以周，無慍情。間有不率意相忤者，含忍隱讓，以俟其化。亦無嚴色，城府坦然，鮮事機知，而以其舉子業授其子夏曰：『此吾未盡之志也。』雖處豐腴，若超然處于世外，以恬其心，而志不疚。雖似山澤之臞，益之以具修之物，以爲身愉而養不匱。其子夏有志于學，力行好修，人多以爲迂。朱君樂成其志，雖授以業，亦不屑屑以世情得失督望之。此則朱君之凡也。」

予曰：「其然乎否哉？予未或見此君也。」

明年壽六十，因爲其子乞言于予，以壽其親，且祈有以諭之。予曰：「古今之養生者不出乎身、心二字：心恬身愉，生之基，壽之徵也。子夏果能承親之志，益勉于爲學，是諭親于道，所以壽其親者益永矣。」爰書以畀之。

## 壽商明洲七衮序

龍谿子讀易洗心亭上，有客造而問曰：「儒者之學與道家養生之術，有以異乎？」龍谿子曰：「一也。而毫釐則有辨矣。千古聖人之學，不外于性命，道家則有修性修命之術。易所謂『盡性以至于命』，乃道脉也。自聖人之道不明，儒者之學與養生之術各自爲説，道術爲天下裂，而其説始長。漢魏伯陽氏，儒而仙者也，作參同契以準易，而法象生焉。以乾坤爲鼎器，以坎離爲藥物，以屯蒙六十卦爲火候，稱名引喻，至不可窮詰，而其微旨不出于身心兩字。乾即心也，坤即身也。坎離者，乾坤二用，神寓於心，氣寓於身，即藥物也。二用無爻無位，升降于六虛之中，神氣往來，性命符合，即所謂火候也。而其機存乎一息之微，先天肇基，後天施化。一息者，性之根，命之蒂也。但吾儒之學主於理，道家之術主於氣。主於理則順而公，性命通乎天下，觀天察地，含育萬物，以天地萬物爲一體；主于氣則不免盜天地，竊萬物，有術以爲制煉，逆而用之，以私其身，而不能通于天下。此所謂毫釐之辨也。」

明洲子，儒者也，志于聖學有年，而尤留意于參同契之説。每爲予談及，校訛闡要，津津然若不啻口出，可謂精矣。今年已七十，而視明聽聰，神氣不衰，豈真有得于是也耶？仲春九日，值其懸弧之辰，同會者將稱觴以進，以予誤愛尤深，屬一言以爲祝。

夫人至七十，鼎羸藥耗，卦數日消，尤不可無修補之助。所謂修補者，一毫非有假于外，近在我心，不離己身。抱一，長生之本，而參同之旨也。所願吾子，盡解外膠，專志聖學，益究其所未至。廓然虚中，不以思慮營擾滑其心；嗒然忘形，不以動作煩勞累其身，日可見之行也。心無所滑，則神常御氣，而性自此可復矣；身無所累，則氣常攝神，而命自此可固矣。性復命固，日應萬變而常寂然，不蘄長生，而長生之道不外于是。所謂深山之寶，得于無心者也。

若夫息息歸根，默證玄理，尤伯陽氏之密機，予固學而未之能。何日過予洗心亭，還當請益，用終究竟之説，固交修之望也。

## 報恩卧佛寺德性住持序

蘇郡有報恩卧佛寺，建始於吳，燬於唐。錢氏有國，即故址而新之。寺有塔，起於梁，高十二層，前釋迦殿，後爲卧佛閣。建炎之難，亦燬爲燼。元豐重建，所存者九層，即蘇文忠公捨銅龜以藏舍利者是也。在蘇城之北，故俗呼爲「北寺」云。寺有五院，爲浙右名藍。其塔後望天目，前矚太湖，東南巨鎮也。正德壬申夏閏五月，復燬於火。相傳火光從東南飛入塔中，須臾塔燼，殿閣亦燼，所存止大士一院，劫數也。嘉靖甲子，鄉之諸大夫、士民始圖興復，既乃延請爲衆所信禪僧性空及化主潘恩、俞賓誓於佛前，鋭意修舉。前後共得施金若干，太府蔡侯助以方磚若干，衆益競勸，工費易集。至隆慶己巳，九層規制，煥然復新。前後殿閣，漸有修復之機。

時蔡侯方育才興化，延予至蘇，與諸士友講學，助成弦歌之政。衆謂塔功落成，周望遐覽，可以盡東南之勝，乃相期蔡侯、别駕招君、司理張君，同往觀之。予先至，乘興先登。抵第八層，極目覽望，形神恍恍在霄漢外。復下坐院中，以待諸公之至。已而先後報至齊畢，復從諸公登至第八層。予曰：「最上一層留以相待。諸公極目已盡大觀，不須更上也。」予復謂：「昔賢譏對塔説相輪，今諸君身已至塔中，所未盡者，最上一層耳，去相輪不遠，則何如？」因相與一笑。蔡侯謂予曰：「先生年逾七十，半晌間兩度登塔，而神不勞，體不倦，亦有道乎？」予曰：「昔嘗從陽明先師遊，登香爐峰，至降仙臺絶頂，發浩歌，聲振林麓。衆方氣喘不能從，請問登山之法。師曰：『登山即是學。人之一身，魂與魄而已。神，魂也；體，魄也。學道之人能以魂載魄，雖登千仞之山，面前止見一步。不作高山欲速之想，徐步輕舉，耳不聞履革之聲，是謂以魂載魄。不知學之人，欲速躁進，疾趨重跨，履聲鏗然，如石委地，是謂以魄載魂。魂載魄，則神逸而體舒；魄載魂，則體墜而神滯。』上段評曰：此段可觀。予以登山之法登塔，故庶幾似之若是。夫既即此是學，一切應感之迹，亦若是而已。

下復相與坐院中，衆僧胡跪請曰：「本山舊有住持，擇行僧通教典者主之，焚修接衆，總理諸務，一寺之綱紀也。寺廢，住持亦隨以廢。今寺將興復，不可無人以主其事。」予因贊之。蔡侯以爲然，盡呼寺僧數十人列跪階下，目而擇之。衆中得一僧，氣貌殊衆，詢其名曰「德性」，果爲衆所推服，立以住持委之，觀者咸服以爲神。衆僧欲假重於予，且欲聞所以住持之義，復乞予一言以爲左券。予曰：「住持之名，亦豈易稱？循名稽實，義不虛生，終日圓覺而未嘗圓覺者，凡夫也；欲證圓覺而未極圓覺者，菩薩也；具足圓覺而住持圓覺者，佛也。教典，言之卮也；焚修衆務，節之末也。得予所謂魂載魄之説，始可以爲住持也已。」未達。爲之解曰：「夫所謂圓覺者，神之魂也；教典、衆務，魄之應迹，謂之塵勞。而主之者，神也。能以神用，則魂常勝魄，終日順應而恆廓然，是謂背塵合覺。一爲應迹所纏、塵勞所勝，則魂滯於魄。終日擾擾而恆瞑然，是謂背覺合塵者，凡夫也；背塵合覺者，羅漢也；無背無合，超然平等，無知而無不知者，佛也。更有最上一乘，是謂妙覺，非言思之所及也。德性既任住持，不可不通其義。譬之登塔，當以修行爲第一步，日親教典，日事焚修，日勤衆務，不可以爲卮言末節而忽之。第一步行得穩實，便是入圓覺之路頭。由凡夫可進於羅漢，由羅漢可入於佛乘。雖八層、九層以達於相輪，可以馴至。樹教基，續慧命，振法門，可不待外求而得，始無忝大衆之綱紀，始不負上人擇任之盛心也。」書以勉之。

# 卷之八　雜著

## 先師畫像記後語

先師畫像記，出於元宰存齋公宫端時手筆。先師始以平濠功封新建伯，其後以論學爲世所忌，誣以持兩端之説，竟奪爵。公博采輿論，參之獨見，終始按覆，盡破其説，使久鬱之功燁然復表於世。力扶風規，示之勸勵，有補於名教不小。先師忠誠懇惻，出死力以定大亂，不狥形迹，不避利害，無非自信此心。公素信其學，知其出之有本，非襲取而倖成者也。今世士大夫，高者談玄理，其次爲柔愿，下者貪黷奔競以爲身謀，不墮於空虚，則流於卑鄙污陋，皆由忌者訾毁其學。不惟不與其功，且并誣其心事，使士類昧於所趨，無所勸勵，其勢不驅入於三者之途不止。表其功，正欲明其所學，以見儒者之作用，而示之的。此公憂世之心也。

先師嘗語人曰：「吾於平濠之後，致知格物之學愈覺明徹。良知不學不慮，天植靈根，無間於聖凡，人人所同具。但不能實致其知，牽泥攙和，自滑其靈，所以失之。大都世間毀譽利害，不過一身榮辱，一人得喪。吾所遭謗，搆以黨逆無將之惡名，蒙以滅族無辜之隱禍，幾微倏儵之際，間不容髪。若不能自信其心，略爲形迹所滯，機稍不密則失身，根稍不真則僨事。晦而明，曲而理，種種苦心，只好自知自信。意之微眇，口不能宣，而況於人乎？」此先師動忍增益之實學。所操愈危，所履愈熟，所藏愈密，所動愈神。吾黨於此，可以窺聖之微矣。

公首以像記授門人吕生需，因以視予。不肖久辱公交誼，此志相應，爰綴數語，略陳梗概，壽梓以傳，見儒者有用之學，亦以廣教云。

## 跋名賢遺墨漫語

廷尉鳳洲世丈，出我朝名賢遺墨一卷示余。自學士宋公景濂至贊善羅公達夫，凡若而人。余展玩再三，中有太宰海日公、先師文成公書各一紙：一宮詹時所作，一考功時所作，皆真手筆也。其他或識或否，知皆非僞。或以德義，或以勛業，或以辭章，所尚不同，皆一時名世碩儒。蓋以人品之高而傳，非徒區區以書之工拙爲去留也。世丈謂物之可傳也，在彼而不在此，誠名言也。先師嘗論運筆之法，運肘爲上，運腕次之，運指又次之。以虚爲用，虚始能運，實則不能運也。予平生未嘗學書，而頗志於學，蓋不雜學故精，恐有所分也。昔之人因舞劍器悟運筆意，予因運筆悟學道之方。彼此所悟，大小不同，其爲用虚一也，智者當知所以自擇矣。因世丈索致跋語，書以貽之。

## 易測授張叔學

叔學子早年與聞良知之教，中年志分於舉子之習，未能專業以需其成。慨流光之易邁，惕然興懷，乃繪象爲隱者之服，徵言於予曰：「益也受教以來，學易有年。昔人謂五十而學，可以無過。今年近六十矣，業不加修，而過日多，其於四聖精微之藴、先天後天之旨，未免泥於言象，茫乎其未有得也。魏伯陽氏、邵堯夫氏，二子皆深於易者也。魏有鼎器、藥物、火候之説，邵有天根、月窟之説，皆未之深究。幸先生明以告我，以輔成所志。」余惟心之精神，口不能宣。苟不能超於象外，徒欲以言求窺四聖之藴，不可得而測也。無已，姑陳其崖略，吾子自取證焉。

昔者伏羲氏之作易也，首列乾坤以發天地之秘。乾，陽物也；坤，陰物也。坎離者，乾坤二用，陰陽之變也。四象以下六十卦，陰陽所變之節也，周天之度也。故曰，易以道陰陽。仰觀俯察，類萬物之情，近取而得之，不越乎身、心兩字而已。心即乾之陽也，身即坤之陰也。心中之神，身中之氣，即坎離之交也。神氣之往來，即六十卦，周天之法象也。寂然不動者，先天之體；感而遂通者，後天之用。寂而感，即體而用行焉；感而寂，即用而體存焉，一也。變動周流，不可以典要而執，思爲而得，是故身心之外無學矣。魏伯陽作參同契以準易，爲萬世丹經之祖。以乾坤爲鼎器，以坎離爲藥物，以坎離交媾爲火候，皆寓言也。究其竅妙，不出於「心息相依」之一言。心之依息，以神而馭氣也；息之依心，以氣而攝神也。神爲性，氣爲命，神氣渾融，性命合一之宗也。身、心兩字是火，是藥，故曰近在我心，不離己身，抱一長生之訣也。世之假男女爲鼎器，藉采取爲藥物，認烹煉爲火候，皆邪僞小術，非所以評於大道也。復者，陽之反也；姤者，陰之遇也。自一陽之復，積而至於乾，陽之盛也，而發生始於復，故謂之天根；自一陰之姤，積而至於坤，陰之盛也，而寄藏始於姤，故謂之月窟。復、姤者，陰陽消息之機也。知復而不知姤，則陽浮而根不固；知姤而不知復，則陰滯而機不圓。知復知姤，循環無窮，天地迴旋，陰陽變化。邵子竊弄造化之微權，内聖外王之學也。

嗟嗟！易學之不傳也久矣。自陽明先師倡明良知之旨，而易道始明。不學不慮，天然靈竅，其究也，範圍天地，發育萬物，其幾不出於一念之微。良知之主宰即所謂神，良知之流行即所謂氣。盡此謂之盡性，立此謂之立命。良知先天而不違，天即良知也；良知後天而奉時，良知即天也。故曰：知之一字，衆妙之門。伏羲之畫，象此者也；文王之辭，彖此者也；周公之爻，效此者也；孔子之易，贊此者也。魏子謂之丹，邵子謂之丸。致良知即所謂還丹，所謂弄丸。知此謂之知道，見此謂之見易，乃四聖之密藏，二子之神符也。世之學者，不明良知爲德性之所固有，乃以知識爲良知，謂良知必由見聞而得，是猶病目者不務服藥調理，以去其昏翳，倀倀然求明於其外，可哀也已！子既早有所聞，惟在自證自悟。握其機，窺其竅，以終遠業，使師門一脉得有所傳，方不爲幸生耳。

## 圖書先後天跋語

中淮使君素信師門良知之學。丁丑夏，予赴水西之會，道出桐川。桐川，予舊同東廓子開講之所。使君因攜諸學博，集新舊諸生數十輩，開復初法堂，晨夕聚處，顯參默悟，頗證交修，益若自信。臨别，復舉圖、書及先後天之義，請質於予，蕲予一言，以發其旨。并置二册，列象畫圖，彼此手書二義，各藏一册，以爲通家傳世之符。其用心可謂厚矣！

良知本順，致之則逆。目之視，耳之聽，生機自然，是之謂順；視而思明，聽而思聰，天則森然，是之謂逆。知順而不知逆則蕩，知逆而不知順則滯。一順一逆，圖、書之法象也。先天，寂然之體；後天，感通之用。寂以神感，感以藏寂，體用一原，性命之宗也。順逆相成，有無相生。仰觀俯察，類萬物之情，而近取諸身。見其烱然者不容以自昧，自當從心證悟，從身發明，以仰成天之所以生我之意，所謂以造化爲學也。

## 法華大意題詞

吾人讀書爲學，須先明大意，大意既得，然後細微可從而理。若着意精微，墮在瑣碎窠臼裏，與義相讎，大處反失，非善於學者也。孔明讀書，惟觀大旨；曾點之見，大意在於沂浴風雩之間，古人之學可見矣。

今觀太虚所疏法華大意，若有以啓予者。太虚爲白沙先生方外交，予昔遊江浦，訪太虚故居，得此卷於石洞中。見其詞近而旨遠，意在掃去葛藤，欲人於言前薦取向上一機，以悟爲則，可謂全身領荷矣。因持歸出示月泉，月泉讀而珍之。經凡若干品，原疏缺末後三品，略爲全補，付玉徒刻布叢林，而索予題詞，以道其所因。

予惟經中大意，須從言外悟入。譬之因指見月，非執指以爲月也。白沙嘗贈太虚，有云：「年來雖闡蓮花教，只與無言是一般。」〔一〕亦善名狀。若復向疏中覓取大意，非惟失却經旨，亦增葛藤矣。一以爲人天眼目，一以爲鬼神茶飯，讀者善處證焉，可也。

## 葦航卷題詞

達磨泛重溟入中國，投梁不契。折葦渡江，處於魏之少林，九年面壁，始證聖果。既

〔一〕陳獻章詩句原爲「年來雖闡蓮經教，却與無言是一般」。

曰廓然無聖，所證又何果耶？達磨未入中國之前，已能辯世珠，破六宗，具十作用，説無礙法，及至少林，始爲了義，則前所説之法尚爲未了義耶？識法者試參之。神光服勤九年，覔安心法，至於立雪斷臂，其志可謂勤矣，尚以爲小根小器，輕心慢心，則所謂大根器信心者，又將何待耶？吾人學道，可以自省矣。

予與敬菴、陽和二君，歲晚遊戲叢林，至虎跑。時葦航講師演華嚴鈔，發明空、假、中三義頗悉，聽法者衆，其視西來「不立文字」是同是别？夫法有權有實，教有三種，道惟一乘。三種者，禪、律、講也。心悟爲禪，身證爲律，口演爲講。或依實施權，或乘權顯實，普應群品，皆屬建化門，皈道則一而已。於此參得透，悟得徹，即空即假，即中即一，即三即一。一空一切空，一假一切假，一中一切中。終日説法，未曾説着一字。猶如太虛不存鳥迹，無非直指見性之宗。不然，其説愈繁，去道愈遠，秖增紛紛葛藤耳。

二君皆有偈，乞予一言弁首。號表「葦航」，殆有取於折葦之義，故述達磨得法、傳法因果以貽之。

## 調息法

息有四種相：一風，二喘，三氣，四息。前三爲不調相，後一爲調相。坐時鼻息出入覺有聲，是風相也。息雖無聲，而出入結滯不通，是喘相也。息雖無聲，亦無結滯，而出入不細，是氣相也。坐時無聲，不結不粗；出入綿綿，若存若亡；神資沖融，情抱悦豫，是息相也。守風則散，守喘則戾，守氣則勞，守息則密。前爲假息，後爲真息。欲習靜坐，以調息爲入門。使心有所寄，神氣相守，亦權法也。

調息與數息不同，數爲有意，調爲無意。委心虛無，不沉不亂；息調則心定，心定則息愈調。真息往來，而呼吸之機自能奪天地之造化。含煦停育，心息相依，是謂息息歸根，命之蒂也。一念微明，常惺常寂，範圍三教之宗，吾儒謂之「燕息」，佛氏謂之「反息」，老氏謂之「踵息」，造化闔闢之玄樞也。以此徵學，亦以此衛生，了此便是徹上徹下之道。

# 自訟問答

或曰：「子之自訟，以所蓄爲外物，不以動心，似矣。若累朝誥軸、圖書、典籍，及陽明夫子遺墨，乃人倫之所重，人道之所珍，未可概以外物少之也。」予曰：「然。誥軸者，祖、父相傳之告身，君之寵命，敢不貴乎！昔者孔氏世有明，『德三命兹益恭』。發祥於孔子，子孫傳世千百年未艾者，乃其世德之積慶，未必專以『三命』存亡爲重輕也。於此輕一分，便是無君之心；於此重一分，便是徼寵之心，此可爲知者道也。士夫告身，冀以傳後，子孫不肖，不能自守，至有鬻爲衣食之資者，所貴果安在哉？圖書、典籍，學問筌蹄，累葉珍藏，一朝灰散，固爲可惜。自念衰年，精力無多，倍宜嗇養，况别有用心處？非復守書册、記故事之時。或者天意假此以示至教，未可知也。唐虞之朝，所讀何書？魚兔苟獲，筌蹄可忘。於此參得透，放得下，得其不可傳之秘，六經亦糟粕耳。先師墨寶，一字千金，神龍之遺爪也。愛惜之意，豈與人殊？因念至人心畫，原從太虚中來至寶，鬼神所護，不能久留於世，復還太虚，亦是常理。古德傳授，有得其皮者，有得其髓者，爪亦皮耳。果得其髓，何惜其他！若徒以爲墨妙，襲而珎之，則與玩器等耳，奚足多哉！」

或曰：「多口之憎，聖賢所不免。子務自反，不以人言爲非，可謂得止謗之道矣。學術不明，交道日衰，世人不肯成人之美，不信其心而疑其迹，使爲善者懼，可爲世道惜也。」予曰：「不然。心迹未嘗判，迹有可疑，畢竟其心尚有不能盡信處。昔有士人謗先師，以爲雖講道德，只做得功名之士。先師聞之曰：『此士人非謗我，乃見稱也。古之人志於功名，則不動心於富貴。予雖日講聖人之學，少有不謹，墮落富貴之念或時有之，况功名乎！蓋其心尚有未能信也。自信此生决無盜賊之心，雖有褊心之人，亦不以此疑我。若自信功名富貴之心與决無盜賊之心一般，則人之相信自將不言而喻矣。』不肖今日自反亦若是。多口之憎，正吾求以增益之地，豈敢以爲謗而止之也？若夫學術不明，世之學者未免以彌縫毁譽爲是非，故迹易疑，交道日衰。相與者不肯原其心，而徒泥其迹，故謗易興，此誠可爲世道惜也。昔者鮑叔之知管仲，分財多而不以爲貪，謀事不中而不以爲愚，戰敗而不以爲怯，受辱而不以爲無耻，蓋信其心也。故曰：『生我者父母，知我者鮑叔。』知我之恩，與生我者等，豈易易者哉！在不肖，惟有自反，益求自信，以守師門家法，不敢以此望於人人也。」

或曰：「名者，造物之所忌。子之名重海内，同志宗盟，今日之變，或者天將以此示裒益之道也。」予曰：「有是哉？名爲實賓，況名實未副，尤造物之所忌也。故聲聞過情，君子以爲耻。如耻之，莫如務實。實勝，善也；名勝，耻也。易大畜：畜之厚，謂之畜德，以篤實也。小畜：能畜而不能久，謂之「懿文德」，其猶有爲賓之意乎？觀此可以知學易寡過之義矣。

或曰：「子之自訟，切切以禍福爲言，殆爲常人立教之權法。聖賢之學，無所爲而爲，恐不專以禍福爲警肆也。」予曰：「然。聖賢之學，根於所性，雖不從禍福起因，而亦未嘗外於禍福。禍福者，善惡之徵；善惡者，禍福之招，自然之感應也。聖賢之處禍福與常人同，而認禍福與常人異。常人之情，以富壽爲福，以貧夭爲禍；以生爲福，以死爲禍。聖賢之學，惟反諸一念以爲吉凶。念苟善，雖顔之貧夭、仁人之殺身，亦謂之福；念苟惡，雖蹠之富壽、小人之全生，亦謂之禍，非可以常情例論也。上段評曰：好。良知無善無惡，謂之至善；良知知善知惡，謂之真知。無善惡則無禍福，知善惡則知禍福。無禍福是謂與天爲徒，所以通神明之德也；知禍福是謂與人爲徒，所以類萬物之情也。天人之際，其機甚微，了此便是徹上徹下之道。乃若致知，則存乎心悟。致知焉，盡矣。噫，安得玄機之士，相與論禍福也哉！

## 天心授受册

天心精舍，門人陸生光宅所建。後爲尊師閣，以予久從陽明夫子，頗能傳其晚年精義，謬以北面之禮屬予，群習四方同志，共明此學，其志可謂遠矣。又念群處泛聚，未[一]免玩愒無歸，擇其中質粹志真、終身可信托者八人，相與焚香對越，定爲盟約，而吾兒應吉與焉。出處顯晦、遠邇聚散無常，此志相應，務期不逾。復屬予一言，以輔遠業。

夫「致良知」三字，吾人保命之符，精微潔淨，不以一毫見解意識攙入，迺是日用本領

〔一〕「未」原作「夫」，據蕭本改。

功夫。但吾人凡心習氣未易融化，明道見獵之喜，十年未忘，不可不懼也。諸友既定爲終身之盟，務須略去形骸，赤心相與。見有凡心未除，習氣未消，各宜隨時規勉。或制於初，或防於漸，共置此身於無過之地，方爲潔淨精微之實學。今日之盟，不惟諸友以得所歸依爲喜，予亦深藉諸友以得所考證爲幸。弟子未必不如師，師不必賢於弟子，惟在共進此道，各各自盡其心而已。此心之靈，各各完具，無有授者，無有受者。一切煎銷凡習，廼其助道資粮。本靈之心，原未嘗有所增損也。古人謂父子兄弟不責善，以責善歸之朋友者，爲不同志者言也。若文王之於周公，明道之於伊川，即父子兄弟爲師友。家庭唯喏，尤一毫躲閃不得。此志苟同，千百年之遠尚得相應；志苟不同，堯、舜之於朱、均，亦徒然耳。

予晚得友於與中，選擇同心，共紹宗傳，此學深爲有賴。復得吾吉兒與盟，欲以繼吾之志，尤吾之大幸也。今此同盟，僅得八人，據見在所推擇，然非以此爲限也。昔者孔門四科，傳道之曾不與。將來果有卓然自立者，繼入此盟，愈多愈善。此八人者，脱或狃於所習，始勤終怠，不能自立，即係敗盟之徒，且將鳴鼓而共斥之，不得以私心阿所好也。不肖謬爲盟主，托於諸友之上，尤有懼心。所望不忘箴儆，共成交修之益，此固一體之情也。爰書以爲左券。

## 册付養真收受後語

復之請問操心之法。予曰：「操是操鍊之操，非執定把持之操也。良知者，人心之靈體，平旦虚明之氣也。操心即是致知之功。操則存者，隨時隨處鍊習此心，復其本來活潑之機而已。不操則便泥於時，滯於方，心便死了，故謂之亡。『出入無時，莫知其鄉』，正是指本來真體，示以操心之的，非以入爲存，出爲亡也。只此便是常存他虚明體段，只是養心之法。

## 趨庭謾語付應斌兒

金波園中連日聚處應酬，見汝精神尚多散緩，未有歸著，因舉傳習録中「戒慎恐懼亦是念」之説以諭之。夫今心爲念，念者，見在心也。吾人終日應酬，不離見在；千緒萬端，皆此一念爲之主宰。念歸於一，精神自不至流散。如馬之有轡領，操縱緩急，自中其節也；如水之有源，其出無窮也。聖、狂之分無他，只在一念克與罔之間而已。一念明定，便是緝熙之學。一念者，無念也，即念而離念也。故君子之學，以無念爲宗。然此非見解所能億測，氣魄所能承當。須時時從一念入微，歸根反證，不作些子漏泄；動、靜二相，了然不生。有事時主宰常寂，自不至逐物；無事時主宰惺惺，自不至着空。時時習靜，察識端倪，泠然自照，自然暢達，自然充周。譬之懸鏡空中，萬象畢照，而無一物能爲障礙。纔欲覓靜，謂之守靜塵，非真靜也。此中人以上境界，非一蹴所能至。舍此亦無別路。譬之學射，引滿中的，射之法也。到得熟後，境界自別。若變其彀率，則非善教矣。

途中可將一切紛擾習心併歸一念，只攜取傳習録及會紀，晨夕展玩體究。字字句句，反覆入心。到得精神平滿時，天下事自當迎刃而解，無俟安排也。此予一生料理，學而未能。濱行叮囑之言，念念不忘於懷，南還時，更須有以復我。只此是學，只此是孝，無若伯魯之簡可也。

若贊先生像贊也。

志若迂而自信，行若蹇而自強。才于于而若拙，識混混而若藏。處世若污若潔，聞道若存若亡。即其見若將洞照千古，而不逾於咫尺；充其量若將俯視萬物，而不異於尋常。壺丘幻身，若且示之天壤；方皋神相，若或眩於驪黄。

趙麟陽贈言

麟陽趙子質和而毅，素有志於性命之學，臺端孤鳳，以直道鳴於時。遵晦既久，蓄極而通，兹受天子簡命，以御史中丞總憲南臺。世方以桓典之馬、朔州之鷹目之，未足以觀其深也。

趙子之志，終始於學。吾黨相觀而摩，亦不能外此别有所規頌也。趙子於學，已得大意，然密窺所見，尚依識神融解。其所履尚涉意象莊嚴，未能透得生死、毀譽、好醜機竅，護得性命；未能捨得性命，愛心未忘，尚未離世間豪傑作用。夫愛生者，可殺也；愛譽者，可毀也；愛潔者，可污也；愛榮者，可辱也。一愛不除，百魔盡集。河上公所謂外其身而身存，是要妙語。若是出世間大豪傑，一語之下便當了然。本無生，孰殺之？本無譽，孰毀之？本無潔，孰污之？本無榮，孰辱之？直心以動，全體超脱，不以一毫意識參次其間。淵泉溥博，是真融解；恂慄威儀，是真莊嚴。是非獨往獨來，超然而獨存者，何足以語此！

養生家不超不脱，不能成丹；吾儒不超不脱，不能入聖。區區爲此言，固非循守世界，入於拘攣；亦非破除世界，蹈於猖狂。蓋吾人本心自證自悟，自有天則。握其機，觀其竅，不出於一念之微。率此謂之盡性，立此謂之至命。譬之明鏡照物，鑒而不納；妍媸在彼，而鏡體未嘗有所動也。歛而不滯，縱而不溢，此千古經綸無倚之實學。了此便是達天德，意識云乎哉！

## 別言贈梅純甫

顏子没而聖學亡，此是千古大公案。曾子、孟子傳得其宗，固皆聖人之學，而獨歸重於顏子者，何也？喟然一嘆，何異談禪！上段評曰：好。以博文約禮爲善誘，此悟後語。譬如黄葉之止兒啼，實非金也。顏子竭才於善誘之教，洞見道體活潑之機，而難以開口，姑以一言發之。謂之「如有」，則非實也；謂之「卓爾」，則非虚也。仰鑽瞻忽，猶有從之之心。既悟之後，無虚無實，無階級可循，無途轍可守，惟在默識。故曰：「雖欲從之，未由也已。」此真見也。上段評曰：好。曾子、孟子雖得其宗，猶爲可循可守之學，與顏子所悟，微涉有迹。聖人精藴，惟顏子能發之。觀夫「喪予」之慟，其所致意者深矣。謂之曰「聖學亡」，未爲過也。吾人從千百年後妄意千百年以前公案，何異説夢？但恐吾人不能實用其力，以求覺悟，又增夢説矣。

## 別言贈周順之

粤自水西之别，與順之相違者兩年於兹。今年秋，順之裹粮千里，復訪予會稽山中，求所以請益。因與探禹穴，躋龍山，沿廻鑑湖之曲，覓梅隱之故墟，尋蘭墅之遺迹。徜徉浹旬，相觀彌切。而順之依依默默，若超然於名利之外，不以所履者爲已足，而以其所造者爲未至，方自視欿然也。復送之西遊，延訪隱淪，將窮三江五湖之勝，翘然遐覽，寄興益幽，蓋非徒區區山水間而已也。

出關止宿於湖墅山房，偶舉教典「名、利、行、道四不住」之説，若有以啓予者。夫不住於名利者，豪傑之所能；不住於行與道者，非聖賢不能也。慨惟聖學息而霸術倡，士鮮克以豪傑自命。其所汲汲而趨者，不在於名，則在於利。以世界論之，自古至今爲千百年漸染；以人身論之，自少至老爲一生薰習。承沿假托，機械日繁，求其能脱然於此者蓋寡矣。而况於行乎？而又况於道乎！

順之天性沖毅，恥累於習染，志於聖學者有年，行履卓然，已有聞於時。而且過爲貶損引慝，歆然以未得聞道爲憂。是豈直不住於行，其於道也蓋益幾矣！予聞之，道無方所，而學無止極。淵然而寂，若可即而非以形求，若可知而非以知索，若可循而非以力強也。夫非以形求，則爲忘形之行；非以知索，則爲忘知之知；非以力強，則爲忘力之力。惟忘無可忘，斯得無所得。得且不可，而況於住乎？若此者，存乎心悟。未有所悟而求得，與未有所得而求忘，皆妄也。雖然，習染之入人亦微矣。漸漬薰炙，蒸淫乎心髓，循景竊發而不自知。故凡應感順逆之間，稱譏交承之際，未免矯揉持餙，顧忌調停，出於有所爲而爲者，皆習染之爲累也。向在水西，亦曾言之。兩年之間，作何體會？若非深察而默爲之證，所謂超然者，未免終涉於興；而歆然者，終未能有以副也。故君子之學，以悟爲則，以遣累爲功。累釋而後可以入悟，悟得而後其功始密而深。是謂真得真忘，非言説意想之所能及也。

予不肖，妄意聖學蓋亦有年，因循受累，業不加修，而道日遠。多過以來，頗知省惕，思以求入於悟而未能也。惟是一念求友之心，若不容於自棄。故以千里遠來之情，亦若不容於自默，其所切切爲順之言者，雖非悟後語，庶幾同心之助，彼此相益之義也。然則吾人將何所求哉？道不可以言説意想而得，則離言説、絶意想之外，將何所事悟也者？聖學之幾微，無所因而入，遣累之説亦筌耳。譬諸夢之得醒，曾有假於言説意想與否？此可以默識矣。今日之學，但恐未離夢説耳。果能真醒，諸夢將自除，又何習染之足累乎？所望堅志弗怠，益篤其所履，而深其所造，期於悟而後已。使天下將因而益信其所學，余亦庶藉此以免於夢説之罪也。

## 别曾見臺謾語摘略

見臺問有念無念。予謂：「念不可以有無言。念者，心之用，所謂見在心也。緣起境集，此念常寂，未嘗有也，有則滯矣；緣息境空，此念常惺，未嘗無也，無則槁矣。上句評曰：好。克念謂之聖，罔念謂之狂。聖、狂之分，克與罔之間而已。千古聖學惟在察諸一念之微，故曰一念萬年。此精一之傳也。」

見臺問良知、知識之辨。予嘗謂：「良知與知識，所爭只一字，皆不能外於知也。根於良則爲德性之知，因於識則爲多學之助。知從陽發，識由陰起；知無方所，識有區域。陽爲明，陰爲濁；陽明勝則德性用，陰濁勝則物欲行，陰陽消長之機也。上句評曰：妙妙。子貢之億中，因於識；顏子之默識，根於良，回、賜之所由分也。苟能察於根因之故，轉識成知，識即良知之用，嗜欲莫非天機，陰陽合德矣。」

## 池陽漫語示丁惟寅

予與惟寅相别十年，形迹雖疎，此志未嘗不相應也。今年春暮，予赴水西之期，得相會於宛陵，且相隨爲黄山天都之遊，聚處十餘日，默契顯證，頗盡交修之情。惟寅有壁立萬仞之志，不撓物誘，人皆信之，但未免有意氣承當過時，與習性一滾出來，硬作主宰，未有莫知其然而然者。曩時一切應感，未免起風作浪。近來風浪漸息，尚未免動於微波，未見有風恬浪靜時。總要受用風恬浪靜世界，又未免倚傍見解，將氣魄改頭换面，默默蓋將過去，到底未離氣魄窠臼。動盪精神，鼓舞世界，得力處在此；不能神感神應，以盎然出之，其受病處亦在此。惟寅自謂隨身規矩不敢一毫放過，自謂心事可對神明，此是真實不誑語。若從真性流行，不涉安排，處處平鋪，方是天然真規矩。脱入些子方圓之迹，尚是典要挨排，與變動周流之旨尚隔幾層公案；其可對鬼神，尚未免以氣魄勝之，非密符天度也。吾人但患不知病痛，惟寅既已知得，去此亦非難事。但恐别後，主張太過，正貼泰時，不肯認作天然規矩，此病又發耳。同心之言，不妨直致。勉之，勉之。

## 書先師過釣臺遺墨

予赴水西之會，道出桐川界，牧伯中淮吳使君一見，懽若平生。謙抑由衷，無所矯飾，所謂傾蓋如故者非耶？使君天性純毅，志於聖學，深信良知宗旨，一切感應，盎然而出。以貞教育才爲己任，漸成絃歌之化。偶出先師遺墨一卷見示，丁亥過釣臺手筆也。末紀從行進士「王汝中」，即予賤字。五十年相從之迹，恍如昨夢，而僊踪渺不可攀矣，豈勝感傷言念！流光迅邁，倏成衰儂，業不加修，徒負空志，猶故吾也，豈勝愴悔！追憶嚴陵別時申誨之言，有曰：「我拈出良知兩字，是是非非，自有天則，乃千聖秘藏。雖昏蔽之極，一念自反，即得本心，可以立躋聖地。只緣人看得太易，反成玩忽。如人不見眼睫毫，以其太近也。然中間尚有機竅，良知知是知非，其實無是無非。無者，萬有之基，冥權密運，與天同遊。人知神之神，而不知不神之神也。」因使君好學，述此以助成遠志。使君勉乎哉！

## 書見羅卷兼贈思默

嘉靖甲子春，比部見羅李子在告南還，訪予金波園中，得爲湖上浹旬之會。往復證悟，頗盡交修。臨別出卷授予，索書緒言，用徵贈處。予受而藏之，因循至今，未有以應也。秋仲，庫部思默萬子復以差事過武林，三宿而別。因憶所授之卷，欲追述數語，托以攜歸。欲言之，而忘其所以言。夫見羅任道之勇，好善之篤，隱隱在心目間，但無從着筆耳。思默以見羅多識，所畜已大，仍持空卷歸之，未必非忘言之助也。予笑曰：「有是哉！雖然，意不可孤。今與思默三宿之談，其所證悟，不減於見羅之時而加密焉，尚能指其崖略，二君固同心之言也。因謾書以畀之，見羅必有以復我矣。

思默曰：「康節『思慮未起，鬼神莫知』，與吾儒『何思何慮』之義，何所當也？」予曰：「思慮未起，乃邵子先天心法，即吾儒何思何慮之旨，非對已起而言也。思是心之職，不思便是失職，慮思之審也。未起云者，終日思慮而未嘗有所思慮，非不思不慮也。易大象曰：『君子思不出其位。』不出位之思，即未起之思慮，所謂止其所也。有起有出即爲妄，鬼神便可測識，非先天之學也。人心一點靈機，變動周流，爲道屢遷，而常體不易。譬之日月之明，往來無停機，而未嘗有所動也。知思慮未起，則知未發之中矣。此千古聖人經綸之實學，了此便是達天德。」上段評曰：妙。

思默云：「思慮未起之説，平居猶可取證，至如見孺子入井怵惕惻隱之心，乃至狂奔盡氣、運謀設法救拯他，分明是起了，安得謂之未起？」予謂：「此等處正好默識。一切運謀設法，皆是良知之妙用，皆未嘗有所起，所謂百慮而一致也。」

## 書顧海陽卷

古人之學，惟在理會性情。性情者，心之體用，寂感之則也。然欲理會性情，非可以力制於中而矯餙於外，其要存乎一念之微。人心本自中和。一念者，寂感之機也。致謹於一念之微，則自無所偏倚，無所乖戾，中和由此而出。中則性定，和則情順。大本立而達道行，發育萬物，峻極於天，以收位育之全功，聖學之的也。

有求爲聖人之志，然後可與共學。學者，學爲聖人也。東書不觀，游談而無主；獨學無友，孤陋而寡聞。考諸古訓，質諸先覺，乃學之不容已者。然苟無求爲聖人之志，則所質者何物？所考者何事？終亦歸於泛濫無成而已。譬之行路之人，有必至長安之志，舉足便有三乂可疑之路，不得不審問過來之人，與查考路程本子。審問過來之人，即所謂質諸先覺；查考路程本子，即所謂考諸古訓，無非成就此必至長安之志而已。此古人爲學之端緒也。

吾人爲聖人之志不真，只看起因何如。起因時從功利夾帶將去，到底脱不得功利；起因時從見解承接過來，到底脱不得見解。若起因時念念只是學聖人，覿體承當，徹首徹尾，更無二者之雜，方是真志。然聖人往矣，覷看他從何而學。人人有個聖人，一念良知，不容毁滅，便是聖人真面目。致此良知，潔潔淨淨，不爲功利所滑擾，不爲見解所湊泊，便是學聖人真工夫。考三王，俟後聖，而不謬不惑，信諸此而已。六經註我，而不以我註六經，證諸此而已。舍此皆是私智詖行，小成之學，君子不貴也。故曰：「千古聖人只有這些子，人生一世只有這件事。」孟軻氏舉「鄉黨自好」與賢者别而言之，可見「鄉黨自好」是一等人，賢者是一等人。

世之所謂豪傑，蹈繩守墨，不敢越尺寸；檢點形迹，持循格套，趨避毁譽，不使少有破綻，自信以爲完行矣，不知正墮在「鄉黨自好」窠臼裹，殊不自覺也。若是出世間大豪傑，會須自信本心，以直而動。變化云爲，自有天則。無形迹可拘，無格套可泥，無毁譽可顧，不屑屑於繩墨而自無所踰縱。有破綻，乃其踐履未純，原非心病。所謂君子之過如日月之食，人皆見之。胸中光明特達，無些子滯礙，始是入聖真血脉路。尚友千古，意味超然，豈暇區區與鄉黨作對法耶？人品不同如九牛毛，吾人可以自考矣。

## 書陳中閣卷

吾儒與二氏之學不同，特毫髮間，須從源頭上理會，骨髓上尋究，方得相應，非見解言說可得而辨也。念菴子謂二氏之學起於主靜，似矣。但謂釋主空明，老主歛聚，其於真性咸有斷絶，恐未足以服釋、老之心。斷滅種性，二乘禪與下品養生之術或誠有之，釋、老尚指爲邪魔外道。釋、老主靜之旨，空明未嘗不普照，歛聚未嘗不充周。「無住而生其心」，原未嘗惡六塵；「並作而觀其復」，原未嘗離萬物。吾人今日未須屑屑與二氏作分疏對法，且須究明吾儒本教一宗果自能窮源，方可理會彼家之源頭；自能徹髓，方可研究彼家之骨髓。毫髮不同處，始可得而辨。若自己不能究明此事，徒欲從知解湊泊、言説比擬以辨别同異，正恐同者未必同，異者未必異。較來較去，終墮葛藤，祇益紛紛耳。

吾儒「喜怒哀樂未發之中」一言，乃是千聖之的，範圍三教之宗，非用戒懼慎獨切實功夫，則不可得而有。有「未發之中」，而後有「發而中節之和」，工夫只在喜怒哀樂發處體當，致和正所以致中也。内外合一，動静無端，原是千聖學脉。世之學者日談「未發之中」，而未嘗實用戒懼慎獨之功，故放心無從收，而使夜氣無所養。若是實用其功，不從見解言説抹過，由戒懼慎獨以出中和，正是養夜氣、收放心實際理地，正是動静合一真脉路。若因世人口談無實，并其學脉而疑之，是亦因噎廢食之過也。

## 書查子警卷

子警於良知之旨，大概已信得及。邇者予過水西，先期出候，晨夕合併相證，以爲更覺親切，當下有可用力處。此是子警深信所在。千古聖學只有「當下」一念，此念凝寂圓明，便是入聖真根子；時時保守此一念，動静弗離，便是緝熙真脉路，更無巧法。子警嘗有養生之好，予亦嘗傷於虎者，最易擔誤人。旁批：切。養生家以還虚爲極則，致知之學，當下還虚，超過三鍊，直造先天。不屑屑於養生，而養生在其中矣。

子譬謂：「自今只從一路尋討究證，更不踏兩家船。」予笑曰：「如此行持，猶屬對法，豈能歸一得來？上句評曰：何處是屬對法？思之。須信人生宇宙間，只有此一隻船，更無剩欠。乾爲心，心屬神，所謂性也；坤爲身，身屬氣，所謂命也。乾坤爲鼎器，心中一點真陰之精，身中一點真陽之氣，謂之坎離藥物。藥物往來，謂之火候。故曰身、心兩字，是火是藥。真息謂之性根命蒂，一切藥材老嫩，火候衰旺，往來消息，皆於真息中求之，密符天度。以火鍊藥而成丹，以神馭氣而成道，非兩事也。若方外之術，泥着安排，牽合謬戾，皆屬後天渣滓，名爲養生，實則戕生之囮，不足學也。

# 記說

## 凝道堂記

易鼎之象曰「君子以正位凝命。」制器者，尚其象也。天下重器，聖人之所寶。鼎，器之重也，故取象於鼎，以主天下之器。離明南方之卦，聖人南面而聽天下，正其所居之位，所以凝聚天命也。「凝」之一字，聖學之基，無極、二五，妙合而凝。故曰：「苟不至德，至道不凝焉。」凝者，畜聚之義。陰陽之精，凝而爲日月，故能得天而久照，造化之功用也。尺蠖不屈則不信，龍蛇不蟄則不啓，萬物且然，而況於人乎？夫萬物皆備於我，反身而誠則樂，誠斯凝矣。凝，目睛始能善萬物之色；凝，耳韻始能善萬物之聲，天聰明也。良知者，離明之體，天聰明之盡。致良知則天命在我，宛然無思無爲，不出其位，而萬善皆歸焉，所謂凝命也。故君子不重則不威。厚重威嚴，正位居體。凝者，學之固也。以忠信爲主。本忠信者，凝之質也。世之學者不務其本，而襲取於外，以輕浮失之者多矣。艮之連山，坤之歸藏，乾之潛龍，易道之密機，皆所謂凝也。成湯之昧爽顧諟，文王之小心昭事，成王之夙夜基命，聖功也。故曰，凝者聖學之基。庖羲氏興神鼎一，統天地萬物而一之也；黄帝作寶鼎三，象三才也；禹鑄九鼎，象九州也。一而三，三而九，冒天下之道如斯而已矣。鼎之時義大矣哉！

## 太極亭記

吾友思平翟子志於聖學有年，嘗建考溪書院以聚同志，周潭子之記可考也。復作太極亭于尚友堂北，求記于予。

夫太極之説，濂溪周子發之詳矣，予復何言！後世解者尚若未盡其立言之旨，略爲繹之：夫千古聖人之學，心學也。太極者，心之極也。有無相生，動静相承。自無極而太極，而陰陽、五行，而萬物，自無而向於有，所謂順也；由萬物而五行、陰陽，而太極，而無極，自有而歸於無，所謂逆也。一順一逆，造化生成之機也。粤自聖學失傳，心極之義不明。漢儒之學，以有爲宗，仁義、道德、禮樂、法度、典章，一切執爲典要，有可循守，若以爲太極矣；不知太極本無極，胡可以有言也？佛氏之學，以空爲宗，仁義爲幻，禮樂爲贅，一切歸於寂滅，無可致詰，若以爲無極矣；不知無極而太極，胡可以無言也。上句評曰：昧心。一則泥於迹，知順而不知逆；一則淪於空，知逆而不知順。拘攣繆悠，未免墮於邊見，無以窺心極之全，學之弊也，久矣！

濂溪生於千載之後，默契道原，洞見二者之弊，建圖立説，揭無極、太極之旨以救之。説者以爲得千載不傳之秘，信不誣也。人之言曰，自古未嘗言太極也，而孔子言之。不知箕子相傳，已叙皇極之疇，皇極即太極之義，孔子特從而衍之耳。孔子未嘗言無極也，而周子言之。不知易有太極，「易無體」，無體即無極之義，周子特從而闡之耳。其曰「定之以中正仁義而主靜」，尤示人以用功之要。夫定之以中正仁義，所謂太極而主靜，即所謂無極也，故曰「人極立焉」。靜者，心之本體，主靜之靜，實兼動、靜之義。後儒分仁爲陽之動，義爲陰之靜，以中正配之，其失也支。聖人本之于靜，衆人失之于動，而以時屬之，其失也妄。支與妄，聖學之所由晦也。

周子數百年後，陽明先師倡明良知之教以覺天下，而心極之義復大明于世。寂然不動者，良知之體；感而遂通者，良知之用。常寂常感，忘寂忘感，良知之極則也。夫良知知是知非，而實無是無非。無中之有，有中之無，大易之旨也。故曰：立天之道曰陰與陽，天之極也；立地之道曰柔與剛，地之極也；立人之道曰仁與義，人之極也。人者，天地之心，陰陽五行之秀，萬物之宰。良知一致而三極立，天地萬物有所不能違焉。

夫周子學聖，以一爲要，以無欲爲至，以寡欲爲功，而其機存乎一念之微。無欲者，自然而致之者也，聖人之學也；寡欲者，勉然而致之者也，君子修此而吉也；多欲者，自暴自棄，不知所以致之者也，小人悖此而凶也。是故良知之外更無知，致知之外更無學矣。

# 三教堂記

總評：此篇方是不昧本心言語。

三教之説，其來尚矣。老氏曰虚，聖人之學亦曰虚；佛氏曰寂，聖人之學亦曰寂。孰從而辨之？世之儒者不揣其本，類以二氏爲異端，亦未爲通論也。

春秋之時，佛氏未入中國，老氏見周末文勝，思反其本，以禮爲忠信之薄，亦孔子「從先進」之意。孔子且適周而問之，曰「吾聞諸老聃」云，未嘗以爲異也。象山云：「吾儒自有異端。凡不循本緒，欲求藉於外者，皆異端也。」孔子曰：「吾有知乎哉？無知也。」言良知本無知也。「鄙夫問於我，空空如也。」空空，即虚寂之謂。顔子善學孔子，其曰「庶乎屢空」，蓋深許之也。

漢之儒者以儀文度數爲學，昧其所謂「空空」之旨。佛氏始入中國，主持世教，思易五濁而還之淳，圓修三德，六度萬行攝歸一念，空性常顯，一切聖凡差別特其權乘耳。洎其末也，盡欲棄去禮法，蕩然淪於虛無寂滅，謂之沉空。乃不善學者之過，非其始教使然也。人受天地之中以生，均有恆性，初未嘗以某爲儒，某爲老，某爲佛，而分授之也。良知者，性之靈，以天地萬物爲一體，範圍三教之樞。不狥典要，不涉思爲，虛實相生，而非無也；寂感相乘，而非滅也。與百姓同其好惡，不離倫物感應而聖功徵焉。學老、佛者，苟能以復性爲宗，不淪於幻妄，是即道、釋之儒也。爲吾儒者，自私用智，不能普物而明宗，則亦儒之異端而已。毫釐之辨，其機甚微。吾儒之學明，二氏始有所證。須得其髓，非言思可得而測也。吾黨不能反本，自明其所學，徒欲以虛聲嚇之，秖爲二氏之所哂，亦見其不知量也已。

## 不二齋説

陽和子深信良知之學，靈明變化，爲千聖傳心正法。謂學主於靜，非靜不足以成學。掃景玉山房，以「不二」名其齋，時時習靜其中，以求證悟，其志可謂勤矣。

或者疑其命名之義，質於予曰：「不二，禪宗也。昔者文殊與維摩二大士説法，共談「不二」。衆謂一者善，二者不善，佛法非善非不善，故名「不二」；一者常，二者無常，佛法非常非無常，故名「不二」；一者悟，二者迷，佛法非悟非迷，故名「不二」。文殊以無説證之，維摩以默[一]表之，是爲深入「不二法門」。今陽和子儒宗也，命名若是，豈所謂有所托而逃焉非耶？」

予曰：「子何以名爲哉？亦究其實而已。中庸盡性之書，孔氏家學也。『天地之道，可一言而盡：爲物不二，故生物不測。』性一而已，是爲未發之中，發之則爲喜怒哀樂之情。有未發之中，斯有發而中節之和。以位以育，天地萬物所不能違焉。其致一也，禪固有同於儒矣。而儒者之學，淵源有自，固非有所托而逃，亦非有所泥而避也。」

陽和子聞之曰：「有是哉！忭則尤有取於伊尹「一德」之訓，曰：『德無常師，主善爲師；善無常主，協於克一。』先正謂：『精一數語外，惟此最爲邃密。』旨哉，其言之也！」

---

〔一〕「默」原作「物」，據蕭良榦本改。

予曰：「然哉。此四言者，當渾全以求其義，不當分析以乖其實。究而言之，所謂德惟一也。後儒不得其義，附以臆見，博而求之萬殊，謂之惟精；約而會之一本，謂之惟一。德而師於善，爲資於人；善而協於一，爲反諸己。德以事言，善以理言，是二三其德，支離繆裂，并虞廷精一之旨而失之。此吾儒之異端，不可以不辨也。」評曰：吾儒異端。

陽和子謂予曰：「古人謂此學如龍養珠：目注耳凝，念念無間。吾人見在優遊超脱，以爲忘機，迹若相反，未能會而通之，則如之何？」

予曰：「所謂如龍養珠，非專在蒲團上討活計，須從人情事變上深磨極煉，收攝翕聚，以求超脱，確乎不爲所動。是謂潛龍之學，只此便是養之之法。良知，性之靈也，虚明洞徹，原是無物不照。以其變化，不可捉摸，故亦易於隨物。古人謂之凝道，謂之凝命，亦是苦心不得已之言。良知即道，良知即命，若不知凝聚，則道終不爲我有，命終不爲我立。吾人但知良知之靈明變化，倏忽存亡，不知從人情事變鍛煉超脱即爲養之之法，所以紛成二見，不能會通於一。夫養深則迹自化，機忘則用自神。若果信得良知及時，即此知是本體，即此知是功夫，固不從世情嗜欲上放出路，亦不向玄妙意解内借入頭。良知之外更無致法，致知之外更無養法。良知原無一物，自能應萬物之變。譬之規矩無方圓，而方圓自不可勝用，貞夫一也。有意、有欲，皆爲有物，皆屬二見，皆爲良知之障。于此消融得盡，不作方便，愈收斂愈精明，愈超脱愈神化。變動周流，不爲典要，日應萬變，而心常寂然。無善無不善，是爲至善；無常無無常，是爲真常；無迷無悟，是爲徹悟。此吾儒不二之密旨，千聖絶學也。」

予復謂陽和子曰：「維摩所説經亦須理會，此印證法也。權以統萬行，慈以濟群蒙，覺以顯宗極，不二之法象也。身爲白衣，嚴持律行；示有眷屬，而常離於欲；混迹塵勞，而不失靜業。博弈遊戲，利行同事，常善救人，助法弘教也。乞食借座，行於非道；通達佛道，同衆病而不捨，入衆魔而不墮。忘毁譽，無八風可吹；齊得喪，無三界可出，不二之攝化也。先民詢于芻蕘，况出世之大士乎？」上段評曰：欲人看維摩經。

陽和子因取是經誦之，憬然若有所悟。復書謂予：「日用應感，念念不離；不抗不隨，思與人同歸於善；即遭疑謗，處之坦然，無非維摩宗旨。此學自是最上乘不二法門，恐非初學所能遽到。不肖自量罪過種種，豈敢遽云解脱？但如來教所謂理會性情者，則時時不敢不勉，亦稍覺日異而月不同，然未免局於二乘之見耳。」

予曰：「聲聞過情，君子所耻，如子云云，則豈敢當？既幸有聞，則亦不敢不勉。一念自信，庶無負於師門之傳，固非以維摩爲榜樣也。此段因緣，不可學，不可傳。自證自悟，始見徹頭。果能終始此志，日新其德，辨吾儒之異端，不惑於臆見，得其所謂不二之旨，儒與禪毫釐之辨，亦可以默而識矣。」陽和子請説於予，因次第其語遺之。

## 悟説

君子之學，貴於得悟。悟門不開，無以徵學。入悟有三：有從言而入者，有從靜坐而入者，有從人情事變錬習而入者。得於言者謂之解悟，觸發印正，未離言詮。譬之門外之寶，非己家珍。得於靜坐者謂之證悟，收攝保聚，猶有待於境。譬之濁水初澄，濁根尚在，纔遇風波，易於淆動。得於錬習者謂之徹悟，摩礱鍛錬，左右逢源。譬之湛體冷然，本來晶瑩，愈震蕩愈凝寂，不可得而澄淆也。根有大小，故蔽有淺深，而學有難易，及其成功一也。夫悟與迷對，不迷所以爲悟也。百姓日用而不知，迷也；賢人日用而知，悟也；聖人亦日用而不知，忘也。學至於忘，悟其幾矣乎！先師之學，其始亦從言入，已而從靜中取證，及居夷處困，動忍增益，其悟始徹。一切經綸變化，皆悟後之緒餘也。赤水玄珠，索於罔象；深山至寶，得於無心。此入聖之微機，學者可以自悟矣。

## 藏密軒説

密爲秘密之義，虞廷謂之道心之微，乃千聖之密機，道之體也。自天地言之，則爲無聲無臭；自鬼神言之，則爲不見不聞。天地尸其穆，鬼神守其幽，聖人純其不顯之德，故能建天地，質鬼神，不悖而不疑。是道也，天地不能使之著，鬼神不能使之著，聖人亦不能使之著，所謂未發之中也。若曰微者著，則非密矣。藏密者，精一之功，齋戒以神明其德也。湛然澄瑩之謂齋，肅然嚴畏之謂戒。齋戒洗心，而後密可藏也。

自聖學亡，後之儒者不知洗心之義，往往牿於聞見，涉於聲臭，繆雜支離，漫無統紀。元公之靜，純公之忘，庶幾發之。旋復晦蝕，殆千百年於兹矣。我陽明先師超然玄悟，會於天地鬼神之奥，首倡良知之説以覺天下，千聖不傳之緒賴以復續。良知知是知非，而實無是無非。知是知非者，心之神明；無是無非者，退藏之密也。人知神之神，不知不神之爲神。無知之知，是爲真知；罔覺之脩，是爲真修。文王所以不識不知，而順帝則也。夫以此洗心，指易道而言。寂然不動者，易之體；感而遂通者，易之用。所謂畫前之易也。釋者謂「隨時變易以從道」，只説得一半。語感而遺寂，語用而遺體，知進而不知退，非藏密旨也。易即是道，若欲從之，是猶二也，二則支矣。此古今學術之辨也。并著其説。

## 拙齋説

蕭子良幹以寧，别號拙齋，請説于予。濂溪嘗有拙賦，「巧者勞，拙者逸」，亦概言之耳。夫拙之爲義，胎于混沌，育于澹泊，沖乎若虚，塊乎若朴。拙者，天之性也，混沌以立基，鑿之則離；澹泊以明志，淫之則滑。虚不凝則滯而爲物，朴不守則散而爲器。斯四者，皆人爲之機也。故曰天性人也，人心機也，立天之道所以定人也。剛毅木訥則近仁，巧言令色則鮮矣仁。性有巧拙，可以伏藏。人知神之神，而不知不神之所以神也。文之不識不知，孔之無知無能。顔之愚，曾之魯，顔、曾之拙也；周之静，程之忘，濂溪、明道之拙也。良知本無知，良能本無能，學者復其不學之體而已，慮者復其不慮之體而已，非有加也。拙之時義大矣哉！

# 詩

謁包孝肅公祠用韻

盈盈一水隔，樹杪見荒祠。正氣餘孤嶼，清風灑舊居。江山容客到，蘋藻薦公遲。日落香浮渚，閒心白鷺知。

題王鳳洲小秖園

給孤去已遠，此地復開園。禮佛蓮花湧，傳經貝葉飜。水深澄客性，山古隔塵喧。安得留精舍，同參不二門。

會城精舍和徐存齋少師韻

相看皆白首，不學待何時？於己苟無得，此生空浪馳。百年開道眼，千里赴心期。人命在呼吸，回頭已較遲。

贈天池立禪次韻

天池一勺水，飲此即成仙。瑤草春長茂，蓬扉夜不關。迹隨玄鶴杳，心共白雲閒。倚杖青霄立，依然在世間。

## 五曲謁朱文公祠

何處虹橋隔彩雲，漫亭消息舊空聞。溪山盡日誰爲主，蘋藻西風此拜君。片片巖花依短砌，涓涓流水遶重門。移舟向晚秋光淨，翠壁青林夾岸分。

## 臥雲林用韻

秋入楓林紅欲燃，蕭疏短髮任流年。已投白社能逃俗，不戴黃冠亦是仙。籬菊開殘樓外景，雲璈吹徹洞中天。祇憑濁酒忘吾老，湖上還留種秫田。

宿洞庭東山次王守溪韻

乾坤身世共悠悠，范蠡湖邊且泊舟。短策欲尋瑤草去，野情還爲白雲留。半窓蘿月琴書靜，一夜松風枕簟秋。回首鶯花春欲暮，片帆隨意坐中流。

宿飛雨樓同諸生晚眺次汝洽韻

探遍名山學未成，又從白嶽禮三清。謾論結屋離人境，已拚尋山度此生。碧蘚樓虚泉自滴，紫霄臺迥月初臨。閑隨童冠馴幽磴，五老雲深望欲平。

## 登西天目

蚤起登山去，芒鞋結束牢。但令雙足健，不怕萬峰高。

## 陳同甫舟中燕集次卓小仙韻

春風雙眼開，落日孤帆去。相對默無言，悠悠渺雲樹。

## 八山居士

八山居士閉關雲門之麓，玉芝上人往扣，以偈相酬答。時龍谿道人偕浮峰子、叔學生訪上人於龍南山居，語次，出以相示。即席口占數語，呈八山與玉芝共參之。

魔佛相爭不在多，起心作佛即成魔。若於見處能忘見，三界縱横奈爾何！
謾把玄關着意尋，五情苦樂古猶今。百年一日非延促，須信真金不博金。
因成社會結蓮臺，不着虚空不惹埃。水竹岩花都見在，恁渠溪上放舟來。
此非不足彼非多，水即成波佛即魔。却咲山僧亦饒舌，强從丈室問如何。
杖頭點到降仙臺，臺上風光絶點埃。一自仙翁賦歸去，至今猿鶴咲空來。

## 襲封行並引

襲封行，爲吾師嗣子仲時承襲封爵而作也。吾師倡義擒王之功，昭若白日，著在社稷，繫在人心。荷蒙先帝酬功錫爵，紀在旂常。向爲忌者所阻，身後錫典盡行褫奪，天下所共冤。邇者新天子紹統，興滅繼絶，孶孶求治。元宰洎諸執事仰承德意，南北臺省、江淛撫按，百口一詞，交章論列，以暴其冤。得賜俞允，遵依先帝初命，剖符頒券，仍與世世承襲。天下人心莫不忻戴踴躍，無異浮雲散而白日重光。此固朝廷殊錫之恩，將以録往勸來；亦見功德入人之深，愈久而不能忘也。

曩者仲時謁選北行，予嘗有言致贈，大略謂：子思子憂道學之失傳而作中庸。中庸，傳道之書，孔氏之家學也。終焉「尚絅」之云，惓惓於君子小人、闇然的然之辨，而歸諸「淡」之一言，蓋惡文之著而思反其質。質，其道之本乎？周末文勝，學者溺於浮華之習，務功利而忘忠信。孔子身任傳道之責，乃志於「從先進」而求之於野。其曰忠信好學，明學所以全忠信，而忠信之外無學也。然則所謂「尚絅」云者，其諸「從先進」之志乎？所謂「淡」者，其諸忠信之義乎？自漢而下，世教益衰，學者安於所習而不知反，蓋千百年於兹矣。吾師生於絶學之後，憫人心之溺而忠信之薄，首倡良知之説，思以易天下而挽回之。良知之説仿於孟氏，而傳之子思，即中庸所謂「獨知」者是也。數十年來，此學幾遍海内，信者益衆。仲時，師之嗣子，尤海内同志所屬望，而家學將有賴焉。吾子質慧而好修，有志於學。馴其所至，知其必爲君子，必不爲小人，無疑也。

此行入仕之始，世味方濃，聲色易於移人，口體耳目一溺於所好，流弊將有不可勝言者。向者謁選之行，尚以世味染習爲懼，况今承襲圭封，衣麟腰玉，所接者貂璫貴游，所習者紛華盛麗，聲色之移人尤甚！貴不期侈，一有所溺，則人心變矣。存亡之幾，辨之在早，反之在力。吾子其務弘乃質，崇乃志，懋乃學；毋嫌逆耳之言，毋泥從欲之好，反諸獨知之良；去其所謂的然者，就其所謂闇然者，以無忘尚絅之意。淡薄沖素，寧過於野，無寧過於文；一洗功利浮華之習，以全其忠信，傑然如翹之在楚，一毫不爲世累之所溺，是謂善於繼述吾師未盡之志，將有所托而傳。追惟子思子之憂家學，庶幾有光而無忝也，豈徒不失望於海内之同志而已乎？此區區四十年苦心忠告之言，期報師恩於將來也，吾子其繹思之。爲之歌曰：

鳳闕新恩湛露濃，貂冠重襲舊時封。伯禽合致東方胙，召虎應酬南國功。憶昔真人駕箕尾，四十年來只如此。冢上誰憐築室心，山中徒抱存孤義。悠悠天壤屬何人，嬰臼傳來今幾春？霍雀強覆寒樹轂，駑馬寧辭峻坂輪？浮雲作雨幾更變，一朝日出浮雲散。有如種火開重光，又似枯荄發新榦。元功鬱積人共冤，百道封章啓天眷。玉帶春圍蟒繡全，金書畫剖龍文半。須臾上殿拜分符，天子親呼是某孤。邊臣盡效雲臺迹，壯士都懷麟閣圖。嗟君自是神明胄，海内望深責亦厚。洞中鴻寶世所珎，好與緘藏莫輕售。富貴中人如酒醉，淡薄由來見真味。若無道脉作根基，圭爵雖榮亦虚器。贈言此日臨岐路，回頭莫失邯鄲步。一生還擬振箕裘，五陵未可誇紈袴。我忝師門一唯參，心訣傳我我傳君。良知兩字中天柄，萬古回看北斗文。

# 祭　文

## 祀陽明先生文

嗚呼！道之在天下也，如脉理之在人身。脉調而身泰，脉病而身屯，兹關係誠匪鮮矣。胡察脉而真見者之難其人？三五之代，政穆風淳，上有軒農之主，下皆倉扁之臣，宜其頤攝參於玄化，蒸蒸乎翊斯世而咸春。太和既降，札厲相循；異端衆岐，蛙噪簧鼓，使愚者懵懵而莫之，知者又沉醉没溺於怪隱之妄。斯道之不絶也，岌乎若千鈞之繫於一綸。於是孔氏則誅亂賊矣，孟氏則詎楊、墨矣，韓退之氏則闢老、佛矣，二程、晦翁尤峻閑崇衛而悉力以芟刈乎荆榛。彼數聖賢之於道，孰不謂其療良心於既死，續正派於將湮！

而詎知先覺不作，淫邪漸煽，大中至正之矩日以圮塞而淵淪！卓哉！先生英穎絶綸，解脱株局，頓悟本真，指良知以立教，揭日月於蒼旻。嗟嗟，良知誰不具之？孟氏已先陳之，胡先生再發其旨，而舉世囂囂，咸訾以爲異聞？蓋以功利之害，深入於吾人，淪肌浹髓，良知蔽昏。譬之病脉者，容肌體膚，起居飲食，雖無變常度，而岐黄倉扁獨遠望而憂嘆。彼不惟諱之不吐也，反忌良醫之憂之過，至如詆詈而相嗔。嗟嗟！先生蒿目而視，洞照厥因。喫緊反覆，寧拂衆議，而不忍斯世之粃塵。故纖嘗以爲，孔氏誅亂賊，孟氏詎楊、墨，韓與程、朱相繼闢佛、老，而先生之教則毅然以遏絶功利砭劑乎斯民。今讀其書，味其言，大旨昭昭可睹，而議者乃以先生爲異端玄寂，既不覺其所見之霄壤；至徒以文章事業觀先生者，又何異乎井鮒而望北海之津？

嗚呼！先生往矣。功利之障日盛而月新，安得解良知之旨者揭之，以醫斯世之沉痼？庶幾三五復作，直與之壽域而同臻！纖幼雖嚮學，長而無聞，間有論説，秖取哄於效顰。惟傾仰止以斯文，肅庀〔一〕院宇，敬妥靈神。聞風而起，實賴我多士之彬彬。

〔一〕「庀」原作「庇」，據丁賓本改。

# 祭戚南玄文

嗚呼痛哉，吾南玄兄而遽止于是乎！去秋重陽，予與緒山訪兄于南譙，時兄以哭子之故得轉食疾，幾殞復蘇。日食飯一盂，不能對衆飯食。予謂：「轉食疾生於憂哀鬱積，非藥石所能療。能自覺疾，當自愈。」因與論哀和之旨及七情所傷之因。兄首頷之，意稍舒，而情未繹。予與諸友群聚南譙講院，兄時雖強入會，而氣漸微矣。五日抑情，而别後念之不能忘。訊之醫工，以爲不能對衆飯食，此爲危證，益憂之不能忘。冬盡，有友從全椒來，傳兄病且愈，且喜且疑。今年仲春初，忽兄差人過浙，手書數字，附以仲子可業别簡，乃知病已亟，勢不可爲。予與妻孥相對涕洟傍徨，急遣慶童往候全椒，隨擬促裝趨兄面訣，以寫無窮之懷。不意慶童未至，而兄即世矣！

嗚呼痛哉！自予之獲交，幾三十年，大道並驅之志，遠業相成之心，出于肺肝，均于骨肉。其間逆順好醜、出處得失之變，何異輪雲？而此心此志，未嘗一日不相應也。海内同志孰不知之？追惟丙戌之歲，忝兄同榜。予以陽明先生在越，圖告南還。次年，兄出宰歸安，與越鄰壤，余嘗與玉溪扁舟過苕溪，期兄出會。兄泥于時忌，意向雖切，而形迹稍存。余以腳跨兩家船戲之，兄即憣然愧悔，出頭擔當。興學育才，能聲大起。每公事過越，必謀數日之會，而情益親。及予壬辰就廷試，兄時亦以行取補吏科，乃僦居密邇，出則並馬，燕則共席，寢則聯床，日以聚友講學爲事。每大會中有所商訂，或有所指陳，兄以予能道其師說，必謬屬于予，從而贊之，以起人信心。闔闢鼓舞，一時同志多賴以興起。兄好善一念出于天性，而才足以達之。凡都下士友有未納交于兄者，必以爲悔；凡朝廷有大建議，必咨于兄。兄亦毅然以經世爲己任。時西北多警，衆議以爲非兄不可任事，雖未及試而意有所屬矣。兄復以仕途易于埋没，乃先後與余圖入山，爲數年合併之計。後予起告南補，兄時亦起爲都諫。因九廟火焚陳言，會疏進賢退不肖，謬及于予，以爲可備清班顧問，不宜置之散秩。疏中多指權貴人，讐者益衆，相比翕搆，票旨揭爲「僞學同黨」。兄遂以此落職，而予亦乞歸。兄嘗致書于予，自謂以此相累。僞學之名，雖非清朝所宜有，但觀前朝，當此者何人？復以此相勉于去就，澹如也。

嗚呼！余與兄相與之迹，章章若是，海内同志孰不信之？兄既入山，聚友講學之志益切，每歲必期予一往南譙，與諸同志爲旬日之處。或相期出遊東南，與檗谷、緒山、念菴、荆川、鹿園、一菴、石山諸君爲浹旬之會。遠或遣价馳書論學，以證交修。凡士友往來滁嶺者，必迂途造兄之廬，以考德問業爲事。四方學者無有遠邇，皆知兄爲箇中人也。兄身雖退，而道望益彰，才名亦盛，忌而毁者亦益衆，遂一蹶不復振。世嘗謂兄氣魄未化，機權未息，世緣未忘，此在兄冷煖當自知。人不諒兄好善之志、經世之才，而區區以此求備于兄。譬之采玉者不于其丈尺之瑜，而索其微瑕以相掩，亦已過矣。兄未第時，嘗見先師于南都，及官歸安，復拜于越，先師嘗有「良知如白日」之訓。兄平生學問以此爲的，高明精瑩。得力處未知何如，若夫披雲霧以圖光復，不屑以晦霾自污，則兄之所自信，亦同志所共信于兄者也。充兄之才與志，而究其所終，於吾道豈小小補哉？而今則已矣！

嗚呼！人之相知貴相知心，知我之恩與生我並義，亦重矣。予與兄之心事同于白日，人無不知而信之。若夫終身之相期，微言隱義之相證，語默去就之相勉，千百年上下之相望，惟予與兄所自知、自信，而人或未之盡悉也。予性本疏拙，本無所聞，亦無所用，兄謬不予鄙，意其機緣無滯，可以入悟；應迹無擾，可以廣才，每降心自貶，以爲不及。且謂予羲皇心太多，賢愚少與别白，至爲所欺；自信太過，未免托大，傷于所恃。拳拳規切之心，真若可以質神明而貫金石也。

千里奔奠，中心若焚，空堂依依，無淚可灑。嗚呼痛哉！所幸兄冢子氣温神厚，可以和親；仲子種學好修，可以抗宗；幼子如玉，兄所鍾愛，神爽骨清，可以承志。兄之親交無有遠邇，凡食兄之德，荷兄之教者，當能以厚自待，夾輔周旋，可以保終，當不使兄抱身後無涯之慼慼也。然則兄之神亦可以自慰矣。哀哀南玄，予復何言！

## 祭唐荆川墓文

嗚呼，出處，大節也！生死，大分也！出處、生死而不失其正，大義也！達節辨分，惟義之安，雖由于人，實係于天。方兄之在山，人皆慕其高尚；及其被召而出也，跋前壹後，或以爲變其守，若麒驥之困于糾纏。兄之在世，人皆望其大行；及其勤事而死也，香消膏燼，或以爲喪其所有，若至寶之墜于深淵。或泥于時，才不能以盡展；或格于勢，智不能以獨全。是豈知兄救世一念根于天性，與金石而同堅？死生、出處不離乎是，吾盡吾心而已，成敗利鈍非有所計而然。鄉人皆好，未足爲擬；不善者惡，論始不偏。自古大聖大賢尚不能盡理于衆口，彼嗷嗷者烏足以繫乎輕重，而定乎妍媸？兄之出處係污隆，生死關盛衰，倏聚倏散乃如此，實斯人之不幸，而世道之可憐。

獨予于兄不能已于深惜者，夙有心盟，出乎恒情之外，日邁月征，務期造乎聖賢，胡爲乎中道舍我而逝？孑然孤立，無與共究夫此學之全。粤自辱交於兄，異形同心，往返離合者餘三十年。時唱而和，或仆而興，情無拂戾，而動無拘牽。或逍遥而徜徉，或偃仰而留連；或蹈驚波，或陟危巓；或潛幽室，或訪名園；或試三山之屐，或泛五湖之船；或聯袂而并出，或枕肱而交眠；或兄爲文，予爲持筆；或予乘馬，兄爲執鞭；或横經而析義，或觀象而窺躔；或時控弦，射以角藝；或時隱几，坐而談玄；或予有小悟，兄爲之證；或兄有孤憤，予爲之宣；或探罔象，示以攝生；或觀無始，托以逃禪。千古上下，六合內外，凡載籍之所紀，耳目之所經，心思之所及，神奇臭腐，無所不語，而靡所不研。朋友昆弟，情敬異施，惟予與兄，率意周旋。兄爲詩文，煒然名世，謂予可學，每啓其鑰，而示之筌。兄本多能，予分守拙。謂予論學，頗有微長，得于宗教之傳。每予啓口，輒俛首而聽，凝神而思，若超乎象帝之先。嘗戲謂予，獨少北面四拜之禮。予何敢當，而兄之虚受，則横渠之勇不得專美於前。

嗟嗟，荆川！予不見兄兩年于兹，兄之言在吾耳，兄之貌在吾目，兄之神在吾心，而兄之魂在吾夢，獨所謂形骸者不可復作，已閉于夜臺之重泉。嗚呼痛哉！犧罇青黃，不願爲材。兄於精神亦大潑撒，年不能副其所志，未可專委于造化之迍邅。嗚呼痛哉！同乎萬物而復歸於無者，幻聚之形耳。其先天地而生者，寂然常在，不隨萬物而化遷。日昃月虧，天道且爾，自古聖賢孰能逃此？要之，百年同于一蜕，而又何惜乎荆川！嗚呼，荆川已矣！蕺甫期月，宿草未青，予不能忘情於一慟者，亦以相信之篤而相與之專。嗟嗟，荆川！予復何言？

## 祭羅念菴文

惟兄精純昭曠之學，堅凝果毅之志，宏博充裕之才，瑩睿和平之氣，學洞千古而退然不以自多，志勵萬夫而歉然不以自是。器任天下之重，藏而若虚；才應天下之變，斂而未試。古所謂完德君子，兄非其人耶？兄感異夢而生，幼爲神靈，耻爲嬰兒之態；長聞良知之訓，信而不惑，知聖人可學而至。擢危科，陟清班，眇然不以爲榮；甘林泉，樂枯寂，脱然若無所累。起列青宫之贊，人謂道可大行，油油然漫無期必；入犯丹宸之怒，人謂禍且不測，坦坦然漠無顧忌。悟性宗而耽静默，或訾其爲禪；究神理而精攝養，或疑其爲玄。乃兄一意聖修，終始緝熙，學未嘗雜，而志未嘗貳。文章辭翰，傑然名家，世方羡其多能，顧以小技自視，等爲三昧之遊戲。辭受取舍，惟義之裁，皎然不緇于欲。身之進退，世之污隆，尤嚴于出處之際。

粤自陽明夫子道倡天南，化成江右，其入于人最深，群彦影從。篤信好學，庶幾抽關而啓閟。兄挺然卓立，若楚之有翘，吾黨方恃以爲蓍蔡。胡天不慭遺，俄一疾而長逝！吾兄行在人目，言在人耳，德在人心，炯然其未嘗忘；而其不可傳者則已蕩爲太虚，布爲列星，杳然其不可復繼矣。走也與兄，如舟之倚柁，如沉疴之待藥。嗟予去此，其復誰語？悵隙駒之易邁，感朝露之乍晞，摧裂悲慟，不覺涕泗之交至。石洞之蓮，不榮不枯，固元神顥氣之英；而玄潭之劍，匪鐵匪石，實知鍔慧鋒之滓。絜酒瓣香，臨風陳詞，兄如有靈，尚翼于冥冥之中，俾後死者不迷于所之，庶斯文賴以未墜。

## 祭貢玄略文

嗟嗟！道不同不相爲謀，心相知者千里而相求。予於玄略所謂道同而心知者，非其儔耶？玄略天性穎異，習聞烈祖南野公之忠義，承西園公過庭之訓，自幼有志於學。粤自嘉靖丙申、丁酉之歲，予與南野文莊公同官留都，玄略偕其鄉戚補之、周順之、俞允升、吳從本、梅純甫、吳伯南、張士儀、沈思畏諸友，先後謁余官邸，周旋於鷲峰、天界之間，日有所見，而朋類日親。其所得淺深未知何如，要之必爲君子，必不爲小人，則確然可以自信也。水西之有會，玄略實開其基。宣、歙間士類斌斌興起者，無慮數百輩，多玄略有以啓之，居然山中教授師也。凡予赴東南青原、白鹿、沖玄、復古諸會所，玄略未嘗不相從。隨其所聞，相與辨析。朋類有疑而阻者，若有所傷，務委曲開諭以釋其疑；其有信而悦者，不啻口出，益爲縱臾以堅其信。古云：自吾得某而惡聲不入於耳，自吾得某而門人日親。顧予不肖，何足以擬，而在玄略則可謂庶幾無愧焉者矣！蓋信其心而忘其迹，泥於所見而不知其所造之未至也。

嗚呼痛哉！玄略以選貢授永豐、湖口學訓，晉補國子學博，能以教學相長，無忝於人師。其守東平也，政教大行，親民之學益有所試，至今有遺思焉。若玄略，可謂不負其所學矣。玄略於師門良知之旨，不徒承以知見，實能以身體之。晚年所履益深，所見益邃。曰：「性、道、教，皆天也。以其隱微，故曰不睹不聞；以其無對，故曰獨；以其未發，謂之中；以其中節，謂之和，其實一也。戒懼慎獨，全其天而已。良知虚明如天，故曰知崇；致知功夫篤厚如地，故曰禮卑。寂滅之學無意，虚無之學無情，聖人之學在誠意。誠意者，真情也。」種種舉揚，皆足以發師説之精華。見豹全體，匪直窺斑〔一〕。嘗鼎一臠，可以識味。同志中如吾玄略，能幾人哉？予與玄略，此生以性命相期，方圖合併相證，了此末後一着，旁批：佛。而今已矣。

嗚呼痛哉！人生如幻，其誰不知？知幻即離，死何足悲？惟其所期者遠，故所感者深。千里赴吊，有懷依依。俎敬亭之白雲，酌南湖之明月，臨風愴悽，自不能忘情於一慟耳。

總評：此個是得力朋友也。

## 祭陸與中文

嗚呼，吾與中之年而遂止於是乎哉！嗚呼，吾與中之學而遂止於是乎哉！禀英鋭之夙根，承父兄之家學，究其志，毅然足以任重；究其才，燁然足以應變。識足以袪衆幻，

〔一〕「斑」原作「班」，據丁本改。

見足以破群疑。藏器待用，同善於人，所謂豪傑之士非耶？

粤自哲人既萎，吾道日孤，求助四方，晚得友於與中，歸依承籍，平生心事庶幾得有所托。與中卓然自信，知予之深，操縱闔闢，一切默爲體會，不疑其所行也。搆天心書屋，啓尊師閣，萃東南志友數十輩，儲廪授餐，群居樂聚，風動一時。析六經同異之旨，闡三教顯密之機，意之所在，不言而喻；論之所及，不約而同。期於斯道，斃而後已。詎謂遽止於是而已乎！

與中嘗以修悟之説求正於予，予曰：「靈知在人，本然完具。一念自反，即悟本心，無待於修。無始以來，習氣乘之，汩於嗜欲，不可不加澄滌之功。纔得見性，當下無心，藥、病俱忘。修，所以徵悟也。」與中聞之，若無逆於心，將以真修爲實悟，不徒才志識見之安。而藏用之智，同善之仁，超乎生死之外，爲出世大豪傑，固予與〔二〕與中相期之本願也。

邇者遭室人之變，外侮内訌，奔潰四出，氣有所激，神亦受困。且誤于庸醫，呼吸之

〔二〕「與」原缺，據丁賓本補。

間，奄然長逝。嗚呼痛哉！與中之貌在吾目，言在吾耳，志在吾心，而今不可復作已。雖言之而孰聽之，雖倡之而孰和之？嗚呼痛哉！雖然，道無生死，無去來，與中則既有聞矣，夕死何憾？顧予終寡於同志之助，無以究其所托；幽明之中，相與考證，更當何如也？

## 祭胡東洲文即胡清虛。

總評：此個是得力朋友也。

嗚呼，吾東洲子而遽止於是乎！嘉靖甲寅歲，予開講新安之斗山，東洲隨衆北面執禮，爲締交之始。東洲顏如冰玉，動止閒默。與之語，恍然若有所悟，又嗒然若有所失。昔人行腳四方求法器，東洲非其人耶？嗣是，每歲即過越，聚處浹旬而返，因得交于麟陽趙君，授以館舍，攜家爲久處之計，此生益以性命相許。因謂予曰：「棲之受業於先生，實劉師符玄老人啓之，將以廣教也。

老人年一百餘歲，得回谷之旨，發明内要延命之術。後遇習虛子，受淨明忠孝性宗，當應代補元之任。舊有傳法弟子二十五人，爲出世之學，蓬首垢面，不復與世情相通。晚年受記東洲爲二十六弟子，諭以世出世法，冀以流通世教，不絶世緣。」東洲既授紫雲洞譜秘傳，以妻子托於浮梁東川操君，往來吳、越、江、廣，與四方同志相切劘，以卒所學。

東洲雖得所傳，役役於世法，未得專心究竟。去年春，復僦居於越，聚處月餘，復還浮梁，與操君共結勝緣。秋初，偕近溪羅君攜其二子，同往嶺南赴凝齋公之約。首春，弟子朱生平罡忽來報訃云，東洲九月二十一日已仙遊矣。

嗚呼痛哉，吾東洲子而遽止於是乎！予與東洲有世外心期，卒然舍我而去，在東洲知有落處，不復三途業障所纏，而予則終寡同志之助也。東洲之學得於師傳，以淨明忠孝〔二〕爲入門，其大要皆發明性命歸源之奥，覺幻知元，住於真常。非有邪僞之術，但世人未之盡知耳。諸弟子久荷教育，受益良多，哀痛苦切之情，實同於予。

西望停雲，遥申瓣香之敬。嗚呼！幽明相隔者，形也；精魂流通，無間於幽明者，

〔二〕「孝」原作「教」，據蕭良幹本改。

神也。形神相符，在東洲有變而不變者。常往來於太虚之中，與太虚同體，將與太虚同壽，吾黨亦可以無世情之戚戚矣。

# 附録一

## 王龍谿先生告文

萬曆癸未十二月十六日，後學溫陵李贄聞龍谿先生之訃，爲位於龍潭以奠而告之曰：先生聖代儒宗，人天法眼；白玉無瑕，黄金百鍊。今其没矣，後將何仰！吾聞先生少遊陽明先生之門，既以一往而超詣；中升河西夫子之坐，遂至殁身而不替。要以朋來爲樂兮，不以不知而愠也，真得乎不遷不貳之宗；正欲人知而信兮，不以未信而懈也，允符乎不厭不倦之理。蓋修身行道將九十歲，而隨地雨法者已六十紀矣。以故四域之内，或皓首而執經；五陵之間，多繼世以傳業。遂令良知密藏，昭然揭日月而行中天；頓令洙泗淵源，沛乎決江河而達四海。非直斯文之未喪，實見吾道之大明。先生之功，於斯爲盛。

憶昔淮南兒孫布地，猗與盛與，不可及矣；今觀先生淵流更長，悠也久也，何可當哉！所怪學道者病在愛身而不愛道，是以不知前人付託之重，而徒爲自私自利之計；病在尊名而不尊己，是以不念兒孫陷溺之苦，而務爲遠嫌遠謗之圖。嗟夫！以此設心，是滅道也，非傳道也；是失己也，非成己也。先生其忍之乎？嗟我先生！唯以世人之聾瞽爲念，是故苟可以坐進此道，不敢解嘲也；唯以子孫之陷溺爲憂，是故同舟而遇風，則胡、越必相救，不自知其喪身而失命也。此先生付託之重所不能已也，此予小子所以一面先生而遂信其爲非常人也。雖生也晚，居非近，其所爲凝眸而注神，傾心而悚聽者，獨先生爾矣。先生今既没矣，余小子將何仰乎！

嗟乎！「嘿而成之，存乎其人；不言而信，存乎德行。」先生以言教天下，而學者每呫嗶其語言，以爲先生之玅若斯也，而不知其糟粕也，先生不貴也。先生以行示天下，而學者每驚疑其所行，以爲先生之不妙若斯也，而不知其精神也，是先生之所重也。

吾思古人實未有如先生者也，故因聞先生之訃也，獨反覆而致意焉。先生神遊八極，道冠終古，夭壽不二，生死若一。吾知先生雖亡，固存者也。其必以我爲知言也夫？其必以我爲知先生也夫。尚饗！

## 附卓吾先生與焦弱侯書

世間講學諸書，明快透髓，自古至今未有如龍谿先生者。諸朋友中讀經既難，讀大慧法語及中峰廣録，亦又難。惟讀龍谿先生書，無不喜者，以此知先生之功在天下後世不淺矣。

又云：

龍谿先生全刻，千萬記心遺我！若近溪先生刻，不足觀也。蓋近溪語録，須領悟者乃能觀於言語之外。不然，未免反加繩束，非如王先生字字皆解脱門，得者讀之，足以印心；未得者讀之，足以證入也。

## 龍谿小刻

先生語録甚多，此直十之一耳。然先生之學具此矣。學至先生而後大明也。我國家以「大明」稱，豈不信乎！先生少師陽明，早即聞道，享年九十歲，所傳者廣矣！夫孔子開創之至人也，然顔氏没而未聞好學，孔子固一言以斷之矣，一慟幾絶，有以也。夫陽明中興之至人也，當其時，得道者如林，吾不能悉數之。獨淮南一派，其傳爲波石、山農數公者：波石之後爲趙大洲，大洲之後爲鄧太湖；山農之後爲羅近溪，爲何心隱，心隱之後爲錢懷蘇，爲程後臺，皆灼灼光顯，不媿父祖之傳也。惟先生粹然一接顔氏之絶，無有痕迹可睹。雖所造深遠，然予亦因是而知人不可以無年矣。所有祭文并録于後，以俟知先生者共覽觀之。

（李溫陵集卷十）

# 附録二

## 龍谿講學論學對象名號表

按：明人相互稱呼時，有名、字、號等等不同，用於不同場合，在今人看來十分混亂，但當時卻有非常複雜的意義，而王門尤甚。可參見陽明先生道學鈔卷一答儲柴墟兩封書信。爲方便讀者查對，擇其要者，特編此表。

| 姓名 | 字 | 號 | 生卒年 | 籍貫 | 注 |
|---|---|---|---|---|---|
| 丁旦 | 惟寅 | 海陽 | | 南直貴池 | |
| 丁賓 | 禮原 | 改亭 | 1543—1633 | 浙江嘉善 | |
| 方任 | 志伊 | 近沙 | | 湖廣黄岡 | |
| 王守仁 | 伯安 | 陽明 | 1472—1528 | 浙江餘姚 | |
| 王正億 | 仲時 | 龍陽 | | 餘姚 | 王陽明之子 |
| 王慎中 | 道思 | 遵巖 | 1509—1559 | 福建晉江 | |
| 王臣 | 公弼 | 瑤湖 | | 江西南昌 | |
| 王杏 | 世文 | 鯉湖 | | 浙江奉化 | |
| 王艮 | 汝止 | 心齋 | 1483—1540 | 南直泰州 | |
| 王宗沐 | 新浦 | 敬所 | 1523—1591 | 浙江臨海 | |
| 王用賓 | 元興 | 三渠 | 1472—1528 | 湖廣咸寧 | |
| 王鑒之 | 明仲 | 遠齋 | | 浙江山陰 | |
| 王泮 | 宗魯 | 積齋 | | 山陰 | |
| 王世貞 | 元美 | 鳳洲 | 1528—1590 | 南直太倉 | |
| 毛鳳韶 | 瑞成 | 瑞泉 | | 湖廣麻城 | |
| 玉芝法聚 | | 月泉 | 1492—1563 | 浙江嘉禾 | 富氏子 |

續表

| 姓名 | 字 | 號 | 生卒年 | 籍貫 | 注 |
|---|---|---|---|---|---|
| 田琯 | 希玉 | 竹山 | | 福建大田 | |
| 朱賡 | 少欽 | 金庭 | 1525—1608 | 浙江山陰 | |
| 尹台 | 崇基 | 洞山 | 1506—1579 | 江西永新 | |
| 史際 | 恭甫 | 玉陽 | 1495—1571 | 南直溧陽 | |
| 祁清 | 子揚 | 蒙泉 | | 山陰 | |
| 吕懷 | 汝德 | 巾石 | | 江西永豐 | 湛甘泉弟子 |
| 吕光洵 | 信卿 | 沃洲 | 1518—1580 | 浙江新昌 | |
| 吕需 | 時行 | 水山 | | 仁和 | |
| 李遂 | 邦良 | 克齋 | 1504—1566 | 江西豐城 | 又號羅山 |
| 李材 | 孟誠 | 見羅 | 1529—1607 | 豐城 | 李遂之子 |
| 李世達 | 子成 | 漸庵 | 1533—1599 | 陝西涇陽 | |
| 李開先 | 伯華 | 中麓 | 1501—1568 | 山東章丘 | |
| 李自華 | 元實 | 見亭 | | 南直華亭 | |
| 李春芳 | 子實 | 石麓 | 1511—1585 | 揚州興化 | |
| 杜質 | 惟誠 | 了齋 | | 南直太平 | |

續表

| 姓名 | 字 | 號 | 生卒年 | 籍貫 | 注 |
|---|---|---|---|---|---|
| 宋儀望 | 望之 | 陽山 | 1514—1578 | 江西永豐 | 又號華陽 |
| 汪尚寧 | 廷德 | 周潭 | 1509—1578 | 南直新安 | |
| 汪道昆 | 伯玉 | 南明 | 1525—1593 | 歙縣 | 又字玉卿，號南溟、太函等 |
| 沈愷 | 舜臣 | 鳳峰 | | 松江華亭 | 又號國峰、環溪等十幾色 |
| 沈寵 | 思畏 | 古林 | | 寧國宣城 | |
| 沈懋學 | 君典 | 少林 | 1539—1582 | 宣城 | 又名沈宗顔，沈寵之子 |
| 雲栖袾宏 | 佛慧 | 蓮池 | 1535—1615 | 浙江仁和 | 沈氏子 |
| 吴同春 | | 中淮 | | 河南固始 | |
| 吴世良 | 叔舉 | 珠川 | | 江西遂川 | 又號雲塢山人 |
| 吴時來 | 惟修 | 悟齋 | 1527—1590 | 浙江仙居 | |
| 茅宰 | 國卿 | 治卿 | 1504—? | 山陰 | |
| 林應麒 | 必仁 | 介山 | | 仙居 | |
| 林受 | 子謙 | 益軒 | | 錢塘 | |
| 林烈 | 孔成 | 艾陵 | | 廣東東莞 | 錢緒山門徒 |
| 孟秋 | 子成 | 我疆 | 1525—1589 | 山東東平 | |

續表

| 姓名 | 字 | 號 | 生卒年 | 籍貫 | 注 |
|---|---|---|---|---|---|
| 孟津 | 伯通 | 兩峰 | | 南直滁州 | |
| 周怡 | 順之 | 訥溪 | 1505—1569 | 寧國太平 | |
| 周繼實 | 夢秀 | | | 浙江嵊縣 | |
| 卓晚春 | | 小仙 | | 福建莆田 | 另有小洋子、上陽子等號 |
| 季本 | 明德 | 彭山 | 1485—1563 | 浙江會稽 | |
| 貢安國 | 玄略 | 受軒 | | 南直宣城 | |
| 胡可平 | 以准 | 白沙 | | 江西豐城 | |
| 胡宗憲 | 汝貞 | 梅林 | 1512—1565 | 徽州績溪 | |
| 胡宗正 | 清虚 | 東洲 | 1532—1579 | 浙江義烏 | 淨明教道士 |
| 胡松 | 汝成 | 栢泉 | 1503—1566 | 南直滁陽 | |
| 洪垣 | 峻之 | 覺山 | | 徽州婺源 | 湛甘泉弟子 |
| 耿定向 | 在倫 | 楚侗 | 1524—1596 | 湖廣黃安 | 又號天臺 |
| 孫應鰲 | 山甫 | 淮海 | 1527—1584 | 貴州清平 | |
| 徐階 | 子升 | 存齋 | 1503—1583 | 華亭 | 又號少湖 |
| 徐樾 | 子直 | 波石 | ？—1552 | 江西貴溪 | |

續表

| 姓名 | 字 | 號 | 生卒年 | 籍貫 | 注 |
| --- | --- | --- | --- | --- | --- |
| 查鐸 | 子警 | 毅齋 | 1516—1589 | 南直涇縣 | |
| 唐順之 | 應德 | 荆川 | 1507—1560 | 常州武進 | |
| 唐樞 | 惟中 | 一庵 | 1497—1574 | 浙江歸安 | 又號子一，湛甘泉弟子 |
| 姜寶 | 廷善 | 鳳阿 | 1514—1593 | 鎮江丹陽 | |
| 郭汝霖 | 時望 | 一崖 | | 江西永豐 | 聶雙江弟子 |
| 陶大臨 | 虞臣 | 念齋 | 1527—1574 | 會稽 | |
| 張士佩 | 玫夫 | 濾濱 | | 陝西韓城 | |
| 張緒 | 無意 | 甑山 | 1520—1593 | 湖廣漢陽 | |
| 張瀚 | 子文 | 元洲 | 1511—1593 | 浙江仁和 | |
| 張元忭 | 子藎 | 陽和 | 1538—1588 | 山陰 | 龍谿親戚 |
| 張元沖 | 叔謙 | 浮峰 | 1502—1563 | 山陰 | |
| 張元益 | 叔學 | | | | 龍谿内弟 |
| 張居正 | 叔大 | 太岳 | 1525—1582 | 荆州江陵 | 龍谿又稱元老、荆州公 |
| 張後覺 | 志仁 | 宏山 | 1503—1578 | 山東茌平 | 宏山又作弘山 |
| 陸橋 | 建元 | 石居 | | 浙江平湖 | |

續表

| 姓名 | 字 | 號 | 生卒年 | 籍貫 | 注 |
|---|---|---|---|---|---|
| 陸樹聲 | 興吉 | 平泉 | 1509—1605 | 華亭 | |
| 陸光祖 | 與繩 | 五臺 | 1521—1597 | 嘉興平湖 | |
| 陸光宅 | 與中 | 雲臺 | 1535—1580 | 平湖 | 光祖弟 |
| 屠大山 | 國望 | 竹墟 | 1500—1572 | 浙江鄞縣 | |
| 屠曦英 | 淳卿 | 坪石 | | 寧國 | |
| 莫如忠 | 子良 | 中江 | | 華亭 | 又號後樂亭、崇蘭館、石秀齋等 |
| 殷邁 | 時訓 | 秋溟 | 1512—1581 | 南京 | 又號白野 |
| 黃綰 | 宗賢 | 久庵 | 1480—1554 | 浙江黃巖 | |
| 章袞 | 汝明 | 介庵 | | 江西臨川 | |
| 戚賢 | 秀夫 | 南玄 | 1492—1553 | 南直全椒 | 又號南山 |
| 戚袞 | 補之 | 竹坡 | | 宣城 | |
| 商廷試 | 汝明 | 明洲 | 1497—1584 | 會稽 | |
| 游震得 | 汝潛 | 讓溪 | | 徽州婺源 | |
| 許孚遠 | 孟中 | 敬庵 | 1535—1604 | 浙江德清 | |
| 梅守德 | 純甫 | 宛溪 | 1508—1577 | 宣城 | |

續表

| 姓名 | 字 | 號 | 生卒年 | 籍貫 | 注 |
|---|---|---|---|---|---|
| 葉份 | 原學 | 蓮峰 | | 婺源 | 子茂之、獻之從龍谿遊 |
| 鄒守益 | 謙之 | 東廓 | 1491—1562 | 江西安福 | |
| 程文德 | 舜敷 | 松溪 | 1497—1559 | 浙江永康 | |
| 程梓 | 養之 | 方峰 | 1498—1585 | 永康 | |
| 馮恩 | 子仁 | 南江 | | 松江 | 又號古狂、四鐵御史 |
| 馮成能 | 子經 | 緯川 | | 慈溪 | |
| 馮謙 | | 益川 | | 慈溪 | 緯川族人 |
| 曾同享 | 子野 | 見台 | 1533—1607 | 江西吉水 | |
| 楊博 | 惟約 | 虞坡 | 1509—1574 | 山西蒲州 | |
| 萬士和 | 思節 | 履庵 | 1516—1586 | 常州宜興 | 又號古齋先生 |
| 萬虞愷 | 懋卿 | 楓潭 | 1505—1588 | 南昌 | |
| 萬廷言 | 以忠 | 思默 | 1531—1610 | 南昌 | 虞愷子，又字曰忠 |
| 趙志皋 | 汝邁 | 瀫陽 | 1524—1601 | 浙江蘭溪 | |
| 趙貞吉 | 孟靜 | 大洲 | 1508—1576 | 四川内江 | |
| 趙錦 | 元樸 | 麟陽 | 1516—1591 | 餘姚 | |

續表

| 姓名 | 字 | 號 | 生卒年 | 籍貫 | 注 |
|---|---|---|---|---|---|
| 趙伊 | 子衡 | 尚莘 | | 嘉興平湖 | |
| 鄧以贊 | 汝德 | 定宇 | | 江西新建 | |
| 聶豹 | 文蔚 | 雙江 | 1487—1551 | 江西永豐 | |
| 翟臺 | 思平 | 震川 | | 涇縣 | |
| 蔡汝楠 | 子木 | 白石 | 1516—1565 | 浙江德清 | |
| 劉邦采 | 君亮 | 獅泉 | | 安福 | 獅泉或作師泉 |
| 劉堯誨 | 君納 | 凝齋 | | 湖廣臨武 | |
| 諸大綬 | 端甫 | 南明 | 1521—1572 | 山陰 | 嘉靖三十五年狀元 |
| 歐陽德 | 崇一 | 南野 | 1496—1554 | 吉安泰和 | |
| 魯書堂 | | | | 山陰 | |
| 錢德洪 | 洪甫 | 緒山 | 1496—1574 | 餘姚 | |
| 蕭敏道 | | 全吾 | | 南昌 | |
| 蕭廩 | 可發 | 兑隅 | ？—1587 | 江西萬安 | |
| 蕭彦 | 思學 | 念渠 | ？—1593 | 涇縣 | |
| 蕭良榦 | 以寧 | 拙齋 | 1534—1602 | 涇縣 | |

續表

| 姓名 | 字 | 號 | 生卒年 | 籍貫 | 注 |
|---|---|---|---|---|---|
| 羅洪先 | 達夫 | 念庵 | 1504—1564 | 江西吉水 | 嘉靖八年狀元 |
| 羅汝芳 | 惟德 | 近溪 | 1504—1588 | 江西南城 | |
| 羅萬化 | 一甫 | 康州 | 1536—1594 | 浙江會稽 | |
| 薛侃 | 尚謙 | 中離 | 1486—1540 | 廣東揭陽 | |
| 魏校 | 子才 | 莊渠 | ?—1543 | 蘇州昆山 | 湛甘泉弟子 |
| 魏良弼 | 師説 | 水洲 | 1492—1575 | 江西新建 | |
| 魏時亮 | 工甫 | 敬吾 | 1529—1591 | 南昌 | |
| 謝廷傑 | | 虬峰 | | 新建 | |
| 潘晟 | 思明 | 水簾 | | 浙江新昌 | |
| 潘恩 | 子仁 | 笠江 | 1496—1582 | 松江上海 | 又號湛川 |
| 顔鯨 | 應雷 | 沖宇 | 1514—1591 | 寧波慈溪 | |
| 譚綸 | 子理 | 二華 | 1520—1577 | 江西宜黄 | |
| 顧際明 | | 海陽 | | 浙江嘉善 | |
| 顧闕 | 子良 | 桂巖 | 1511—1591 | 湖廣蘄州 | |

# 中外哲學典籍大全·中國哲學典籍卷

# 已出版書目

《關氏易傳》《易數鈎隱圖》《删定易圖》，劉嚴點校。

《周易口義》，〔宋〕胡瑗著，白輝洪、于文博、［韓］徐尚賢點校。

《周易玩辭》，〔宋〕項安世著，杜兵點校。

《周易内傳校注》，〔清〕王夫之著，谷繼明、孟澤宇校注。

《周易外傳校注》，〔清〕王夫之著，谷繼明校注。

《易説》，〔清〕惠士奇著，陳峴點校。

《易漢學新校注（附易例）》，〔清〕惠棟著，谷繼明校注。

《周易學》，曹元弼著，周小龍點校。

《讀禮疑圖》，〔明〕季本著，胡雨章點校。

《王制通論》《王制義按》，程大璋著，吕明烜點校。

《春秋釋例》，〔晉〕杜預著，徐淵整理。

《春秋尊王發微》，〔宋〕孫復著，趙金剛整理。

《春秋集注》，〔宋〕張洽著，蔣軍志點校。

《春秋權衡》，〔宋〕劉敞著，吕存凱、崔迅銘、楊文敏點校。

《春秋本例》，〔宋〕崔子方著，侯倩點校。

《春秋集傳》，〔宋〕張洽著，陳峴點校。

《春秋師説》，〔元〕黄澤著，〔元〕趙汸編，張立恩點校。

《春秋闕疑》，〔元〕鄭玉著，張立恩點校。

《春秋屬辭》,〔元〕趙汸著，張立恩整理。

《宋元孝經學五種》，曾海軍點校。

《孝經集傳》,〔明〕黄道周撰，許卉、蔡傑、翟奎鳳點校。

《孝經鄭注疏》《孝經講義》，常達點校。

《孝經鄭氏注箋釋》，曹元弼著，宫志翀點校。

《孝經學》，曹元弼著，宫志翀點校。

《張九成集》,〔宋〕張九成著，李春穎點校。

《朱熹〈小學〉古注今譯》,〔宋〕朱熹、劉清之編，唐紀宇譯。

《錢時著作三種》,〔宋〕錢時著，張高博點校。

《四書辨疑》,〔元〕陳天祥著，光潔點校。

《吴澄集》,〔元〕吴澄著，方旭東、光潔點校。

《涇皋藏稿》,〔明〕顧憲成著，李可心點校。

《高子遺書》,〔明〕高攀龍著，李卓點校。

《閑道録》,〔明〕沈壽民撰，雍繁星整理。

《李卓吾批評陽明先生道學鈔》,〔明〕王守仁原著,〔明〕李贄選評，傅秋濤點校。

《李卓吾批評王龍谿先生集鈔》,〔明〕王畿原著,〔明〕李贄評點，傅秋濤點校。

《小心齋劄記》,〔明〕顧憲成著，李可心點校。

《四存編》,〔清〕顔元著，王廣點校。

《太史公書義法》，孫德謙著，吴天宇點校。

《復禮堂述學詩》，曹元弼撰，許超傑、王園園點校。

《肇論新疏》,〔元〕文才著，夏德美點校。

更多典籍敬請期待……